富爸爸RD 005

富爸爸教你預見經濟大未來

（原書名：經濟大預言）

Rich Dad's Prophecy

羅勃特．T．清崎 Robert T. Kiyosaki ◎著
李威中◎譯
MTS 翻譯團隊◎審定

高寶書版集團

富爸爸的經濟大預言

股市史上最大崩盤仍是山雨欲來……做足準備才能明哲保身，而且從中獲利！

致謝詞

在此我想要感謝【富爸爸】系列的愛護者。

許多全球各地的讀者都向我表示，他們重新主導了自己的財務生活，並且開始教導他人財務認知，這讓我感到萬分榮幸。

持續學習教導，一起共勉之。

目錄 | contents

羅勃特的訊息

沒有任何事改變

提問：預言者的工作為何？

答案：做出錯誤預言。

十多年前，富爸爸經濟大預言於二〇〇二年初出版（繁體中文版於二〇〇三年出版）的時候，我心裡其實希望富爸爸是錯的。

為了測試我多年前所做的富爸爸預測，這次重新再版，我們對這本書的內容並沒有做出什麼重大的改變。

我依然希望我的富爸爸預言是錯的……不過，恐怕並沒有錯。

– Robert Kiyosaki

介紹

諾亞與方舟

富爸爸常常說：「如果想要成為富有的企業家或投資者，就必須理解諾亞與方舟的故事。」

雖然富爸爸從不以預言家自居，卻也花費工夫來提高自己預見未來的能力。在訓練兒子邁克和我成為能夠預見未來的企業家和投資者過程中，他不斷提醒說：「你知道諾亞需要多麼堅定的信念，才能對自己的家人說：『上帝告訴我，將有一場大洪水來臨，因此，我們需要建造一隻方舟。』」

富爸爸接著會笑著問道：「你們能想像諾亞的妻子、孩子和投資者可能會對他說些什麼嗎？他們可能說：『但是，諾亞，我們生活的這裡是沙漠呀！本來天就不下雨，事實上現在正在鬧乾旱，你確定上帝讓你建造一隻方舟嗎？在沙漠中，很難籌措到建造一家造船廠的資金。難道建造一座旅館、溫泉或高爾夫球場，不會比建造一隻方舟更有意義嗎？』」

從邁克和我只有九歲的時候開始，富爸爸就試圖將我們訓練成為未來的企業家和投資者，這個過程持續了將近三十年。他經常利用一些非常淺顯易懂的教育方法，比如「大富翁」的遊戲，讓我們認識投資的原理。富爸爸還運用了一些常見的寓言故事，比如《三隻小豬》（Three Little Pigs）強調為自己建立堅實的財務大廈的重要性，這種大廈自然要用磚石打造，而非稻草和木棍。他還運用《聖經・舊約》中的一些故事，比如大衛和歌利亞的故事來教我們認識借力使力的力量，大衛運用投石器，一舉戰勝了巨人歌利亞。教導我們小兵也能立大功。

在教育我們認識擁有對未來洞察力的重要性時，富爸爸常常說：「一定要時刻牢記著，諾亞擁有遠見。不過更為重要的是，他擁有實現這種遠見的信念和勇氣。很多人都有遠見，但是並非人人都有諾亞那樣持之以恆的信念和勇氣。正是這種信念和勇氣促使他實現了自己的遠見，因此，他們關於未來的遠見就正如他們對於今天的認識一樣。」也就是說，一個沒有信念、勇氣和遠見的人，常常難以看到即將到來的變化，最終後悔莫及。

富爸爸非常關切一九七四年通過的「員工退休收入保障法案」（一九七四年十二月二日，美國總統福特簽署了「員工退休收入保障法案」法案（The Employee Retirement Income Security Act，簡稱 ERISA），該法案吸收了現有的各種員工退休金和福利待遇規則（免稅或納稅）。法案的實施，幾乎影響了每個美國員工的福利計畫。）

富爸爸說：「在這法案通過時，多數人根本不知道它的存在。即便到了今天，很多人也從來不知道這個已經在國會通過，並由當時的福特總統簽署的法案。這個法案調整帶來的深刻影響在最近二十五到五十年裡，也就是我去世後好長時間內，可能都還感受不到。我希望自己能夠提醒人們從現在就開始做好準備，不過，我要怎麼告訴他們有關未來的事情呢？」

二〇〇二年一月，美國人仍然沒有從二〇〇一年九月十一日的九一一事件陰影中走出來，又開始聽到全美最大績優股公司安隆（Enron）破產的消息。除了公司本身的破產，讓我們這些一九四六年到一九六四年之間嬰兒潮中出生的人感受到了一絲寒意的一個更糟糕消息，就是許多安隆公司員工的退休金已經完全賠光了。

數百萬的嬰兒潮中誕生的一代人，這才第一次發現所謂的 401(k) 退休金計畫、個人退休金帳戶（IRA）以及其他這類充斥各種共同基金和公司股票的退休金計畫，原來不像他們自己想像的，或者財務顧問們鼓吹的那樣安全可靠。數百萬嬰兒潮中出生的人與數萬名安隆公司的員工，現在都面臨著同樣的命運。安隆公司的破產正如一個針對個人的警告、恐懼或示警，那就是人們的退休金帳戶其實並不像自己過去想像的那樣安全。看來，富爸爸多年前的預言真的快要成真。

一家地方電視台打電話給我，問我能否參加他們的節目，評論一下安隆公司這個過去在石油和天然氣業界巨頭破產所帶來的影響。節目主持人年輕漂亮，魅力十足，她問我：「安隆公司破產是不是一個獨立事件？」

我回答說：「安隆公司破產是一個極端的事件，但絕非一個獨立事件。」我繼續說道：「我很吃驚的是媒體並沒有提到思科（Cisco）、維亞康姆（Viacom）、摩托羅拉（Motorola）和其他大型公司所發生的事情，儘管這些公司中的情況不像安隆公司那樣嚴重，但是，很多公司和安隆公司的情況一樣，員工退休金有很大一部分與自己所在公司的股票價格密切相關。」

「你的意思是什麼呢？」主持人問道。

「我是說，安隆公司的這場災難應該為人們敲響一個警鐘，讓人們明白現行的計畫並不是萬般周全的保護傘。人們有可能在退休之前轉眼之間就落得兩手空空，而且即便你投資好多家共同基金也並不安全。」

「你認為共同基金並不安全，即便你投資好多家也無濟於事，這是什麼意思呢？」她顯然有些不悅，我明白儘管她並不為安隆公司工作，我剛才所說的話也已經冒犯了她。

不想引起一場關於共同基金以及多樣化投資的爭論，我只是回答說：「我沒有持有任何股票，也沒有投資共同基金，但是我在四十七歲那年就退休了。對我而言，即便設法多樣化投資，股票和共同基金投資的風險都還是太大了。其實，為退休金而投資還有更好的途徑。」

「你是說，不要去投資股票、共同基金，也不要多樣化投資，是嗎？」她問。

「不，不是這樣，」我趕忙回答說，「我沒有告訴別人應該做什麼。我只是說自己並沒有持有任何股票或共同基金，也沒有在基金投資上實行多樣化，但是我卻也提早退休了。投資股票、共同基金，並且多樣化投資，那或許非常適合妳，不過，卻不適合我自己。」

「抱歉！我們必須要進廣告了，」主持人說，「謝謝你出席我們的節目！」她握了握我的手，並且很快轉向鏡頭討論起新防皺霜的優點。

這次訪談比我預期的提前結束。當這次訪談的主題從安隆公司破產轉到個人投資戰略上來之後，對於電台和觀眾來說，防皺霜似乎是一個更讓人們感到愉快的話題。有關退休金的問題就不是那麼讓人舒服了。

制定「員工退休收入保障法案」目的之一，就是鼓勵個人為自己的退休金帳戶儲蓄，這將從三個方面促進退休金積累：

1. 社會保險
2. 員工的個人儲蓄
3. 企業為員工支付的補充退休保險

二〇〇二年五月，《華盛頓郵報》在一篇題為「退休金變革引起挑戰」的文章中，將上述三種途徑比喻為一個三隻腳的板凳。文章說：

> 據我們所見，儘管由於課稅收入、退休年齡、收益稅等不斷提高，基礎有些動搖，第一隻腳——社會基本保險依然存在。
>
> 所有已經形成文字或編號的繳費計畫都受到國會的吹捧，比如401(k)計畫、403(b)計畫、個人退休金帳戶、SEP-IRA、基奧計畫（Keoghs，指自由職業者為退休而存款），大都是為了支援第二隻腿——員工的個人儲蓄，需要去滿足更加漫長且更加昂貴的退休期間。很大一部分為員工自行支付的企業補充退休保險，由於獲得一系列企業稅賦優惠，甚至有可能被取消。現在，政府不是鼓勵員工節約開支，而是讓公司大幅縮減傳統的退休金計畫。
>
> 這意味著，一個本來好好的三腳凳，現在只剩下兩隻腳了。

因此，作為「員工退休收入保障法案」的直接結果，員工們忽然無法再依賴企業主，而必須自己負責個人退休計畫。不幸的是，這些人卻沒有接受過任何成功制定計畫所必須的財務金融教育。於是，一夜之間，數以千計經過速成培訓出來的財務顧問，開始教育數以百萬的人們「長線投資，購買並持有股票，以及多樣化投資」。

很多員工至今還沒有意識到，他們退休後的收入完全依賴於現在的投資能力。對於數百萬的人們來說，如果富爸爸的預言果真成為現實，那麼未來二十五年的情況只會變得更糟。現在看來，富爸爸的預言可能會變為現實。

蕭條與繁榮

這並非一本有關經濟蕭條與灰暗的書，而是一本關於經濟蕭條與繁榮的書。二十世紀七〇年代後期，直到八〇年代，富爸爸一直提醒兒子邁克和我關注「員工退休收入保障法案」。

他會說：「別忘了時刻關注法律的變化和調整。每一次法律的變化，都將引起整個未來社會的變化。如果能準備隨著法律的變化而改變，那麼你將擁有美好的一生。如果你對法律的變化充耳不聞，那麼你就會發現自己像沒有看到前面公路急轉彎標誌的駕車者一樣。如果甚至打開收音機，聽起了音樂，結果根本沒有減速準備轉彎，車子就會偏離公路，撞向路邊的樹林。」

讀過「富爸爸」系列其他叢書的朋友，或許還記得我曾經提及的一九八六年「稅收改革法案」（Tax Reform Act），這是富爸爸提醒我們注意的另一個法律的變化。但是，很多人並未在意這種變化，他們所付出的代價就是數十億美元。

在我看來，這一九八六年稅收法律的變化，是房地產市場有史以來最大的危機，是儲蓄與借貸行業危機的罪魁禍首，也是造成許多醫生、律師、會計師、建築師等受過良好教育的專業人士無法享有像商人們稅收優惠的原因。正如前面富爸爸強調的，「應該時刻關注法律的變化和調整。每一次法律的變化，都將引起整個未來社會的變化。」

對於成百上千萬的普通人來說，由於「員工退休收入保障法案」這個小小的法律變化，將會對自己的財務狀況產生負面影響。對於另外一些人來說，這項法律變化卻是在他們身上發生的最好事情。因此，我說這並不是一本關於經濟蕭條灰暗的書，而是一本經濟蕭條與繁榮的書。

對於那些妄想未來就像今天的人們來說，我很擔心他們可能很快就會發現自己處在安隆公司眾多員工今天所處的困境：「在結束自己職業生涯的時候，卻沒有任何錢來應付退休生活。」對於那些時刻警惕和關注未來的變化，並且隨時準備應對這種變化的人來說，即便由於法律的變化，導致歷史上最嚴重的股市危機果真發生，他們的未來仍會一片光明。

富爸爸從諾亞與方舟的故事中得出的啟示之一，並不是說我們都要成為先知。他並不想將我們訓練成為用水晶球預測未來的職業占卜家，而是要我們時刻保持警覺並做好準備。

他會說：「就像一個時刻關注未來天氣變化動向的遠洋水手那樣，一個企業家和投資者必須對將來發生的任何變化保持警覺，並且做好準備。企業家和投資者必須像一個水手那樣思考，引領自己的一葉扁舟行進在汪洋大海之中，並且隨時做好應對任何困難的準備。」

本書並不是要來告知富爸爸的預言將會變為現實，而是想主要討論以下五個主要觀點：

1. **提醒所有人時刻保持警惕，並且指出了一些需要注意的警告信號。**

在本書中，你將會看到「員工退休收入保障法案」的缺陷。也就是說，在這個不大引人注意的法案中，也有一個更不顯眼的缺陷，這個缺陷足以引發歷史上最大規模的股市危機。

2. **真正從財務角度觀察當今世界。**

富爸爸從一些具體事實中得出一些結論，這包括法律的變化調整，以及法律本身的缺陷和不足。他還引用一些統計數字，比如全美嬰兒潮中出生的七千五百萬人，如果算上同期的合法與非法移民，這個數字就要上升到八千三百萬人。他們都即將步入老年，而且很多人的壽命將會比自己的父輩延長許多。接著，富爸爸可能會問，他們之中究竟多少人有足夠的資產供自己退休以後享用？保守一點的估計是，現在他們中擁有足夠資產的人不到四〇%。

如果美國政府必須通過加稅，來支付這些嬰兒潮中出生者老年生活所需的財務和醫療費用，那麼，這對美國經濟又將意味著什麼？如果這樣做，美國還能保持自己在世界上的領導性角色嗎？如果政府透過加稅，支付老年人的費用，並且繼續支付保持一個強大軍隊所需的鉅額費用，那麼，美國是否還會繼續保持競爭力？當稅收增加的時候，公司就有可能離開美國，尋找稅收相對較低的國家。如果中國超過美國，成為世界上最強大的經濟體時，又會發生什麼？當一個中國工人幹著同樣的工作卻得到很低薪水的時候，我們的員工是否還能保持現有的高薪？因此，富爸爸培養兒子邁克和我在現有事實基礎之上，做出關於未來社會發展的預言。

3. 捫心自問，你是否真的已經做好未來的準備。

我並不是說，富爸爸的預言一定會變為現實，因為他從來沒有將自己看作擁有特殊精神力量、擁有一個神秘的水晶球或者與上帝有著特殊聯繫的人。這就向你提出了一個問題：「如果富爸爸的預言變成現實，你做好了準備嗎？」也就是說，如果歷史上最為嚴重的股市危機發生了，時間如果是現在或者是在二〇二〇年之前，那麼你如何解決自己的財務問題？在這場危機中，你的財務狀況將會大大改善，還是急劇惡化？如果這種股市危機真的發生，你將會嚴陣以待、胸有成竹，還是倉促應戰、一敗塗地？

4. **針對歷史上最為嚴重的股市危機，你應該如何做好準備，本書將會提供一些建議。**
儘管在我們前面的幾本書中已經提到一些建議，不過，這一次我會更具體地講解從現在開始應該如何去做，更重要的是，為什麼從現在開始就必須做出前瞻性的準備。

5. **最後，本書想讓你明白，如果你積極做好準備，就有可能在財務上取得很大的轉機。**
也就是說，如果你現在就開始計畫，採取行動，做好準備，那麼即便人類歷史上前所未有的嚴重股市危機發生，你的財務未來也會一片光明。保持前瞻性的優勢、接受培訓、做好準備，這比很多人抱著所謂財務戰略涉足投資時要好得多，因為他們的戰略往往就是一種「購買、持有股票，然後祈禱好運」的消極戰略，他們只會祈禱股市永遠繁榮而不會出現蕭條。當然，那些相信股市只會上漲而從來不會下跌的人，可能也會相信任何稀奇古怪的東西，包括復活節的兔子。

諾亞與方舟的故事就是有關偉大預言者的故事，這位預言者有著超人的遠見、勇氣和信念。本書不會教你成為一位預言者，但是，我相信它將賦予你堅定的信念，那就是不論人類歷史上最嚴重的財務災難最後是否發生，你也可以擁有一個更加光明燦爛的財務未來。

本書無意做占卜家手中的水晶球，而是想讓你成為一個時刻警惕、準備應對未來發生任何情況的人，不論這種情況到底是好是壞。也就是說，本書想讓你更好地控制和掌握自己的財務未來。正如富爸爸所說：「諾亞與方舟故事的關鍵，並不在於最後證明諾亞是對的，而是諾亞擁有信念和勇氣，準備應對將來發生的一切——即使像在沙漠之中發生一場大洪水這樣匪夷所思的事情，而這場洪水最後淹沒了方舟外的整個世界。」

附註：「員工退休收入保障法案」導致出聲名狼藉的401(k)退休金計畫，以及美國的另外一些退休金計畫。其他國家也有一些類似的計畫，只是名稱上有些區別，比如：

- 在澳洲，他們稱之為退休金計畫（Superannuation Plans）。
- 在加拿大，類似的計畫稱為ＲＲＳＰ。
- 在日本，這個計畫也被稱為401(k)計畫。

第一部分　童話時代的結束

從前，人們一生所走的道路無非是上學，爭取拿高分，尋找一份安全穩定的工作，做一名忠誠的員工，之後退休，然後移居到高爾夫球場附近一座較小的房子中，從此以後一直過著快樂的生活。

現在，我們很多人都明白，任何以「從前從前」當開始、又以「從此以後一直過著快樂的生活」為結束的故事，畢竟只是一個童話故事。問題在於，今日仍然有很多現代王子和公主希望這些童話故事不要結束，希望他們財務顧問提出的「長線投資、購買並持有股票、多樣化投資」等建議，能讓上述童話與自己相伴終生。不幸的是，正如很多專業投資者所知，股市中的童話並不總是以幸福告終。

比成為一位富有的投資者更重要的事

一九六〇年代，當我還是一個小孩子的時候，投資還只是富人或者想成為富人的少數人遊戲。到了今天，我們都需要為了某些更重要的目的去投資，而不只是為了成為富人。

現在，如何明智地進行投資將會決定你的未來，決定你未來的生活水準、財務安全，甚至是你能夠活多久。也就是說，考慮到醫療保健問題，現在如何明智地進行投資將會最後決定你將來的生活，以及你能否維持自己的生活，這些其實都比為了致富而投資重要得多。

第一章

法律改變，未來改變

富爸爸和窮爸爸都很關心自己員工的生活安康。我的親爸爸曾經擔任過夏威夷州政府的教育主管，數以千計的教職員工指望著他來照顧自己的生活。我將親爸爸稱為窮爸爸，他非常關心手下的教師，以至於當他不再擔任州政府教育主管的時候，就很快成為夏威夷州教師協會（Hawaii State Teachers Association，簡稱HSTA，也就是教師工會）的領導人，再次為教師的生活福利與社會各方面交涉。

同樣，富爸爸也對自己的手下的員工非常關心，而且與窮爸爸相比，在許多方面，他甚至有過之而無不及。因為窮爸爸手下的員工還有政府以及國家和地方教師工會的財政支援。

而富爸爸的員工卻沒有政府的支援和工會的保護，富爸爸常常說：「我很希望能告訴員工我對於未來的了解和觀察。我希望自己能夠這樣去做，但是，我很擔心這樣做會讓他們非常恐懼。何況，主要問題在於他們很多人缺乏基本的財商教育，很難理解我所講的東西，更不會採取正確的行動。

我如何告訴那些忠誠工作、不辭辛勞的員工，在當今社會中，只是忠誠工作、不辭辛勞還不夠？我如何向他們解釋，長期的工作安全並不能保證長期的財務安全？我如何告訴他們，某一個法律的調整變化將會永遠改變他們的未來？我如何將這些道理講給他們聽，但又不讓他們感到恐懼和沮喪？我如何才能告訴人們，將來可能發生、但又不能完全確定的事情？」

我在前面已經說過，富爸爸和窮爸爸都非常關心自己的員工。差別只在於窮爸爸當時擁有政府和教師工會的權力去幫助他們，富爸爸明白自己的員工處於更為不利的地位，因此他更為擔心。

一九七四年，美國有一項重要的法律調整，據稱這次調整是為了幫助那些為富爸爸那樣的人服務的員工。儘管很多人都認為制定這項新法律的意圖十分了不起，但是，富爸爸卻看到了這項法律內在的缺陷。他了解，從許多方面來說，很多員工長期看來並不會比較好過。而且，他能看到未來不斷加劇的財務災難威脅，而這些財務災難都是由這個法案的通過引起。

一九七九年，三十二歲的我還在為了擺脫公司的經濟困境而苦苦掙扎。我們的尼龍與魔鬼氈衝浪皮夾公司比預期的發展快速許多，短短幾年裡就成為一家大公司，在美國擁有超過三八〇家的獨立銷售商，全世界為我們服務的銷售商更是難以數計。問題在於，我們有一個世界性的產品，卻只是一家管理團隊年輕、能力不足的新公司。當公司的成功與管理團隊的能力低下相遇，災難就已經為期不遠了。

正如俗話所說的，「從書本上你永遠學不會游泳。」我也想加一句，「從書本上或商學院你永遠學不會經商。」當時，我與合夥人的書本知識非常有限，企業管理的實務經驗更是少之又少。從很早開始，我們就學到了一些粗淺但艱苦的商業知識，這些知識只有透過公司管理第一線的實踐才能獲得。

除了企業成功也有可能會毀掉你這個教訓之外，我還得到了其他一些教訓：

- 朋友不一定就是好的商業合作夥伴；
- 一個獲利的企業，可能同時也存在嚴重的財務問題；
- 一些微不足道的小事情，例如思慮不足，也可能讓整個企業陷入停頓；
- 人們並非總會支付帳單，也可能就意味著你可能無法付帳單。當你不付款的時候，人們就不會喜歡你；
- 專利和商標對一個成功企業十分重要；
- 忠誠度可能非常短暫；
- 擁有準確的財務紀錄和帳目報表非常關鍵；
- 需要一支強大的管理團隊，以及一個由律師、會計師等組成的強大的專業顧問團隊；
- 創建一個企業需要花費大量的資金；
- 企業的致命殺手並不僅是缺乏資金，還有缺乏經驗和個人誠信。

實際上，教訓還不只上述這些。全球成功和失敗都是無價之寶，我不只經歷這樣的事情一次，而是經歷了兩次。雖然我並不想再次體驗這種經歷，但我還是準備應對，因為如果你願意虛心從這些錯誤中學習，其中的教訓都非常珍貴。每次公司遇到的挫折和失敗，實質上都在向我展示自己過去不懂或需要學習的東西，而這種學習經歷將會帶來下一次成功。

一九七九年，我開始全力以赴，學習經營管理企業的經驗。我一直不能明白自己所犯的錯誤，個人能力的欠缺掩蓋了這些錯誤，我不再想學習任何新東西。我已經有足夠的愚笨案例教訓可以從中學習，但是，富爸爸卻仍然有更多東西可以教導我。那天，我來到他的辦公室參加我們例行的會談，我向他遞上自己公司的財務報表。他看了一遍，不禁搖頭嘆息，他說：「你們公司存在嚴重財務問題，我真擔心它會讓公司倒閉。你們這些年輕人，胡亂管理著這個本來可以富有而強大的公司。」

富爸爸的兒子邁克並不是我們公司的合夥人，不過他通常都參加我與富爸爸的會談。在中學時代，邁克與我是最要好的朋友，但是自從大學畢業以及從越南戰場歸來以後，我們就很難繼續保持過去那樣一種親密的友誼，因為我們完全處在兩種不同的商業和經濟圈子裡。一九七九年，邁克正在接手富爸爸數以百萬美元的企業王國，而我卻快要丟掉一家數以百萬美元的公司。邁克看了我們公司的財務報表也搖頭不已，這讓我感到非常羞愧。

「這是什麼？」富爸爸指著財務報表的一部分問道。

看著他所指的那一部分，我回答說：「那是我們拖欠員工的薪水總額和政府的薪資稅。」

「那好，現在來看看你們的現金狀況，帳上已經沒有現金了，」富爸爸嚴厲地說，「你到哪裡去弄出員工的薪水和稅費？」

我靜靜地坐在那裡，半天說不出一句話。「好了，」我輕聲說，「當我們將回款資金拿到手的時候，就有足夠的資金解決上述問題了。」

「噢，拜託，」富爸爸顯然有些吃驚，「別唬弄我，我不是你們大學的教授。我從你們的財務報表中明白，你們很多原本應該回款的客戶已經拖欠超過了一百二十天。你們和我都明白，其實這些拿了你們產品的人，將永遠不會付錢給你們。告訴我，也告訴你們自己真實的情況，你們可能快要破產了。現在，你們還拖欠著員工的薪資，拖欠著應該向政府繳納的稅費，你們實際上是用員工的薪水來維持公司的運轉。」

「但是，這僅僅是短暫的權宜之計，我們馬上就會有資金進來，我們在美國和全球各地仍在持續進行銷售。」我仍然在為自己的做法竭力辯護。

「沒錯，然而，如果你們無法維持正常的生產，並將產品運送到銷售商那裡，那你們在各地的銷售商還有什麼東西可賣？從這些財務報表中，我可以看出有人拖欠你們款項，也可以看出你們拖欠了其他人的款項。你們拖欠的物件都是向你們自己提供生產原料的人，你們怎麼會認為這些供應商能夠繼續保持對你們的信任呢？」

「不過……」我剛要開口講話，富爸爸生氣地打斷了。

「你們的供應商將不再信任你們了，他們為什麼要這樣呢？」

「好的，我會找他們再談談。」

「祝你好運！」富爸爸說，「好好看看吧，你為什麼不能面對現實呢？你與那三個所謂的合夥人搞壞了自己的公司，你們還不明白將來要做些什麼，你們都不能勝任公司的管理工作。最嚴重的是，你們還沒有勇氣承認現在的一切。你們表面看起來像商人，但是，當我看了你們的財務報表，我覺得你們這些傢伙如果不是騙子，就是小丑。自然，我希望你們只不過是小丑，不過假如你們不做出改變、調整，小丑就有可能變成騙子。」

富爸爸呶了呶嘴唇，緩緩地搖了搖頭，接著說道：「從員工手上借錢是最糟糕不過的事情了，回過頭再看看你們所拖欠的稅費，你們打算怎樣支付？」

從九歲那年起，富爸爸就一直是我的老師。他是一個非常有愛心，非常體貼別人的男人，但是當他生氣的時候，卻是非常嚴厲。這堂「企業管理課」特別熱烈，持續了好幾個小時。最後，我同意關閉公司，清算剩餘資產，償還員工薪水以及政府的稅款。

「承認自己能力不足並沒有什麼不好，」富爸爸說，「但是，撒謊和不懂裝懂卻是一個嚴重錯誤。撒謊和不懂裝懂是一個惡劣的習慣，我想讓你現在就徹底改掉那種習慣。如果你想自己有一天變得富有且成功，就需要趕快學會說出事情的真相，趕快向別人尋求幫助，更加謙遜。

世界上到處都是驕傲自大、自以為是的窮人，他們當中有的接受過很好的教育，有的則沒有，他們都不願意承認自己不懂一些事情。世界上到處都是終其一生，裝作自己非常聰明的人，其實這些惡習恰好讓他們顯得非常愚蠢。如果你想盡快學習，首要的一步就是盡快承認：自己其實並不懂得一些事情。」

「時刻牢記從主日學校學到的東西：『溫良謙恭的人必得祝福。』這句話也就是說，得不到上天祝福的就是那些軟弱無力的人、驕傲自大的人，以及接受過所謂良好教育的人。祝福屬於溫良謙恭的人，因為他們願意學習新的東西，而如果你善於學習，就會得到上天眷顧，得到豐厚的饋贈。你們那些人驕傲、狂妄、無知、自以為是，而不溫良謙恭。

你們認為，由於產品開發的成功，你們就取得了成功。你們還算不上是生意人，你們很幸運，但是又沒有經驗和技巧將這種運氣轉化到事業上。沒有人能夠在一夜之間就變成一個成功的生意人，你們還需要去學習很多東西。

今天，你要接受的教訓就是，如果你欠別人的錢，首先要做的就是設法及時償還。誰也不會喜歡那些拖欠款項的人，朋友、家庭以及企業的完結往往起因於借款不能及時償還。從你們公司的財務報表中可以看出，你們拖欠了政府、供應商、房東的款項，更重要的是，你們拖欠了員工的薪水。請你馬上償還這些欠款，在處理完這些事情之前，先不要做其他事情。下次回到我這裡之前，先將你拖欠的稅款和員工的薪水支付掉。

你現在的所作所為決定了自己只是一個馬馬虎虎的商人，而馬馬虎虎的商人永遠不可能成為富有而成功的生意人。好了，現在你就離開這裡，在完成我剛才要你做的工作之前，就不要再回來見我！」

正如我曾經說過的，多年以來，富爸爸多次訓斥過我，但是這一次卻特別讓我難忘。當我關上門離開富爸爸辦公室的時候，我感到這堂特殊的一課已經深深銘刻在自己心中，永遠不能忘懷。儘管受到了嚴厲批評，我卻懂得這是非常重要的一課，否則富爸爸不會如此震怒、如此直率地批評。我當時三十二歲，已經能夠接受這種嚴厲的批評和指責，也明白確實有很多重要的東西需要自己學習。

多年以來，富爸爸反覆教導我們要誠實、正直。他常常對兒子邁克和我說：「很多人問小孩子『你長大以後想成為什麼樣的人？』不過，當他們提出這個問題的時候，常常指的是孩子以後想從事什麼職業。從我個人來講，我不在乎你們長大以後做什麼，也不在乎你們是否願意成為一個醫生、電影明星或者清潔工。但是，當你們長大以後，我很關切你們是否能夠成為一個更加誠實正直的人。很多人隨著年齡增長變得更有教養，但是卻未必更加誠實正直，甚至情況更糟，如果在兒時便會撒謊，成年以後就會變為一個更慣於說謊的人。」當我走向路邊自己停放汽車的地方時，我明白這是自己變得更加誠實正直的另外一次機會了，我必須更加誠實地對待自己，對待合作夥伴、員工以及所有的人。

坐進汽車的時候，我似乎聽到富爸爸還在說：「任何懦弱的人都會撒謊，講真話需要勇氣。隨著年齡的增長，你們要有更大的勇氣講出事實真相，即便這種事實真相可能給自己帶來傷害，讓自己沒有面子。沒有面子地說出事實真相，也比漂亮地撒謊要好得多。世界上到處都是漂亮的撒謊者。」當我發動汽車準備換檔的時候，我忽然覺得自己非常糟糕，可能就像公司的財務報表那樣。駕車離開的那一刻，我明白自己有兩種選擇，一種是繼續欺騙自己，從此再也不與富爸爸相見；另一種就是開始尋找面對現實的勇氣，理清這一團亂，期待著與富爸爸再次相見。

在三十二歲那年，我意識到自己在很多方面仍需要更臻成熟。我了解到如果自己想成為一個更加富有、成功、完美的人，就必須聽到更準確的事實，即便是有一點嚴酷的事實。作為自己不斷成長的一部分，我也需要更好地說出事實真相。當我開車回到公司停車場的時候，我明白現在到了自己說出事實真相的時候了。當然，應該首先向被富爸爸稱之為「小丑」的合作夥伴講清事實真相。

大約四個月以後，我帶著另一份財務報表，又一次回到了富爸爸那裡。富爸爸和兒子邁克靜靜地研讀了好一會兒，最後，富爸爸開口問道：「你們拖欠的稅款和員工的薪水都已經支付了嗎？」

「是的，」我說，「你仔細看，就會看到我們也已經追回了過去很多別人拖欠我們的款項。」

「你們讓他們也償還了欠款？」富爸爸繼續問道。

「他們要不還款，要不被我從財務報表上移除，並請專門處理債務機構接手。」

「那太好了，」邁克讚歎道，「那些不願意付款的客戶就不是真正的客戶，而是小偷。」

「直到現在，我也才明白這些，」我接著說道，「不過，我自己也犯了一些同樣的錯誤。」

富爸爸看著我，停頓了一下，隨後慢慢點了點頭，他輕輕地說道：「你總算認清了這一點，真是謝天謝地！」

「那並不簡單，」我回道，「我將自己視為成功的人。可是事實上，我曾經欠了很多人一大筆錢。」

富爸爸和邁克靜靜地坐著，偶爾輕輕地點點頭。最後，富爸爸說道：「真相讓你獲得自由，而你現在獲得了自由，自由地整理過去混亂不堪的東西，並且開始在堅實的基礎上重新創建個人企業。曾經有許多的人試圖在謊言的基礎上，建立自己的財務王國，但是，謊言對於建立自己的財務王國從來沒有什麼幫助。」

這時，我也靜靜地坐著，整個屋子寂靜異常。過了好長時間，邁克問道：「你們公司的情況到底怎麼樣？你們的財務報表的確誠實可靠多了，但是，僅僅靠財務報表還是說明不了所有問題。」

「公司已經關門了，」我回答說，「我們現在還有產品銷售，業務還比較多，但是當初合夥創建這家公司的四個人的關係已經徹底結束了。我們可能永遠不會再進行合作，也永遠不再是朋友了。事實上，是事實真相將我們分開了。」

「當你回到自己公司的時候，你促膝長談了嗎？」

「嗯，開始的時候，就是我們四個人促膝長談，不過很快我們就變了臉。我們差點吵起來，幸好並沒有真的發生。工作上儘管有些不愉快，但是，正如你所建議的，我對合作夥伴願意留下來排除管理上的問題相當敬佩。」

「現在你有什麼打算？」邁克問道。

「我們將公司所有剩餘的資產全部轉給了一個供應商，然後我們各自分飛。我們也會很快讓員工們離開，他們將會得到所有拖欠的款項。投資者將會收回部分投資，不過我們過去已經向他們講得清清楚楚，他們也明白其中的風險，其中一些人甚至表示願意繼續與我合作。我們拖欠政府的稅款也已經如數繳納。」

富爸爸和邁克只是默默地坐在那裡，說真的，這甚至讓我聯想起了葬禮上的場面，很多悲傷無從說起，公司的倒閉其實就像萬事萬物的終結一樣。不論好壞，總有一些經驗將會永遠改變我們自己的生活、我們的未來，決定我們自己將要成為怎樣一個人。即便我也樂意盡快處理完這些事情，但是我還是害怕最後一次熄滅辦公室裡的燈、關上辦公室的大門的那一刻。過了半天，富爸爸終於打破了沉默，他說：「好了，我為你處理自己公司損失的方式為榮。雖然這不是一件令人愉快的事情，我也知道你可以以自己的方式去處理。你本來可以將公司的剩餘資金據為己有，不過你卻做出了一種更明智的選擇，這些都將會為你今後的商業活動奠定良好的基礎。從這次經歷中，你是不是也學到了很多東西？」

「學到的簡直太多了，」我回答說，「直到現在，我還在回味學到的一些東西。」

「你可能將會回味好多年，」富爸爸接著說，「不過，總會有一天，這些已有的以及今後遇到的經驗和錯誤，都將會成為你自己成功與富有的基礎。很多人躲避錯誤，很多人一輩子都在追求安穩，盡量避免這類教訓，但是實際上，缺乏這些生活經驗大大制約了他們未來的財務成功。

一定要牢牢記住，商業經驗從來都不會從一本書，或者課堂中獲得。儘管由於選擇了這樣處理企業失敗的方式，儘管你也有些痛苦，不過有朝一日，這些短暫痛苦可能就會成為你自己長期富有的基石。如果你迴避、撒謊，你的財務未來也許就會是一個懦弱者的未來，因為你可能就讓自己身上懦弱的一面永遠主宰了自己的未來。」

我默默地坐在那裡，無聲地點了點頭，實在說不出什麼。過去，我也曾經聽到過諸如此類的談話，但是，直到那一天，這些看似簡單的教訓才有了更多實質意義和深刻影響。富爸爸常常對邁克和我說，我們人類都是由許多個性不同的人組成的，包括善良的人、卑鄙的人、貪婪的人、富有的人、貧窮的人、懦弱的人、偷竊的人、英雄、習慣說謊的人、吝嗇鬼、愛人、失敗者等等。他不斷提醒我們，成長就是自己選擇想成為什麼樣的人的過程，選擇擁有各種各樣的個性和品質的過程。

正如前面所提到的，當富爸爸問我們想成為什麼樣的人時，他就是在問我們想成為擁有何種個性和品質的人，而不是在詢問我們將來的職業，詢問我們是否願意成為一名醫生、律師或者消防隊員。對於富爸爸來說，一個人對於自身品質和個性的選擇比起職業的選擇，要來得重要得多。

「在金錢上面，隨處可見懦弱的人，」富爸爸說道，「金錢具有帶來懦弱者而不是英雄的魔力，這也就是真正富有的人為什麼少之又少的原因；金錢還可以帶來欺騙和偷竊者，因此我們各地的監獄人滿為患；金錢還可以帶來背叛者，他們從熱愛或者信任自己的人那裡竊取東西，當你從自己的員工那裡『借』錢時，你其實就選擇了這種品質，這也是我為什麼對你特別嚴厲的原因。騙子和懦夫本來就是同一件事情，背叛那些信任自己的人更是人性中最為卑劣的品質，不幸的是你們當時選擇了那種品質。」

我無話可說，心中卻非常不好受。誠實和正直並不總是令人愉快，而今天這場有關誠實和正直的教訓更是讓我痛苦，然而卻是必要的。我意識到自己絕望的拯救公司之際，曾經選擇了背叛信任自己的人。

「你記住這次教訓了嗎？」富爸爸問道，「你記住人的個性品質選擇中的教訓了嗎？」

我只有再次點頭稱是，我已經完全理解了這個教訓，一個深刻、痛苦的教訓，一個將會永遠記取的教訓。長期以來，我還一直認為自己是個好人，一個誠實的人，但是面對壓力，我表現出來的卻是一個背叛信任自己的人的角色。

「好吧，」富爸爸說道，「雖然財務報表也能反映個人品質，但是個人品質方面的教訓要遠遠比閱讀財務報表本身更為重要。你的財務報表告訴我，在你接手公司的時候，上演了一個背叛者的故事。

另外一個教訓，是關於會計、負責任以及能夠閱讀財務報表的重要性的教訓。這些財務報表的資料實際在向我們講述一個故事，那就是具有什麼性格的人在掌管資金。當你與合作夥伴開始創辦自己的企業時，你們就像一群賭徒，撞上好運後就成了小丑，把好運當成了自己的能力。等到金錢蜂擁而至的時候，你們就成了購買保時捷跑車、賓士跑車的莽漢；當你們陷入財務困境的時候，你們就成了背叛供應商、政府和員工的人。實際上，財務報表比很多小說講述的故事還要精彩。」

「好了好了，爸爸，」邁克插話說，顯然，他不想讓富爸爸繼續教訓我，「我認為你已經講的很清楚了。」

「好的，」富爸爸也轉向我問道，「你從中接受了教訓嗎？」

「當然。」我回答說。

「那就好，我們一起去用午餐，」富爸爸說道，「我還想讓你學習一個更為重要的教訓，這個教訓是由這個問題開始的：『員工們為什麼不了解你們這些人怎樣使用他們自己的錢？』」

當電梯來到時，我們發現裡面已經擠滿了想去吃午餐的人。站在電梯裡，富爸爸接著說道：「將來某個時候，也就是我已經不在人世的時候，數以百萬辛勤勞作的人們將會發現，正是那些像你和你的合作夥伴這樣一些根本不懂管理的人，在利用他們的錢玩一場遊戲，這些錢當中可能包括他們的退休金、財務安全和未來。政府雖然在法律上做出了一些調整，設法保護員工的利益，但是，我並不認為這些法律調整將會解決所有問題。事實上，我認為這些調整將會讓很多人的情況變得更糟。我擔心將來會有更可怕的事情發生。」

第二章
改變了世界的法案

富爸爸、邁克和我三人來到了我們都很喜歡的一家中國餐館。像往常一樣，餐館裡人頭鑽動，沒有一個空位，因為他們的食物味道不錯、服務快速、價格合理。

我們等了好幾分鐘，直到空出了一個桌子，當我們坐下來的時候，我們喜歡的那位侍者趕忙整理桌子。

看菜單的時候，富爸爸對我說：「很多人沒有留下足夠的錢供退休以後使用。事實上，我敢打賭，現在坐在這個餐館裡的很多人將永遠不能退休，因為到時候他們的退休金計畫中一無所有。」

「你指的是這個餐館的員工嗎？」邁克問道，「是像我們身邊這位侍者和那些在後面做飯、洗碗盤的員工嗎？」

「不僅僅是指餐館的員工，很多身穿西裝、打著領帶在這裡用餐的經理也將會一無所有，或者沒有足夠的錢應付退休生活。這個屋裡的很多人將永遠負擔不起退休後的費用。」

「很多人？」我吃驚地問道，「更準確的說法是否應該是『一些』，而不是『很多』人？」

「不，」富爸爸回答「我認為更準確的說法應該是『很多』，而不是『一些』人。」

「怎麼會那樣說呢？」我問道，「他們很多人似乎都有一份不錯的工作，他們衣著光鮮，看起來也相當聰明。」

「你還記得我曾經告訴你關於ERISA的事情嗎？」富爸爸問道。

「大致上記得，」我回答說，「你提到這項法案好幾次。不過，我還沒有完全理解你所講的內容，也不太明白你為什麼說這次法律調整這樣重要。」

「很多人都沒有意識到它的重要，」富爸爸說，「可能還需要過好幾年，人們才能開始意識到這次法律調整對於未來的深遠影響。」

「這次法案做出了哪些調整，為什麼通過了這項法案？」我問道。

「這是一個很好的問題，」富爸爸說，「首先，ERISA是『員工退休收入保障法案』英文標題的縮寫。這項法案讓401(k)計畫的執行成為可能。我當初也對這項法案通過沒有給予多大關注，但是，沒過多久會計師和律師就開始建議我需要對企業活動做出調整。一旦這種調整真正開始實施，我就向他們請教更深入的問題。」

「那你又有什麼發現呢？」我問道。

「從表面看起來，這項法案的通過是為了保護員工的退休金免受雇主的濫用和侵吞。」富爸爸回答說。

「那是怎樣的一種濫用和侵吞？」我追問道。

「侵吞濫用退休金的方式有好多種。甚至在一些大型的績優股公司，退休金計畫也是缺乏基金，或者嚴重不足。很多時候，一家公司購買另外一家公司並非是因為公司本身的業務，而是想得到另外一家公司的退休金。一些負責任的公司的退休基金往往超過數千萬美元，甚至超過了公司本身的價值。因此，一些投機公司就會購買這樣的公司，然後在退休基金上做文章。」

「他們購買這家公司，難道僅僅是為了得到這家公司的退休基金嗎？」我仍然感到迷惑。

富爸爸點了點頭，他接著說：「不過，那還不是濫用的唯一形式，他們還有各式各樣的手段。據說就是因為這樣，『員工退休收入保障法案』才獲得通過。」

「為什麼你要說是『據說』？」我繼續追問。

「噢，這項法案的通過好像是給員工帶來了好處，好像是為了保護員工的合法權益免受侵害。不過，正如我們大家都知道的，任何事情都不會只對於某一群人有好處。其實，公司也從這項法案中受益，只是媒體沒有真正注意到這一點而已。」

「這項法案怎樣為公司帶來好處呢？」我問。

「現在你已經擁有過自己的第一家公司，讓我問你一個問題：員工的退休金計畫對於一個公司來說，到底代價有多麼昂貴？」

「你指針對員工退休金計畫所額外增加金額的社會保險費用嗎？」我問。

富爸爸點點頭，他說：「是的，到底有多麼昂貴？」

「非常昂貴，」我回答說，「我總希望能夠給員工們更高的薪水，但是那些隱性稅款高得我實在無法支付更多，而員工們往往並沒有注意到這些稅款。每一次我給員工加薪，政府要求我繳納的稅款也會相應增加。」

「因此，當作為給員工帶來好處的『員工退休收入保障法案』獲得通過時，其實在很多方面給雇主帶來了更多好處。在很多情況下，本來由雇主承擔的退休費用，現在轉移到了員工身上。」

「但是，雇主不是要承擔與員工數額相當的退休金費用嗎？」我還是不大理解。

「如果他們打算這樣做，的確也會這樣做，不過這裡的關鍵字是『相當』，」邁克解釋道，「也就是說，現在雇主需要為員工支付的退休金數額大大降低了。這就好像有人拿走了你的全部抵押貸款，要求你償還其中的一半，這樣你的還款數額的確減少了，但是你願意嗎？」邁克非常精通這項新的退休金計畫，因為富爸爸讓他專門研究過。「此外，很多員工選擇了不繳納自己的什麼退休基金，這樣公司也就可以不為員工繳納退休金了。」

「因此，如果員工不在自己的退休金中投入錢，那麼雇主也就不會為員工的退休金花任何錢。這樣，那位員工的退休金費用實質上就等於零。因此，我們很多人將來就會遇到麻煩，很多人將來沒有累積任何退休金，是嗎？」我問。

「是的，但這不過是存在的問題之一，也是很大的問題。但是，在我看來，最後引起最嚴重問題的，還不是那些退休金計畫中沒有任何錢的人，而是那些終日辛辛苦苦往自己退休金帳戶中存錢的人，後者將會引起歷史上最嚴重的股市危機。」

「歷史上最嚴重的危機？」我心中充滿了懷疑，「而且這場股市危機不是那些一無所有的人，而是那些辛辛苦苦將錢存下來的人引起的？」

富爸爸堅定地點了點頭，他說：「好好想一想，一個一無所有的人會引起股市危機嗎？」

「我真的不大明白，也從來沒有認真思考過這個問題。」我實在感到很困惑。

「最嚴重的股市危機，只會由成百上千萬將自己資金集中在共同基金和其他類似投資上的人引起，而絕對不會由那些沒有任何股票或金錢的人引起，」邁克插上了一句，「這是一個常識。」

「這項退休金法案的調整將會引起很多問題，而其中的問題之一，帶來災難性後果的就是嚴重的股市危機。」當侍者送上我們飯菜的時候，富爸爸說。

「為什麼會是股市危機？你怎麼會這樣肯定？」我問道。

「因為將資金注入股市的並不是投資者，正如你已經了解到的，你大多數的員工無法閱讀一份財務報表。如果不能閱讀財務報表，那麼你如何進行投資呢？」富爸爸反問我，然後接著說，「『員工退休收入保障法案』的後續影響不僅是數以百萬的人失去了退休金計畫，而且迫使人們將自己的財務未來完全放在股市上，而我們大家也都知道，所有的股市都會有漲有跌。」

接著，富爸爸盯著我說道：「我一直想將邁克和你訓練成為真正的投資者，成為不論股市漲跌都能夠賺錢的投資者。不過，大多數員工卻沒有這種思想和精神訓練，一旦大的股市危機來臨，我相信他們所能做出的反應就是像很多未經過培訓的投資人那樣。他們只會驚恐萬分，開始拋售手頭的股票，用來維持自己的生活，保護自己的未來。」

「你認為這種情況什麼時候會發生？」我問。

「我不知道，」富爸爸回答說，「沒有人擁有一只具有魔法、能夠準確預測未來的水晶球。從現在起到最大的股市危機爆發之前，我認為還會有較小規模的股市繁榮與蕭條變化，它們都是將來最大的股市繁榮與蕭條的前奏。」

「會有一些警告性的徵象嗎？」我問。

「噢，當然，」富爸爸笑著說，「有很多徵象。好消息是，你們兩個年輕人將會有大量時間和機會去參與實踐，通過在這些較小規模的股市繁榮與蕭條中獲得經驗和技巧。正如你們倆夏天在較小的風浪中練習衝浪，準備冬天在更大的風浪中搏鬥一樣，我希望你們在投資技巧上也這樣來做。隨著股市繁榮與蕭條的規模或者程度不斷加大，你們也將會發現，其實自己很容易變得愈來愈富有。」

「不過，其他人可能會變得愈來愈貧窮。」我輕輕地補充了一句。

「不幸的是，事實可能的確如此。但是，你們一定要時刻牢記諾亞與方舟的故事。諾亞無法將所有的動物都請在船上，在即將到來的股市危機中，我擔心可能也只能這樣。」

「所以，只有那些適應能力最強的人才能夠最後生存下來？」我問。

「是的，只有那些財務上適應能力最強、最聰明的人才能夠生存下來，」富爸爸回答說，「只有那些有所準備的人才能夠生存下來，就像諾亞建造方舟為將來做好準備一樣。我也是在一直訓練你們，來打造自己的財務方舟。」

「我們在建造自己的財務方舟嗎？」我禁不住笑了，「在哪裡？我沒有看到呀！」

「我幫助你們建造的方舟，就在你們自己的腦子裡。」

「方舟在我自己的腦子裡？」我有些不以為然，「這倒新奇。」

「聽著，」富爸爸顯然有些不悅，他在招呼上菜時說，「如果你不想做準備，那就現在告訴我，不要浪費我的時間。你以為我喜歡批評你在企業和個人財務上一團亂的管理嗎？我是不是一直在浪費自己的時間和對你的信任？如果是這樣，那你現在就告訴我。」

「不，不，不，」我急忙辯解道，「只是對於方舟的認識，我很難理解建造一隻方舟的概念，尤其是在腦子裡建造方舟的概念。」

「那麼，你是在什麼地方考慮金錢、投資和企業活動呢？這些活動都是在你腦子裡發生的。如果你的腦子裡找不到錢，那麼你的手上也不會找到錢。」富爸爸氣呼呼地說。

「是的，是的。」我充滿歉意地點頭說。

「聽著，」富爸爸說道，「人類歷史上最大的股市危機也許會發生，也或許不會發生。但是，我可以很肯定地告訴你，股市的繁榮與蕭條一定會發生，而且不論過去還是將來，都一直在發生。預言股市繁榮與蕭條一定會來到，其實算不上是真正的預言。你們現在正三十出頭，擁有良好的財務基礎，也獲得了大量的商業經驗，現在到了面對現實世界的時候了。正像你們幾乎每天都練習衝浪，沉浮於波浪之間一樣，我請你們也在金融市場和商業周期的波動中沉著應對。如果真正那樣去做，你們的財務技巧就會迅速提高。」

「所以市場的繁榮與蕭條就正如大海中的波浪一樣。」我說。

「對，」富爸爸說，「人們稱為商業周期。」

「而你認為『員工退休收入保障法案』將像海上風暴一樣，迅速將波浪送到岸邊擊碎，因而從長遠看來，『員工退休收入保障法案』改變了整個商業周期。」邁克說道。

「以衝浪的譬喻來說，的確如此，我是這麼認為的。」富爸爸在吃飯即將結束時，接著說道：「股市的繁榮與蕭條總是一直存在，但是，我認為這種法律上的調整變化將會引起歷史上最大規模的股市繁榮與蕭條。」

「如果你的預言錯了，那又將會怎樣？」我問道。

「如果我的預言錯了，如果你像我建議的那樣去做，那麼至少你也將會變得愈來愈富有，因為你將要建造自己的方舟，在自己腦子裡建造財務方舟。光是這一點，就足以讓你在不論經濟景氣或者不景氣的情況下，都可以致富。」

「好的，」我說，「我將牢記這個方舟理論，細細體會。我將在為未來做好準備和計畫的過程中認真思考，像諾亞那樣準備應對各種情況，不論災難是否發生。不過，是什麼讓你認為，這種退休金法案的調整將會產生重大影響，引起嚴重的股市危機？」

「因為，法律的改變就意味著未來的改變，」富爸爸說，「例如，如果政府改變了這個中餐館前面馬路的行車限速，時速從二十五英里調整為一百英里，我們馬上就會看到一些變化。很快，在這裡就會有更多交通事故和不幸發生。這就是法律改變是如何改變了我們未來的例證，不論這種改變的結果好壞。」

「這次的法律改變，到底改變了什麼呢？我們為什麼沒有看到這種變化？為什麼在我們周圍用餐的經理們沒有像你一樣關注這種變化呢？」

富爸爸拿出一張餐巾紙，寫下了幾個字母：

DB

DC

「我們身邊的很多經理人員以及餐館員工沒有關注這種法律的變化，因為現在正處於DB退休金計畫與DC退休金計畫的過度階段。」

「什麼？」我更覺得困惑不解，「要從DB退休金計畫過度到DC退休金計畫？」

「是的，」邁克插話道，「很多人都像你一樣，沒有注意到兩者的區別，其實它們之間的差別很大。坐在我們周圍的很多經理們依然用DB退休金計畫的術語思考，這也就是他們對這次法律變化置若罔聞的原因。他們沒有注意到這種變化以及帶來的後果。」

「什麼時候，這些經理們才會開始注意兩者之間的區別？」我問。

「這種滯後期非常長，」富爸爸回答說，「我預測可能還要等個二十五到五十年，人們才會注意這次法律變化的全面影響。」

「你的意思是，大概要等到二〇〇〇年的時候，我們才會開始注意這種變化？」我問。

「噢，當然你們將會在那之前就開始注意到這種變化，」富爸爸笑著說，「儘管人們將會注意到這種變化，例如股市小規模的繁榮與蕭條，但是，我認為直到二〇〇〇年或者甚至更晚，人們才會真正注意到這次法律變化驚人的後果。」

結完帳，就在我們起身離開餐桌的那一刻，我們喜歡的那位侍者已經將桌子擦拭乾淨，準備接待另一波饑腸轆轆的客人。「你打算如何為即將到來的變化做好準備呢？」我問富爸爸。

「我已經做好了準備，我已經建造好了自己的方舟，」在我們漫步在街頭的時候，富爸爸笑瞇瞇地說，「那不是我的問題，但可能是你們的問題。這次法律調整的真正影響來臨的時候，我可能已經離開人世，你爸爸也可能都已經不在了。」

「因此，這個法律變化很像是你們這一代人將自己的問題，轉嫁到我們這一代人身上。」我這樣說，主要是想試探一下富爸爸對於兩代人相互推諉責任的說法的看法。

「我覺得，這是一個非常精闢的說法，」富爸爸沉思了一下，接著說道，「就是二次世界大戰時期出生的那一代人將自己的問題轉移到嬰兒潮中出生的這一代的人以及後來人身上。說得更明白點，我們這些二次世界大戰時期出生的人從中受益。」

「你們那一代的人受益，現在我們這一代的人卻要為你們埋單？那就是我們得到的遺產嗎？」我反問富爸爸。

「那只是一部分，」富爸爸帶著一絲神秘的微笑，他接著說，「首先，讓我來解釋一下ＤＢ退休金計畫與ＤＣ退休金計畫的區別。」

富爸爸分析ＤＢ退休金計畫，其中ＤＢ指的就是收益確定型（Defined Benefit）退休金計畫，也就是說該退休金計畫事先確定退休者將來每月可以得到的退休金數額。例如，如果一個員工在一家公司工作了四十年，然後在六十五歲時退休，那麼他（她）在有生之年的固定收入就是每月一千美元。如果那位員工六十六歲就去世了，那麼公司實際上就得到了好處，因為公司僅僅支付了一年的退休金。如果退休員工一百零五歲去世，那麼公司將要支付四十年。在這種情況下，員工就得到了更多的好處，公司的支出也將增加許多。我們現行的社會保險就是屬於政府的收益確定型退休金計畫。

後來通過的「員工退休收入保障法案」將允許公司轉而採用ＤＣ退休金計畫，也就是繳費確定型（Defined Contribution）退休金計畫。ＤＢ退休金計畫與ＤＣ退休金計畫的區別主要就在「**收益**」與「**繳費**」兩個詞上面，前者明確了收入，而後者則由員工自己投入資金的數額確定。換句話說，員工的退休金和他自己投入的資金數額一樣，如果他有投入資金的話。

員工如果在職期間沒有投入退休金，那麼他可能就在退休後一無所有。另外，如果員工在退休時退休金計畫中有兩百萬美元積累，那麼在他八十五歲之前，這些錢將可能就通過定期發放、混亂管理或市場危機喪失殆盡。這樣，到了八十五歲的時候，他的退休金就有可能已經完全用完，只好自認倒楣。他不可能再回到公司，要求得到更多的財務幫助。

簡單地說，退休後的職責、支出和長遠結果，將會從雇主那裡轉移到員工身上。儘管收益確定型與繳費確定型從字面上來看，沒有多少區別，然而長遠的結果卻有很大的區別。正如富爸爸所說：「二次世界大戰時誕生的一代人，將自己的問題轉移給了嬰兒潮中誕生的一代人以及未來的世代，問題是我的這個世代已經因此受惠。」也就是說，他們得到了好處，現在卻需要我們來埋單，而且這是一個數額非常龐大的帳單。

回到富爸的辦公室，我緊緊地擁抱了他們兩個人，感謝他們的教誨。我又重新開始了創業的征程，雖然沒有錢、沒有穩定的工作，但是卻有著知識和經驗這筆財富。儘管開始有點擔心和緊張，我還是準備回去工作，尋找新的商機，創建一個新公司。

「我還有一個問題，」我注視著富爸爸說，「剛才吃飯時坐在我們周圍的很多經理們，難道他們都沒有注意到，『收益確定型退休金計畫』與『繳費確定型退休金計畫』的區別嗎？」

「是的，我認為多數人都沒有，」邁克代替富爸爸回答，「這將在未來引起更大的問題。因為沒有注意到這種區別，他們也就沒有為未來做好準備。他們仍然認為退休之後，在自己的有生之年還將會有大量的錢。」

「我很擔心你們這一代人中，很多人退休之後的生活水準恐怕會被迫低於期望，」富爸爸說道，「我們這一代人大多還享受收益確定型退休金計畫，退休後可以整日去打高爾夫球、玩玩賓果。你們這一代人很多將永遠不能退休，實際上可能大多數人都不能退休，不得不辛勞終生，其中一些人可能出於自願，但大多數是不得不這樣。」

「但願他們喜歡自己的工作。」我苦笑著說。

「那只是一個短視的想法，」邁克說，「我曾經研究過這種現象。統計表明，退休之後二十五%的員工在不同時期傷殘，一些人是永久傷殘，一些人是暫時傷殘。因此，認為終生從事自己喜歡的事情就是一個解決辦法，顯然有些目光短淺。我們這一代人和未來幾代人需要考慮得更加長遠一些，因為我們的平均壽命愈來愈長。問題是，我們能夠承受得起長壽以及保健費用上漲的影響嗎？而且，如果我們就屬於那二十五％傷殘者的一員，無法繼續工作或者從事自己喜歡的事情，那麼又怎麼辦？這都是一些我們需要捫心自問，也需要問家人和員工的更實在問題。」

「而現在，我們還沒有開始問這些問題嗎，」我看了看富爸爸，說道。

「不，恐怕還沒有，」富爸爸看了看手錶，回答說，「剛才在我們周圍用餐的許多經理們身上存在的問題是，他們大多數人以為自己將來會有父母們享有的收益確定型退休金計畫。因為他們都在大公司工作，所以他們可能會那樣認定。但是不久，大公司也會採用繳費確定型退休金計畫，很多員工甚至這些經理人員，也許還不會注意到這些變化的長遠後果和影響。」

「而且，在大公司做事，就像在一艘大型郵輪上工作，」邁克曾經做了大量研究，非常關切未來的變化，他插嘴說，「過去，一旦工作到退休，公司就會給員工提供一間船尾的三等艙。退休員工則加入乘客隊伍，享受著在一家大型船運公司工作過的好處。隨著夜幕降臨，他們翩翩起舞，聆聽著班尼・古德曼（**Benny Goodman**，美國著名單簧管演奏家）的音樂，品嚐著香檳，玩著推圓盤遊戲。但是，這一切已經一去不復返。現在，這家大型船運公司將會把退休員工推下船，附送一個讓他們依靠繳費確定型退休金計畫過活的小小救生圈。」

「如果他們的繳費確定型退休金計畫中沒有錢款，那又該怎麼辦？」我問。

「那也不是船運公司的問題。」邁克回答說。

「用救生圈打造方舟試試，」富爸爸冷笑道，「很多人都沒有接受過建造方舟的訓練，他們老了之後就只能抱著小小的救生圈，靠著來自家人和政府的救助度過晚年。因此，我想讓你們從現在開始就建造自己的財務方舟。如果確實做到了，等到變化來臨的時候，你就會擁有自己的大船、自己的方舟。它堅固龐大，足以應對海上的任何風暴。相信我的預言，一場大的風暴即將來臨。」

向富爸爸和邁克表示感謝之後，我轉身走向電梯。我那時已經三十二歲，沒有錢，也沒有工作，但是，這次我將要帶著自己知識和經驗的財富重新開始創業。我明白，創建下一個企業將會變得更加簡單且更加快速。因此，即便現在身無分文，即便明白茫茫大海上正在醞釀著更大的風暴，我仍然對未來充滿了信心。對我而言，建造一隻方舟，遠比建造稱之為繳費確定型退休金計畫（或者世界各地以其他名目稱呼）的救生圈更有意義。

第三章

準備面對真實世界

美國夏威夷州著名的威基基大街上，擠滿了來來往往的遊客，他們或者準備去海灘，或者剛剛從海灘歸來。很多人身穿泳衣，橡膠拖鞋上還沾著沙粒。看起來，不論他們來自哪裡，大家都因為能夠暫時離開自己原有的生活而高興。

當我穿過街道走向車站的時候，我順便看了一眼海浪。海浪距離海岸大約有一百多碼，我不禁心裡盤算著是否有時間與昔日衝浪的朋友晚上會面。湍急的海浪，溫暖的海水，西陲的夕陽好像都在召喚著我。在公車到來之前，我站在那裡甚至有些嫉妒起來，以前的我一定馬上撲向大海玩起了孩提時代經常參與的衝浪運動，直到太陽落下海平面，我才會筋疲力盡地停止。可是我卻明白，我今天最好趕快回家比較好。

當我意識到自己已經不再是個孩子，為了讓自己有一個更加美好的未來，現在到了徹底反省過去的時候了，我不禁感到悲傷。與富爸爸和邁克共進午餐，是個讓我痛苦也讓我獲益匪淺的事情。回顧自己的財務報表，同樣也是一個讓我感到痛苦而誠實的事情，那些簡單資料到目前為止都講述了一系列的謊言，現在是改變一切的時候了。公車來到的時候，我將裝有公司財務報表的褐色牛皮紙信封夾在胳膊下面，搭上車返回我很快就必須放棄的家。

今天，很多人問我：「你怎麼重新創業的？」他們對於損失了一切之後，要如何振作起來重新開始非常好奇。他們往往擁有很好的工作，或者已經在工作上頗有建樹，對於丟失現有的一切十分猶豫。一位來自日本的年輕人問我：「輸盡你所有東西以後，不會感到羞愧嗎？」我忍不住笑了，回答說：「我的感覺很複雜，羞愧肯定是其中之一。」接著，我問了他幾個問題，發現他很討厭自己目前的工作，而且覺得薪水不夠高。但是，他的工作很安穩，他寧願忍受終生，也不願冒羞愧、恥辱的風險。

我告訴他，其實抱持這種想法的人不僅僅是他，很多人寧願少賺點錢和快樂，也不願意冒著羞愧、難堪的風險，追求生活賦予我們的許多美好的東西。

「沒有工作也沒有錢，你是怎麼重新開始創業的？」這是關於那段生活另外一個經常被問及的問題。不過，對於諸如此類的問題，很難找到一個令人信服的答案。單單靠語言顯然不夠，因此，我常常這樣回答：

- 「我只能那樣去做，因為我已經沒有別條路可走，也沒有什麼東西可以依靠。」
- 「我就只能過一天算一天。」
- 「那是我生命中最糟的一段，我實在不願意再次經歷。但是，回想起來，那也是我生命中最美好、最難忘的一段，因為改變了我人生的方向，也改變了我自己。」

- 「我不得不在自己的過去與未來之間做出選擇：一種是我的未來與過去沒有什麼變化，一種是我的未來遠遠勝過了我的過去。」

最後這句話往往讓好多人百思不得其解。實際上，我要說的意思是，很多人畏懼變化或者冒險，最後讓自己的明天還在重複做與今天完全相同的事情。對於很多人來說，即便現在的生活得過且過，也比為了更好的未來冒險改變要好一些。

我了解那種生活策略。現在，偶爾看到那些依然在夏威夷的威基基海灘做海灘少年的昔日夥伴，我甚至有點羨慕他們的生活，尤其當我坐在波音七四七客機中，馬不停蹄的從倫敦趕往紐約、或從洛杉磯趕往雪梨的時候。我也常常困惑，自己是不是在生活中做出了正確的選擇。

當我坐在飛機上，吃著飛機上提供的餐食，而童年時代的三個夥伴則三十五年來，每天都在威基基海灘的同一個地點出現，租衝浪板，與稱讚他們成熟男人氣質的年輕女孩相會，表演夏威夷當地的歌曲賺點小費。第二天，他們還將在同一個地方做同樣的工作。而在很多層面上，我也是日復一日。

我認為我們的差別在於，我們最後想得到不同的生活。我想要一個與今天不同的明天，他們想要一個與今天相同的明天。

我相信很多人都屬於這兩種情況中的其中一種，這將決定他們或者為了今後的生活而冒風險，或者滿足於今天的生活，明天依然過著同樣的生活。我甘冒各種風險，是因為我渴望更加美好的明天，這也是我在解釋自己一無所有之後、重新站立起來的最好答案。我冒險、失敗並且重新站立起來，是因為我依然追求著同一個目標——更加美好的明天。很多人停留在原來的地方，就像我小時候海灘上的那些夥伴一樣，因為他們今天過得很安穩，也希望明天過得很安穩。不幸的是，我們大多數人都明白，今天終將結束，明天又將重新開始。我那些海灘上的夥伴也懂得這個道理。

富爸爸知道我的財務和個人生活中的財務漏洞究竟有多大。正如幾個月前，他查看我的財務報表時所指出的：「你們公司存在致命的財務問題，已經到了無可救藥的地步。」儘管他知道我已經沒有工作，身無分文又無處可去，但是他從來沒有提供一個職位給我或是給我任何的財務支援，當然我也從不想得到這樣的支援。我已經向他學習了二十多年，我知道他對我的期望。

窮爸爸非常理解我的困境，他好幾次想給我錢，但是我明白他的財務狀況也非常不好。他的狀況比我好不了多少，他有自己的房子，但是在他五十多歲的時候，依靠的幾乎完全是教師工會為數不多的退休金生活。他僅有的一些積蓄，在一家冰淇淋專賣店的投資中損失殆盡。那是他第一次前進商場，從而遭受挫敗，原因在於即使滿腹學術成就，他卻缺乏了實際經驗。因為年齡和傲骨，他在找工作上也遇到了困難。他曾經也是個「老闆」——夏威夷州政府的教育主管，我想他一定感覺到，向那些比自己年輕許多的人申請一份工作，滋味並不好受。

當有人說他在州政府的工作經驗不能轉化到商場時，他也非常生氣。常常有人對他說：「你有輝煌的工作經歷，你肯定非常成功，但是你的技能並非我們所需，我們無法運用你終生學習到的東西。」最後，他不得不去做很多同他年齡相仿、也處於困境中的人所從事的工作，擔任一名顧問。

我不知道是否有人聘雇他，不過這個頭銜大概撫慰了他內心的傷痛。促使我重新站起來的動力之一，就是當時我曾經立下的一個誓言：「我絕對不會讓自己的無知、自大和畏懼阻礙自己得到應得的生活。」目睹了年邁、自負、缺乏實踐能力、缺乏財務知識、缺乏最新資訊、依賴政府救濟等等給窮爸爸帶來的負面影響，我發誓要以他為鑑，作為反面材料。那時，我發誓重新成為學生，第一步就是從整理個人財務著手，那狀況反映了我在財務上無知自大的程度。我並暗自發誓，一定要聽富爸爸的話，開始研究很多人從來不研究的問題。

從九歲那年開始，富爸爸就一直是我的重要導師。到了三十二歲的現在，我發誓要以成人身分從他身上學得更多。我深知自己玩衝浪和橄欖球的日子已經結束了，而即使這種想法令人感傷，我也同時嚮往著未來，一種全新的不同於過去的未來，到時候我能夠更好地控制金錢和生活。

我不想像窮爸爸那樣，因為退休金並不夠用，在接近六十歲的時候還得四處尋找工作。我不想等到六十歲的時候才改變自己，我三十多歲時就要改變自己。我不想等到六十歲的時候才發現，自己的退休金計畫根本不足以應付今後的生活。

我在三十二歲那年的誓言就是，反省自己的財務生活，接受教育和培訓，從當天起就開始思考自己的未來，而不是等到明天。

當我準備搬出已經租不起的公寓，正在為將來在哪裡居住發愁的時候，一位朋友打來了電話。他要被委派到加州工作四個月，問我是否願意替他照顧房子、澆灌花草、餵狗。這馬上解決了我眼前的住房問題，或者說是至少暫時解決了。

而收入似乎也用不同的型式出現，郵遞來的支票往往恰好就在急需要時出現，包括過去的多付款、退款以及終於由收帳機構收得的公司應收款項。但是，即便有這些零零碎碎的支票，畢竟還是不太頻繁，好些日子因為沒有錢，我連頓飯也沒得吃。雖然有時候狀況就這樣糟糕，不過我仍然要說這一段日子非常珍貴，因為它給了我重新認識自己的機會。

在我搬進了臨時居住處不久後，另外一個朋友打了電話來。他是獵頭公司的職員，專門負責尋找管理階層的員工。他說：「我手上有一家公司對你非常感興趣，我告訴他們，你曾經是全錄（Xerox）公司的頂尖銷售員，過去四年曾經主管過國內和國際數百人的銷售團隊。他們正在尋找像你這樣的人，公司薪水很高，旅行機會很多，平時的費用可以大量報銷，福利待遇優厚，而且誰知道，有朝一日你可能會成為公司總裁。你無需重新搬家，他們想讓你成為他們公司亞洲與加州的橋樑，公司位置恰好就在夏威夷。你有興趣嗎？」

讓我來告訴你當時的真實感受吧！在公司破產和絕望之後，這個電話就像來自天堂的聲音。我的興致一下子很高，身處貧困和絕望之中，非常嚮往一個高薪的職位、聲望、頭銜、福利、汽車以及個人在公司發展的階梯。更為重要的是，我感覺受到重視、感覺到有人要重用我。我心中自然清楚，自己非常適合這個職位，因為我曾經在紐約接受了大學教育，而我又是第四代日裔美國人，了解日本文化，所以我馬上就答應了。

四個星期以後，我成了那家公司從十六位候選人中挑出來的三個主要候選人之一。為了準備面談，我甚至還用吃飯的錢，為每一場面試都購買了一套西裝。在面談的最後，我坐在該公司地區副總經理的辦公室外面，不過，我卻完全不覺得興致高漲，反而忽然一下子感覺很糟。一定出了什麼問題，我意識到自己正在做著與窮爸爸完全相同的事情，都在尋找一份的工作，區別僅僅在於我當時三十二歲，而他已經五十九歲。所謂薪水、安全感、頭銜、晉升機會、福利待遇等東西其實還吸引著我，在這個過程中，我也再次發現了自己內心的一些嚮往。

我坐在地區副總經理辦公室外，內心展開一場對話，就這樣度過了非常漫長的十分鐘。最後，我在一張紙條上寫道：「謝謝你們對我的興趣，我非常感激你們花時間考慮我的申請。這一切都極大地激勵了我的自尊！不過，非常抱歉，我必須走自己的路，請你們將我的名字從向貴公司申請職位的候選者名單上刪除。再次感謝你們！」我將紙條交給了秘書，然後轉身離開。這也是我最後一次求職。

相對於選擇什麼職業，富爸爸一直對我選擇什麼樣的個性品質更感興趣。這段時間，我可以選擇的個性是懦夫和武士這兩面。在開始面對自己一無所有真實世界的大約兩周期間，懦夫性格占據了上風。後來，終於有一天，武士的性格占據了優勢，那一天我感覺好極了。接著，懦夫的性格又占據了上風。等到第四周的時候，這場內心中的爭鬥打成了平手，有一半時間我是懦夫，有一半時間我是武士。

一旦我對自己沒有錢、沒有工作也沒有職業地位的身分欣然接受，我的生活就發生了變化。也就是說，我開始樂於充當一個小人物。我不再是一個孩子、學生、船長、部隊飛行員或者一個企業家，我一無所有，不過我甚至有點喜歡這情況。那也沒有什麼不好，我對於兩手空空根本無所謂，愈是這樣想，內心中武士的一面就變得愈加強大。我謝絕成為那家全國性公司銷售經理的原因，就是我正處在個人試驗之中，我只想弄明白究竟自己內心哪一種個性能夠最後勝出。

富爸爸常常向兒子邁克和我提出這樣一個問題：「如果你一無所有，沒有錢，沒有工作，沒有食物，也沒有棲身之處，那麼你會怎樣去做？」

如果我們回答說「我會設法找個工作賺點錢」，富爸爸可能就很不滿意，就會說「你們兩個就是作員工的命」。

如果我們的答案是「我會尋找一個商機，創建或者購買一家企業」，富爸爸就會說「你們兩個就是作企業家的命」。

如果我們回答說「我會尋找一個投資企劃，然後聯繫投資者」，富爸爸就會說「你們兩個就是作投資者以及企業家的命」。

富爸爸還說：「很多人從出生就被注定了要謀職找工作求生存。而上學只是為了強化這樣的預設立場。對於前面那個問題，如果你想要能夠做出後兩種回答，就需要一種截然不同的教育方式，也就是『真實世界』的教育。」

獨自一人靜下心來以後，我想起了富爸爸的這些小問題。在無事可做的時候，我開始按照對未來的希望做出了選擇。

自我們那次在中餐館共進午餐六個星期之後，富爸爸打電話給我，問我是否願意與他再次共進午餐。當然，我馬上就答應了。這一次，我們來到一家位於檀香山高檔消費區有力人士聚頭用餐的飯店。飯店裡幾乎所有人都身著光鮮，而我卻坐著公車，身穿短褲和鮮豔的紅襯衣，極力做出富有的樣子，似乎已經不再需要像周圍人那樣穿得中規中矩。雖然我懷疑有沒有成功唬過別人，或者是否有人注意到我的模樣。富爸爸只請了我一個人，他並不會太過注意我的衣著，因為他了解我當時的經濟處境。他站起來向我打招呼、握手，富爸爸問道：「事情進展的如何？」

「非常好，」我邊坐下邊回答說，「我已經習慣於一無所有，做一個小人物了。」

富爸爸笑了笑說：「事情並沒有那麼糟，是嗎？」

「是的，沒有那麼糟，」我回答說，「只有自我懷疑的時候，事情才會變糟。我才會在自己過去做過的許多蠢事中鑽牛角尖，但是，我更加強壯了。內心裡的懦夫已經退卻，武士也變得更強壯。我已經準備面對真實世界了。」

當我跟他說起近來申請一家公司銷售經理的高薪職位，以及最後放棄的經過時，富爸爸的臉上露出了笑容。他說：「這是近幾個月以來，我從你這裡聽到最好的消息。你已經真正決定改變自己的未來了，而且更重要的是，我很高興你找到了面對真實世界的勇氣和信心。」

我感到有些困惑，打量了富爸爸一眼，問道：「不是每個人都會想面對真實世界嗎？」

「很多人以為自己會那樣做，」富爸爸回答說，「但是，如果要說實話的話，多數人都會竭盡全力地躲避真實世界。」

侍者送上了菜單，將我們的水杯倒滿了水，而且很快地報上了今天的推薦菜色。我繼續問富爸爸剛才那個問題：「人們會躲避真實的世界？他們怎麼辦到的？就光靠尋求工作安穩嗎？」

富爸爸將菜單還給了侍者，說道：「老樣子。」

接著，他盯著我說：「人們躲避真實世界的方式很多。很多人一輩子就是從一個避難所到另外一個避難所，這些避難所保護他們脫離真實世界。例如，很多人離開家庭這個避難所，來到大學這個避難所。畢業之後，很多人又進入工作或職業的避難所。如果他們結婚，又為家庭創造了一個避難所。整個過程，就是從一個安全避難所轉向另外一個安全避難所。如果失去了工作，他們就會彈去履歷上的灰塵，重新尋求另外一個避難所。如果他們離婚，很多人也會尋找另一個人，創造一個新的家庭避難所。」

「那樣做又有什麼錯嗎？」我問。

「沒有，當然未必有錯，他們只是在尋求避難所。」富爸爸輕輕地啜飲了一口水，接著說，「不過，當一個人離開一個安全避難所，又難以找到下一個避難所時，問題就出現了。就像在你爸爸身上發生的情況。」

「我爸爸身上發生的情況？」我稍稍有些吃驚。

「是的，就是你爸爸現在遇到的情況，」富爸爸肯定地回答，「你爸爸現在遇到的真實世界，就像你自己現在遇到的真實世界一樣，我還在琢磨你們哪一個人能大展拳腳。區別在於，你爸爸在自己五十多歲以後開始面對真實世界，而你是在三十多歲的時候開始面對真實世界。相同之處在於，你們兩個人都失去了工作。我發現觀察這種『不同』很有意思。」

「請你為我解釋一下，我爸爸現在面對的真實世界是什麼樣的？」

「你爸爸離開了自己父母家這個避難所，上了一個明星大學，找到了一份好工作，逐步爬上了成功階梯。沒錯吧？」富爸爸反問我。

「是的。」我說。

「因此，你爸爸從一個安全避難所來到另一個安全避難所，直到有一天擔任了州教育主管。他離家、上學、結婚，並且從來沒有離開教育系統。是不是這樣？」

我點了點頭，回答說：「他是個非常優秀的學生，所以他一直留在教育系統內，或者如你所說的避難所內。這些都讓他更加自負，也讓他取得了成就。所以你是不是認為，他應該離開高等教育這個避難所呢？」

「為什麼呢？」富爸爸反問道，「他很聰明，是個非常優秀的學生，做了班長，很快成為了教育系統的領袖，因而他應該繼續留在自己做得很出色的系統內。如果我是他本人，我也會像他那樣做。不過，他五十歲時選擇離開了那個系統，那麼對他而言，教育系統之外的環境就是真實世界。論及財務問題，可以說你爸爸完全沒有做好應對真實世界的思想和精神準備。」

「你指的是當他決定競選夏威夷州副州長的時候嗎？」我問道。

「沒錯。你爸爸是個誠實正直的人，他反對腐敗的政治體系，發現自己誠實正直並不是解決問題的最好辦法。當他正式決定參選副州長並且失敗的時候，就遭遇了真實世界。等到失敗之後，他發現自己已經置身於自己成長的系統之外，在那個系統中他曾經遊刃有餘，那也是他唯一了解的系統。突然之間，他必須面對真實世界，而且過得並不好。接著，在他失去工作不久，你媽媽就因心臟病發作而去世。我懷疑她可能無法承受你爸爸競選失敗帶來的困窘，以及你爸爸失去工作這個現實，因為他們當時已經置身於曾經保護自己的系統之外了。」

「媽媽的確承受著比爸爸更大的打擊，我爸爸的競選失敗之後，許多她所謂政界名流的朋友就中斷了聯繫，不再與她共進午餐，其中甚至包括很多她最親近的朋友。世界對於失敗者總是非常殘酷，當你位高權重的時候很多人喜歡你，當你成為小人物的時候很多人就會拋棄你。我相信，那次事件對媽媽的打擊大過了其他人，那也是她在五十歲前就離開人世的原因。」

在我回憶媽媽的時候，富爸爸靜靜地坐著，半天沒有說話，他看得出來我很懷念我母親。過了會兒，富爸爸接著說：「你爸爸悲傷了一段時間之後，再次結婚了，當然對方仍是一位學校老師。他買斷了一家冰淇淋專賣店的經營權，結果賠掉了所有的積蓄。不久，他離了婚，我想原因可能就是沒有避難所，沒有安全港灣，對不論年輕還是年老的兩人來說，生活壓力太大了。現在，你爸爸就像一個孤兒。他的父母已經不在人世，妻子已經離去，孩子也不能奉養他，而伴隨他成長的教育系統又不讓他回去。這樣，他只好去做臨時工作以維持生活，試圖找到通向另外一個避難所的門徑。」

「如果沒有教師養老金，真實世界可能就會壓垮他，他甚至可能無家可歸。」我說道。

富爸爸表示贊同，他說：「你們這些孩子可能得接受他，而很多兒孫輩也的確會這麼做。如果家庭負擔得起，最後一個避難所就是家庭。」富爸爸停頓了一下，雙眼直視著我繼續說道：「你現在無力照顧他，是嗎？」

「對我來說現在確實有些麻煩，但是，我會找到解決辦法的，」接著，我問富爸爸，「為什麼我們要討論真實世界與避難所這兩個相對的概念呢？」

「因為你的教育還在繼續，」富爸爸笑著說道，「因為，三十多歲並不意味著你就學不了更多。你現在面臨的財務狀況的確很可怕，但好險的是，你在三十二歲就遇到了這些困難。現在，你可以選擇讓情況變得更糟的這條路，那些失敗者往往就是這樣做。或者，你也可以將這些糟糕的事情，轉變為到目前為止你生活中最好的事情。很多人固守在辦公室、農場、銷售工作或其他職位上，終日生活在你自己今天所面臨生活的恐懼中。很多人會嘲弄你，將你看作低人一等的『賤民』。或許也有一些人會羨慕你，因為你至少已經從失敗的痛苦中走了出來。」

「這聽起來有些可笑，」我說，「為什麼會有人羨慕我現在一無所有呢？」

「因為有少數人擁有別人所沒有或者不願意具有的洞察力，」富爸爸說，「有一些人開始意識到，你們這一代人面臨著比我們這一代人更大的挑戰，二〇〇〇年以後，你們這一代中將有很多人意識到，自己將面臨你現在所面臨的財務困境。具有這種洞察力的一些人可能會羨慕你，因為你現在就面對自己身處一無所有的困境，面對真實世界，面對一個沒有避難所的世界，而不是等到未來。因為他們現在成功、富有，並不意味著他們將來也會成功、富有。那些意識到這一點的人，都會羨慕你。」

「我還是不懂，他們為什麼會羨慕我？」我道。

「因為你處在這個過程中間，很多人即使體認到現在的工作和財務安全愈來愈少，也一直固守著錯誤的安全概念，」富爸爸接著說，「你及早醒悟，這樣就有了時間調整自己的思想，從經驗中獲得成長。你願意繼續向前，而非向後退縮嗎？」

「說的也是，」我回答說，「因為我處於這個過程中間。我已經面對你所說的真實世界，而且感覺其實並沒有那麼糟糕。」

「很好，」富爸爸笑著說道，「你知道嗎？發生在我自己身上最好的事情，莫過於十三歲那年我就面對真實世界。」

「你爸爸去世，留下你管理企業和家庭的時候？」我問。

富爸爸回答說：「在我十三歲的時候。當時，你爸爸正在學校裡學習以後的工作安全的入門時，我就已經面對他今天才面對的真實世界。作為十幾歲的少年，我沒有受過教育、沒有錢，只有傷心生病的媽媽、需要我照顧的家庭以及一家虧損的企業，我沒有任何依靠。不過回顧過去，那是我身上曾經發生過最好的一件事情。現在我有這麼多錢的原因就是自己沒有可以躲藏的避難所，也正因如此現在我才不願意幫助你。如果我給你幫助，為你提供避難所，只會延遲必然發生的事情。如果你是我們這一代人，我會給你一份工作，因為對於像我們這樣年歲的人來說，工作安穩是非常需要的。你們這一代人更需要財務安全，而不是工作安穩。你們這一代人有很多工作機會，例如速食店就在一直招聘新人。你們這一代人缺乏獲得真正財務安全的財商教育，這將不可避免地造成你們的財務困境。」

「不可避免嗎？」我問。

「是的，不可避免，」富爸爸肯定地說，「因為你們這一代人將不會再擁有我和你爸爸那一代所享有的社會保險或醫療保險，或者沒有足夠的保險可以依靠。你們這一代成千上百萬的人將不再有收益確定型退休金計畫或者工會退休金計畫，保護你們免於遭受真實世界的不幸。因此，你現在所遇到的困難，就是你們這一代人將在二〇一〇年以後可能遇到的困難。而那個時候可能我已經離開了人世。」

看著侍者端上了我們要的飯菜，我靜靜地坐在那裡。心中開始明白為什麼窮爸爸和富爸爸都那麼重視他們員工的退休計畫。侍者離開之後，我對富爸爸說：「你們這一代享有收益確定型退休金計畫，而我們這一代人可能沒有。在你看來，兩者之間就有很大的差別。」

「是，有非常大的差別，」富爸爸說，「你看，你爸爸手下的員工有政府和工會提供退休金，我手下的員工只有依靠他們自己，而且他們很多人並未在自己的退休金計畫中投入資金。他們根本不知道那是什麼，有些人以為自己和父母的一樣，也享有收益確定型退休金計畫。正是由於這些誤解，我的很多員工都沒有任何積蓄。他們擁有很漂亮的房屋、很高級的汽車、很豪華的電視機，但是除此之外，就沒有任何其他的東西了。我為此深感憂慮，提醒他們進行投資，不過對於他們而言，漂亮的汽車和電視似乎重要得多。另外，他們不懂投資和儲蓄的區別，認為那是一回事。這也正是我為你和你們這一代人擔憂的原因。我們那一代很多人都享有一些保護，免受真實世界的不幸，你們這一代很多人則沒有這麼幸運，而且沒有任何準備，有些甚至已經年老體衰無法應對。這麼嚴峻的問題正在逐步形成，可惜好像沒有人為此擔心。」

「因此，我們這一代的很多人會在未來某天，會發生跟我現在同樣的遭遇：一無所有地面對真實世界嗎？」

「是的，正是如此，」富爸爸嚴肅地回答，「我就是這個意思，差別在於，你在一九七九年，也就是三十二歲的時候不得不面對真實世界，而許多你的同齡人是在二〇一〇年之後，也就是在自己六十二歲、七十二歲、八十二歲，或者更糟，在更老的時候遇到這個問題。但不管怎樣，他們將來一定會面對這個真實世界的。」

「那麼，如果他們自己不在退休金計畫提早投入足夠的錢，我們這一代人的退休金計畫可能到時候會捉襟見肘。」

「不僅如此，」富爸爸說，「即便你們這一代人在自己的退休金計畫投入足夠錢，這些錢也有可能到時候已經被用完。因為你們這一代人的退休金計畫可能會被一次嚴重的股市災難完全毀掉，而且可以斷言，這場股市災難即將到來。」

「所以收益確定型退休金計畫可以免受股市危機的影響，而繳費確定型退休金計畫卻做不到這一點？」我問。

富爸爸點了點頭，他說：「大致上是如此，不過眾所周知，即便收益確定型退休金計畫也會因為管理不善而陷入危機，只是繳費確定型退休金計畫的風險要更大一些。因此，問題還在不斷積聚，而後在轉瞬之間，真實的一刻就會來臨。你們這一代人很快就會發現新的繳費確定型計畫是否管用。問題在於，你們這一代人只有等到退休之後，才能明白這個退休計畫是不是真正有用。」

「你的意思是，我的同學可能在他們六十五歲退休時，才會發現自己的繳費確定型退休金計畫並不夠用，是嗎？」接著，我又問道：「只有等到退休之後，他們才會明白這些，可惜為時已晚，無法藉由工作彌補不足，是嗎？」

富爸爸點了點頭，繼續說道；「你們這一代人中，不僅很多人沒有向退休金計畫中投入資金，即便投入的人，也沒有投入足夠的資金，而且很少有人注意到股市和共同基金的風險。在股市危機中，共同基金有可能完全損失。在未來某個時候，你們這一代人也會驚醒，原來自己的繳費確定型退休金計畫並不安全，自己的退休避難所也存在風險。一旦意識到這一點，他們就可能開始從股市抽身，恐慌就會來臨，整個股市就開始陷入危機。如果這場恐慌是大範圍的，那麼這場股市危機就可能是世界上規模最大的危機。

需要注意的是，很多業餘投資者正在進入市場，這些人最容易出問題，甚至要比退休金改革的缺陷引起的問題還要嚴重。因此，我估計你們這一代人將來會遭遇真實世界，遭遇你現在遇到的問題。區別僅僅在於，當遇到這些問題的時候，他們究竟有多老而已。」

「我們這一代人大多數要遇到這個問題？」我簡直有點不敢相信富爸爸的話。

「是的，大多數人都會遇到。我想你們這一代至少八〇%的人，將來會沒有足夠的錢退休。二〇二〇年，這次嚴重的股市災難爆發之後，數百萬的人們將會身無分文，沒有什麼東西可以依靠。為了維持這一億五千萬多人的基本財務和醫療費用，美國政府也會無法負擔。」

「一億五千萬多人？」對於富爸爸所說出的數字，我還是有些不能相信，「但是，我們都知道嬰兒潮中美國出生的人只有七萬五千人呀？」

「沒錯，這個數字可能超過一億五千萬，因為我們這一代中還有人在世，他們也需要政府和社會幫助，數百萬的新移民也將加大這個數字，另外，還存在著很多既有的窮人。到了二〇三〇年，由於醫療技術的突破性進展，人類的壽命大為延長。大約有一半的美國人因為沒有做好老年時代的準備，可能需要更多的政府幫助。」「而且，這還不包括數百萬的聯邦政府和州政府員工，他們也希望政府能夠像事先承諾的那樣，照顧好自己的生活。例如，像我爸爸那樣的政府終身員工。」

「對，」富爸爸點頭稱是，他說，「太多的人接受了一種希望政府照顧自己、做自己生命的避難所、保護自己免受真實世界的困擾的教育。也正因為如此，這個問題只會層出不窮。」

「因此，很多嬰兒潮出生的人的孩子，將不得不奉養自己的父母。」我接著說道。「是的，但不僅僅是自己的父母，」富爸爸說，「嬰兒潮出生的人的孩子，大多出生在一九七〇年以後，他們將有可能被要求支援雙方的家庭。也就是說，如果一個年輕的夫婦有兩個孩子，透過各種名目的納稅手段，他們可能得支援另外四個不能自給的老人。」

「你的意思是，一個四口之家，其實就相當於八個人的大家庭，是嗎？」我問道。

「有可能，這將引起幾代人之間關於金錢、生活費用等問題的矛盾。如果老人控制著政府，年輕人將一定會被要求為老年人的生活問題納稅。」接著，富爸爸笑著說：「如果年輕人占據了政壇，那麼將可能有數百萬的老人，也就是你們嬰兒潮出生的一代人會抱怨說『年輕人實在太不尊重老人了』。」

「你為什麼笑呢？」我問。

富爸爸忍不住還在笑，他說，「尊重長者的時代已經一去不復返了，我認為今後一代的人將會更缺乏對老年人的尊重。不過，也有可能是我的估計出錯。或許，嬰兒潮出生者的孩子將會敞開自己的錢包，讓自己長者隨意拿走。誰知道呢？各種稀奇古怪的事情已經發生了。」

我們又花了幾分鐘吃飯，並沒有再多聊。我坐在那裡想著坐公車回家的事情，盤算著是否應該步行，還是「奢侈」地坐公車。我不敢要求搭富爸爸的便車，此外，我不想浪費自己一無所有，或者至少是以少量資源面對真實世界的機會。我開始為自己在三十二歲，而不是七十二歲、八十二歲甚至九十二歲時面對真實世界而感到幸運。

富爸爸支付侍者送上的帳單時，我又問道：「我們怎麼會走向這種結果？怎麼會有這麼多需要一個安全避難所的人？」

安全與自由

「這個問題問得很好，」富爸爸一邊把信用卡遞給侍者，一邊說，「我認為，當人們開始首先追求安全，而不是自由的時候，就會產生非常大的不同。」

「我們沒有自由嗎？」我馬上問道，「畢竟，這是美國，是自由的樂土、勇者的家園。」

「沒錯，這是美國，而那是首老歌。」富爸爸輕輕地笑了笑。「問題在於，很多人認為安全和自由完全是同義詞。事實上並非如此，在很多方面安全與自由恰恰是一對相反的概念。」

「安全與自由是一對相反的概念？」我感到很困惑，「能不能請你解釋一下？」

「好，仔細想想，一七七三年，爆發了惡名昭彰的『波士頓茶黨案』（The Destruction of the Tea in Boston）。你說說，當時美國人發動暴動反對什麼？」

「納稅，」我回答說，「他們希望能夠免稅，這些勇敢的人冒著坐牢的危險，使用暴力手段反抗大英帝國。」

「回答的很好，」富爸爸說道，「因此，他們並不是在為了工作更安全的名目下，將茶葉扔進大海，是嗎？」

「是的，他們是為了自由而戰，並不是為了工作安全而戰。」

「現在，我們在課堂上教些什麼？」富爸爸問道，「父母和老師極力要求孩子努力學習、取得好成績的主要原因是什麼？是不是為了自由？」

「不是，」我輕聲回答，「父母和老師想讓孩子取得好成績，為的是日後的工作安全，為的是找到一份很有前途的高薪工作。」

「那麼，建國先驅們那些渴求的自由到底發生了什麼事？幾百年前，勇敢的人們抗爭才得到的自由？現在，這些都已經被尋求工作安全而擱置在一旁，對於沒有足夠的金錢購買餐桌上食物的恐懼，已經取代了我們先輩們孜孜以求、捨生忘死去追求的自由。」

「因此，現在學校教育的目的並不是真正為了自由，而是為了獲得工作安全和收益確定型退休金計畫，這也是老師們所擁有的東西，而他們的學生們卻不會再有。這僅僅是學校和真實世界聯繫愈來愈少的原因之一。在大多數真實世界裡，將不再有收益確定型退休金計畫，不過學校老師卻仍然享有。」

富爸爸依然滔滔不絕，繼續說道，「即便當時並非要求你一定參戰，即便你屬於免服役者，你為什麼還要去越南參戰？難道你不是為了自己心目中的自由嗎？」

「是的，是為了自己心目中的自由而戰，因為你和我爸爸都認為，為了自己國家而戰是每個人的義務。我不知道如果你們兩人沒有堅持的話，我是否還會去參戰。」

「很好，那麼，你大多數朋友的父母又是怎麼做的呢？是不是設法讓自己的孩子留在校園避免受到徵召？你的大部分同學沒赴越南參戰，不就是因為他們聰明的考取了大學，並且獲得學校延期服役的許可嗎？」

「是的。」我回答說。

「你發現到我們國家這些年來的變化有多大了嗎？我們國家建立在自由思想的基礎上，但是到了現在，安全遠遠比自由更為重要。安全和自由不是同一回事，追求安全的人與追求自由的那些人有非常大的不同。而且，這些人們之間的不同將會導致史上規模最大的股市危機。現在，數百萬的人們將錢投入繳費確定型退休金計畫、共同基金以及其他可能確保自己安全的投資之中。孩子，他們將來一定會大夢初醒般的「體悟」。

「這也是我這樣關注『員工退休收入保障法案』的原因。我們現在與當年波士頓茶黨案發生時的人們已經相去甚遠，我們不再為了自由而戰，而是竭盡全力追求所謂的安全。數以百萬不懂財務、也不大願意涉足財務的人們將會被推進股市大潮。不過，股市並不是愛好安全者的樂土，而是嚮往自由者的家園。我認為那些嚮往自由的人將會有所收穫，那些愛好安全的人則會失敗。而不幸的是，他們失敗並面對真實世界的時候，年紀已經太老了。這是我個人的預言。」

「自由與安全並不相同嗎？」我仍然不大明白兩者之間的區別。

「不僅不同，而且完全相反。愈是追求安全，所得到的自由就愈少。」

「你能不能再解釋一下？」我試探著問道，「享有更多的安全，怎麼會意味著更少的自由？」

「你剛剛放棄的工作機會，就很有可能給你帶來安全，不過，那是不是需要付出自由的代價？是不是阻礙了你能賺到什麼、在什麼時間什麼地方工作，甚至包括什麼時候度假？」

「是的，工作安全確實會制約我的自由。很多人的工作安全甚至規定了他們什麼時候可以用午餐，」我補充了一句，「不過，相對於自由來說，很多人難道不是更想要安全感嗎？」

「的確如此，」富爸爸回答說，「那是他們的選擇，不過一定要記著，兩者之間你擁有其中一種愈多，另外一項必然就少了。事實上，安全更多，就有了更多的羈絆。看看世界上最安全的那些人，他們就是囚犯。他們有一個房間，也有食物、休閒時間、運動場地，他們享有最大的安全，但是失去了自由。」

富爸爸停了一會兒，讓我理解最高安全的看法，接著他又說道：「再看看那些生活仰賴社會保險的人，他們有一點財務上的安全，但是付出自由的代價，正是生活型態的自由。在美國，仰賴社會保險生活的人都是最貧困的人，所擁有的自由最少。」

「因而，你希望我在安全與自由之間做出選擇。自由需要勇氣和力量，如果缺乏這些，就會失去自由。自由並不是免費的午餐。」我說。「是的，」富爸爸接著說道，「還記得你從越南回來時的情形嗎？當時很多人在你們身上吐口水，罵你們是劊子手。」「嗯，有人向我吐口水，但是沒有人吐在我身上。不過，我明白你的意思。我們正是為了讓他們擁有這麼做的權利而戰，儘管我並不喜歡他們這麼做。」「其實，自由需要勇氣、需要勇敢，你現在就處在考驗自己內心勇氣和勇敢的過程之中。如果你的勇氣獲勝，即便一無所有，你也會發現很少有人懂得的自由。另一方面，很多人即便生活在自由之地，也並沒有獲得自由。對安全的追求奪走了他們的自由。」很快，我們走上了人行道，富爸爸等著侍者開來汽車。「要搭便車嗎？」他問我。「不了，謝謝！」我滿面笑容，向富爸爸致謝道別。我仍然沒有錢，也不想找份工作，不過，我內心中的勇士感覺卻非常美妙。我打算盡可能一無所有地面對真實世界，讓自己內心中堅強的一面更加堅強。我渴望自由，渴望擺脫由需要工作主宰的生活方式。

與富爸爸的談話讓我更清楚地看到真實世界的秘密，一個當他十三歲的時候，就不得不面對的世界。「我有點喜歡上真實世界了，我想讓它盡可能更現實一點，」當侍者開來富爸爸的汽車時，我笑著對他說，「我想今天就面對真實世界，而不是等到明天。」富爸爸也會心地笑了，揮揮手，然後在侍者羨慕的目光中駕車離去。

在這段一無所有、面對真實世界的時期，我有了回顧自己生活、追憶一些似曾淡忘重要課程的時間。一個涼風徐徐的清晨，我坐在威基基海灘看著眼前的海浪，腦海中忽然回到了好幾年前。那天我所在的海軍陸戰隊正準備投身戰場，早在太陽升起之前，我們的戰地指揮官就站在即將參加那天行動的飛行員面前說：「一定要記住，弟兄們的生命是這次行動不可分割的一部分，偉大的領導者和偉大的飛行員都將會帶著所有人順利返航。如果能照顧好弟兄們，他們也會照顧你。」這段一無所有面對真實世界中的另一天，我的思緒回到了二十五年前的主日學校，彷彿聽到了老師的提問：「難道我們不是自己弟兄的保護人嗎？」看來，我差點也忘記了這個教訓。

因此，一九七九年成了我一生的轉捩點。我意識到在自己渴求致富的過程中，已經遺忘了好多青年時代的教訓。而到了三十多歲的現在，我不僅沒有致富，而且成為連自己也感到羞愧的人物。於是我下定決心做出一些改變。儘管事實讓人有些傷心，但是我學到了不僅僅是對於我個人，對於未來也彌足珍貴的教訓。該是改變自己未來的時候了。

富人並不會為了錢而工作

在我這樣經歷了六個月之後，接手我們那家尼龍與魔鬼氈皮夾公司的人忽然打電話來，他說：「公司比我想像的還要亂，你能不能回來幫幫我？」我考慮了一會兒，答應回去與他合作。我們達成的協定是，如果我不能讓公司狀況得到改善，那麼我就沒有任何報酬。也就是說，我是真的按照富爸爸的第一個原則去做，也就是《富爸爸，窮爸爸》一書所講到的第一個原則——富人不為錢而工作。現在，我是一個合夥人，共同來改造公司，如果公司不能開始營利，我就無法獲得任何報酬。

這個時候，我已經有了獲利的其他企業投資。其中之一，就是與一家地方廣播電台合作，進行產品促銷活動，這事業後來成為美國廣播電台史上最成功的電台零售商品促銷事業之一。我又有了自己的住處，也再度養得起一輛車，不過更為重要的是，我開始還錢給那些信任我、並且願意貸款給我的投資者了。因為許多都已經認賠，其中很多人都不願意再收我還給他們的錢，並且表示，如果我開辦下一個事業，他們願意繼續投資。

一九八一年，我將已經有所起色的尼龍與魔鬼氈皮夾公司與搖滾樂電台的成功結合起來。搖滾樂隊粉紅佛洛依德（**Pink Floyd**）授權請尼龍與魔鬼氈皮夾公司生產商標產品。接著，范海倫（**Van Halen**）、喬治男孩（**Boy George**）、猶大牧師重金屬樂隊（**Judas Priest**）、警察合唱團（**the Police**），以及杜蘭杜蘭（**Duran Duran**）等樂隊和藝人都請我們公司生產他們各自的商標產品。

很快，曾經陷入困境的尼龍與魔鬼氈皮夾公司又恢復了生機，而且更加強大。一九八二年，音樂電視ＭＴＶ快速興盛，我們的業績也跟著直上雲霄。這一次我就沒有那麼笨了，而是有了更多的商業智慧、更好的顧問，並且更加誠實，不再恐懼失敗和面對真實世界。這一次，我明白如果自己失敗，也會馬上重新站起來，而且會站得更高、更快。

我明白，真實世界依然有可能擊倒自己。我已有了認知到股市有漲跌起伏的智慧，也明白共同基金並不是萬無一失。即便知道巨大的股市危機有可能讓人破產，我也不害怕。我已經從一無所有的尷尬困窘中走了出來，已經領略了重新開始並且賺得更多的滋味。現在，有了兩手空空、面對真實世界的經驗之後，我明白如果再度失敗，只會讓自己學到更多。我明白自己將會恢復得更快，而且每天都在為了史上最大股市危機做著應對的準備。

不幸的是，窮爸爸卻一直未能從挫敗中恢復過來，而且隨著年歲增長，他挑戰真實世界的能力也愈來愈小。到了一九八二年，他已經六十三歲。到了這個年齡，除了做個警衛或者賣漢堡之外，已經很難找到什麼工作。他依舊活在過去成功的光環中，繼續自稱是顧問。其實，如果沒有教師退休金、社會保險和醫療保險，那麼真實世界就會完全壓垮他。孩子們多少會幫助他，但是由於自尊心的關係，他常常不願接受這類幫助。面對政府教育系統，他做了充足準備，接受了良好的教育，不過一旦離開系統，離開那個避難所，他就發現自己完全沒有應對真實世界的準備。很快的，我這一代的數百萬人就會面對這個真實世界，不論是否已做好準備。

從個人角度來講，我沒有打算照著窮爸爸的路走。我不指望終生工作安全、退休金計畫、共同基金、股票、社會保險、醫療保險，以及其他形式的政府補助保障未來的生活。不幸的是，數百萬的同齡人卻在步上自己父母的後塵。直到現在，才開始有人意識到收益確定型退休金計畫與繳費確定型退休金計畫有所不同。很多人還在盼望、祈禱股市會一直攀升，共同基金和多元化的投資組合可以讓他們免受真實世界的苦難。很抱歉的是，這樣簡單、幼稚的投資戰略對大多數人來說都不會有什麼好處。一場浩大的股市危機也會毀掉多數的共同投資基金。誠如所見，股市並不是追求安全者的天地。反之，股市是追求自由者的樂園。不幸的是，很多追求安全的人，並不了解這兩者間的區別。

由於動機聽起來非常美妙，「員工退休收入保障法案」就此獲得通過。問題在於，這個法案本身及後續的修正案都有缺陷。但是跟一生追求安全的人發現到，真實世界的股市將會奪走這種安全之後，這些人的恐慌比起來，這些缺陷並不算什麼。

本書目的就在為大家提供一些思路，讓我們不論真實世界中股市漲跌，都知道要如何提早做好準備。無論真實世界，也就是家庭、學校和事業等避難所之外的真實世界發生了什麼，我們都應該做好準備。正如諾亞在沙漠中打造了方舟，現在，你似乎也該在還有時間的現在，在腦中為自己的想法打造自己的方舟。

第四章
噩夢的開始

二〇〇一年十一月三十日，《今日美國》（*USA Today*）財富版封面上，有一位五十八歲男士的大幅彩色照片。他頭髮灰白，雙手在胸前交叉，顯得聰慧而氣度不凡。儘管他看起來很像一家大公司的CEO，實際上卻不是，他只是安隆公司的一位忠實員工。安隆公司的CEO和其他高階主管自己攫取了數百萬美元的資金，而公司現在卻倒閉了。

封面人物之所以是他，而不是CEO，是因為這位對自己忠心耿耿的員工的401(k)計畫，已經由於股市崩盤、經濟低迷以及他服務一輩子的安隆公司倒閉而喪失殆盡。曾經有一段時間，他們公司的股價上漲到每股一百美元。他也曾經感到非常富有，在退休金計畫中購買了自己公司愈來愈多的股票。到了二〇〇一年十一月三十日，安隆公司的股價跌至每股三十五美分，而且還在繼續走低。同時，他的401(k)計畫也由市值三十一萬七千美元跌至當天的十萬美元左右。他開始感覺到，自己有可能永遠不能退休了。另一方面，他卻已經快要耗盡自己一生最重要的資產——時間。在「員工退休收入保障法案」通過二十五年之後，富爸爸的預言開始變成了現實。

二〇〇一年十二月二日，《邁阿密先驅報》（*Miami Herald*）刊登了題為呼籲政府改革退休金計畫的文章。作者認為，我們制定了要求駕車者必須繫安全帶的法律，但是卻沒有訂出要求投資者理智投資的法律。我卻認為，應該要從我們的教育系統下手。

不久之後，幾乎所有報紙、電視台、廣播電台都在憤怒地抨擊。一個地方廣播電台主持人質問：「政府怎麼能讓這種事情發生？」「安達信會計公司為什麼不向股東們提出警告？」「已經準備退休的員工，現在永遠不能退休了。」「安隆公司的高層管理人員怎麼能侵占了數億美元，卻沒給員工們留下任何東西？」有一些電台甚至將安隆公司破產案與恐怖分子發動的「九一一事件」相提並論。

後來，我終於聽到電視台上唯一理智的聲音：「安隆公司破產雖然是個極端個案，卻不是一個孤立的事件。那些在退休金計畫中損失了數十億美元的員工怎麼了？其他數百家公司的員工也許沒有完全損失自己的資產，但是可能在股市損失了多年來的退休金積蓄，他們怎麼了？當他們得知自己的退休夢想可能永遠無法實現的時候，他們的感覺如何？他們現在對股市的信任是增加了還是減少了？投資者對股市信心持續降低，是一個日益嚴重的問題。除了安隆公司以及會計行業的問題之外，還有更為嚴重的問題。」

接著，一些電台和財務顧問又在老調重彈，「如果員工多樣化投資，那麼這樣的問題或許就能避免。」另一名著名的共同基金經理說道：「我們一直建議客戶多樣化投資，為什麼安隆公司的管理者不建議自己的員工讓投資組合多樣化呢？如果那些員工的投資實現了多樣化，那麼，他們或許就不會面臨目前的問題。」

如果有人向富爸爸問及這個問題，他也會說安隆公司事件是一個極端特例，因為那些高層管理者貪婪與明目張膽的腐敗行為十分極端。不過，富爸爸也會知道這並不是單一的事件。近幾年，不僅安隆公司的員工蒙受了重大損失，包括福特（Ford）、思科、可口可樂（Coca-Cola）、全錄、朗訊（Lucent）、美泰克（Maytag）、拍立得（Polaroid）、來愛德（Rite Aid）、聯合航空（United Airlines）等公司的員工，也都不同程度的有同樣的遭遇。如果有人問富爸爸如何評價安隆公司員工的處境，如何評價所有投資股市的員工的處境，他可能會這樣回答：「他們的問題並不在於投資缺乏多樣化，而是在於缺乏財商教育和財務智慧，僅僅多樣化並不能解決所有問題。」

正當我們開始慢慢接受二〇〇一年對紐約世貿大廈和華盛頓五角大樓的恐怖襲擊所造成的悲劇和痛苦時，安隆公司、安達信會計公司的醜聞就出現在報章中。甚至連正在阿富汗進行的戰事，也沒有像安隆公司事件那樣引人注目。安隆公司曾經被認為是美國第七大公司，現在卻成了到目前為止，美國境內申請破產最大間的公司。

在各種媒體追求轟動效應、連篇累牘的報導之中，大家很容易忽略更重要的事情，因為真正的問題並不在頭版新聞上。在安隆公司破產過程中，退休金改革的許多缺陷之一，就在二〇〇一年十二月二日出版的《邁阿密先驅報》上被提出。對我而言，比安隆公司醜聞更為值得關注的是，一位退休者向那些經常在報章雜誌寫文章的財務顧問們提出的簡單問題。

問題

我是一位年居七旬的退休者，本來希望個人退休金帳戶（IRA）能夠維持自己今後的生活。明年我將開始支領帳戶中的款項，因此很希望能得到你們的建議。

好多年前，有人建議我將個人退休金投資到共同基金上。有一段時間，情況的確不錯，但是，和很多人一樣，近兩年來我損失慘重。我是否應該自己承擔這些損失，再將自己的錢投資到更安全但利息較低的儲蓄計畫上去？

回答

有時候需要堅持自己的投資計畫，現在就是這樣。股市的漲跌動盪是意料之中的事情，如果你已投資多年，那麼你自己一定也有所體會。股市大多數時候上揚，很少像今天這樣下跌。我理解你的痛苦，不過，二％的利率和沒有增長並不足夠。檢查你所持有的共同基金，確保它們都很穩定，並且傾向相對保守的成長收入基金。進取性基金往往更不穩定。請你的財務管理人每個月賣掉基金的股份來支付你所需要的最低生活花費。這被稱為系統性提取，運用起來非常有效。

你是否意識到了其中的問題？你是否注意到這位七十歲退休者所寫的：「明年我將開始支領帳戶中的款項，因此很希望能得到你們的建議。」你是否注意到財務顧問的回答：「請你的財務管理人每個月賣掉基金的股份，來支付你所需要的最低生活花費。」

賣家多於買家

我已經說過，當世上很多人品嚐著咖啡，讀著有關安隆公司事件的報導，認為安隆公司問題與己身無關的時候，這位退休者的問題就給了這些人當頭棒喝，安隆公司的問題其實是大家都要面對的問題。二十多年前富爸爸注意到「員工退休收入保障法案」的缺陷之一，就是要求退休者在七十歲之後，必須透過每月售出股權，開始從市場上提出現金。這聽起來並不是什麼大事情，但是我們大家都知道，見微可以知著。

也就是說，根據法律，隨著時間的推移，愈來愈多的人將被要求透過釋出股權提取現金。在此同時，年輕員工則被要求購入股權。現在，不是科學家也可以看到這個計畫的缺陷。隨著愈來愈多的人一天天變老，這個問題變得愈來愈嚴重。也就是說，當股市上賣家多於買家的時候，股票價格怎樣能夠上漲呢？

這個問題之所以重要，正是因為有很多人涉足其中。安隆公司醜聞的連鎖效應將會從不同形式上影響數十萬人，那麼上面這位七十歲的退休者所提出的問題，同樣會因為連鎖反應，可能從不同形式上影響數千萬甚至數十億人。

讓我們從更大的範圍上分析這個連鎖反應。日本曾經是世界經濟的一個發動機，擁有勤勞、堅韌、節儉的人民，現在卻處在行將破產的邊緣。這是他們人民或者領導者的錯誤嗎？也就是說，如果世界上最富有的國家——美國經濟停滯不前，而身為世界上第二大經濟體的日本經濟又陷入困境，那麼，這種連鎖反應可能就很快會變成金融海嘯，足以讓生活在沙漠中的人也建造一隻自己的方舟。

在二〇〇一年十二月二日發行的《邁阿密先驅報》上，那位退休者提出的問題似乎並沒有引起多大影響，不過那只是因為在當年超過七十歲、依靠繳費確定型退休金計畫生活的人畢竟還不是非常多。多數人還享有收益確定型退休金計畫，兩種退休金計畫根據不同的規則運作。而且，很多在一九四六年以前出生的人都曾經擁有高薪的工作，在向嬰兒潮中出生者出售自己房子時又賺了一大筆錢，而且很多人都擁有存款。因此，儘管這位退休者提出了一個最為重要的問題，報紙的編輯還是把它安排在後面很不起眼的地方。

問題是，當數百萬嬰兒潮中出生的人開始從股市提取現金的時候，又會發生什麼事？股市還會像在一九九〇年代那樣，每年以一〇%、二〇%甚至三〇%的速度成長嗎？如果你出生在一九四六年之後，繳費確定型退休金計畫中又滿是股票、債券、共同基金，那麼從你的個人利益出發，我當然希望股市持續不斷地上揚，但是，歷史往往不以人的意志為轉移，往往會打碎人們的幻想。

因為年齡超過七十歲且擁有繳費確定型退休金計畫的人很少，因此這個計畫的缺陷以及對市場的影響還十分有限。但是，到了二〇一六年，第一批七千五百萬嬰兒潮中出生、大多擁有繳費確定型退休金計畫的人到了七十歲，而且這個數字每年還在不斷上漲。當富爸爸多年前做出預言的時候，他不是用水晶球或是茶葉渣等方法來預測未來，他是運用法律、時代的變化、市場經驗和人口老化現象做出了自己的判斷。也就是說，他不是猜測，而是運用客觀存在、歷史和現實得出了結論。

供給與需求

股票、共同基金、債券或者諸如此類的有價證券，只要買家多於賣家，價格就會上漲。從一九九〇年到二〇〇〇年之間，很多年齡在三十歲到五十歲之間、嬰兒潮中誕生的人都紛紛進入股市，準備自己的繳費確定型退休金計畫，因而出現了一個較長時期的股市上揚。

同樣一次上揚發生在一九七〇年代，當時很多嬰兒潮中出生的人剛剛離開家庭、大學，開始購置自己第一棟房子。如果你經歷過那個年代，或許還記得房地產業的這場狂熱，當利率突破二〇%的時候，緊隨其後的就是一場恐慌和市場蕭條。

提高利率的目的是為了延緩通貨膨脹，而導致通貨膨脹的部分原因就是七千五百萬嬰兒潮中出生的人進入了職場，有錢消費。也就是說，七千五百萬人購買任何東西都足以引起一場市場繁榮。相反的一面也是如此，七千五百萬人出售任何東西也足以引起一場大規模的市場蕭條。這是經濟學的基本原理，也是由市場供需法則所決定的。在未來若干年內，如果人們還搞不清楚這點的話，很可能到了二〇一六年，人們也會開始懂得股市並不總是像一九九〇年代那樣，以年均二〇%的速度成長。不幸的是，數百萬的員工無法退出自己的 **401(k)** 計畫、個人退休金帳戶，或者退出時已經為時已晚。

因為政府對於提前變現強徵懲罰性稅款，即便他們知道股市即將陷入危機，數百萬嬰兒潮中出生的人也不能提早出售股票。他們只好不支取，而是繼續留在市場觀望，多樣化投資，將資金從一種共同基金轉向另一種共同基金，尋求看起來更安全的「避難所」。很多人已經意識到自己陷於財務困境，但是卻沒有認識到許多法律缺陷的全面影響。當這種認識刺激很多人時，人們拚命挽救自己的退休金計畫和生活，又會引起一場恐慌。不幸的是，世上所有的多樣化都不能挽救他們免受那樣嚴重的股市危機的影響。

華倫・巴菲特（Warren Buffett）被認為是美國最富有、最有智慧的投資家，他認為：

「多樣化是無知者的保護傘，而對於那些清楚自己應該怎麼做的人說，沒有多少意義。」

巴菲特的意思並不是說，不要進行多樣化投資。他曾經反覆講過自己從不多樣化投資，但也從來沒有建議任何人不要多樣化投資。他只是說，多樣化是無知者的保護傘。也就是說，如果你不想多樣化，就要接受財商教育培訓。如果你沒有接受過財商教育培訓，而且也沒有這方面的打算，那麼就實行所謂多樣化投資吧！

富爸爸講話更為直接，他可能會說：「如果你在財務上一無所知，那麼就多樣化投資。」一九七九年，他對我說：「『員工退休收入保障法案』的缺陷之一，就是未能建議人們接受財商教育，福特總統和國會改革了法律，但是沒有讓教育系統提供適宜的財商教育，財務知識對於實施繳費確定型退休金計畫的人來說非常必要。另一方面，政治家們將財商教育工作留給了華爾街的金融家們。」

接著，富爸爸用一種更嘲弄的口氣說：「讓華爾街的金融家提供財商教育，無異是請狐狸餵養你的小雞。如果狐狸聰明，可能就會耐心地養肥你的雞。狐狸竭盡全力，獲取小雞的信任。透過提供華而不實的各種小冊子、種類繁多的部門、經過訓練很像投資者的漂亮推銷員來照顧他們。這些推銷員都接受了訓練，將一種好像很有道理的金融界行話裝扮成一些建議，例如『長線投資，制定計畫，選擇家族基金、部門基金、小額成長基金、免稅市政公債，保留二〇%現金，投資房地產投資信託公司（REITs）、羅斯個人退休基金（Roth IRAs）、債券展期、技術股、績優股、新經濟，當然，還是要實行多樣化、多樣化、多樣化。』」

富爸爸曾向我指出，「退休金改革將會改變我們運用的詞語，不過很多人可能弄不懂新詞語的涵義。」這樣，狐狸笑了，也知道小雞非常快樂。小雞在新的避難所裡感覺非常安全，他們擁有一份安全穩定的工作，將自己的資金放心地交給財務上非常精明的人。接著，看到股市在一九九〇年代不斷上揚，感覺自己也更加明智、善於思考。他們認為自己的財務顧問正在照顧自己，將會讓自己致富，在嚴酷的外部世界保護自己免受傷害。

但是，到了二〇〇〇年三月，世界開始發生了變化。隨著高新技術泡沫的破滅，股市開始出現萎縮。電視評論員開始講：「股市將在下個季度恢復反彈。」但是，下個季度來了又去，股市的表現卻依然萎靡。電視評論員又說：「股市將在下個季度恢復反彈。」財務顧問也開始說：「要有耐心，長線投資，多樣化投資。」小雞們開始感覺更安全了些，他們知道自己在做一件充滿財商智慧的事情，他們長線投資，多樣化投資，懂得股市恢復反彈好像就在不遠的拐角處。

「九一一」事件讓股市一度受挫，但是又很快地恢復了反彈。再一次，小雞們對股市開始上漲更具信心。接著，安隆公司破產案發生了，突然之間，來自全美各地很多已經養肥的雞，開始在鐵絲環繞的雞舍所組成的避難所裡不滿地咯咯大叫。

儘管聲音響亮，狐狸們還是繼續說：「要有耐心，長線投資，多樣化投資。」世界上最大的股市危機沒有在安隆公司破產後發生，原因之一就是狐狸們還沒有做好享用雞肉晚餐的準備。他們知道，這些雞還需要有好幾年才能變得更肥一些，而且透過法律，小雞們將不斷湧入股市，購買更多共同基金，實施多樣化。

問題是，一些小雞開始變得不安起來，提出了疑問，這些疑問就像前面那位七十歲的邁阿密退休者提出的問題一樣。這些疑問讓那些裝扮成標準的投資者的財務顧問，反覆預演著銷售員的回答：「不要擔心，快樂一點，還要購買更多股票，多樣化投資。」

現在，我還想重申一下，「長線投資，要有耐心，多樣化投資」對於財商教育和投資經驗都相當有限的人來說，還算是一個很實在的建議。需要強調的是，作為個人，你可以有三種基本選擇。它們是：

1. 不做任何事情；
2. 遵循過去財務顧問所謂多樣化的建議；
3. 接受財商教育。

選擇什麼是你個人的事情，不過顯然，我推薦給大家的是長期接受財商教育。到了現在，有許多人都已經加入到我的行列中。

二〇〇二年二月，美國前聯準會主席艾倫・葛林斯班（Alan Greenspan）擔心人們對股市和整個會計行業缺乏信心，便向全國發表講話，談到需要給學校孩子進行財務知識教育。他知道，如果人們對於股市失去信心，那麼大家所知道的資本主義就會遇到麻煩。如果沒有投資者的資金，經濟就會開始崩潰。也正由於那個顧慮，他在國會發表演講，認為需要給美國的孩子們進行財商教育。美聯社（Associated Press）在一篇報導中提到：

最好能在小學和中學向孩子們教授基本的財務概念。美國前聯準會主席葛林斯班說，一個好的數學基礎，可能會提高財務知識，「幫助年輕人避免做出會花上好幾年時間和精力的不當財務決策。我的個人經驗是，數學能力包括數字處理和基本概念的理解能力，將會促進人們掌握那些支配我們日常決策的更抽象、更量化的各種聯繫。」

看完了那家財經電視台對於葛林斯班國會講演的直播後，就看到那家電視台的主持人採訪一家規模龐大、聞名遐邇的共同基金公司總裁，問他如何評價葛林斯班的演講。他說：「我完全贊同葛林斯班先生的觀點，我們的確需要教授財務知識，財務知識意味著多樣化、多樣化，還是多樣化。」

「謝謝你精闢的建議！」電視台主持人對那位著名的共同基金的總裁說，「如果我們打算給孩子們教授財務知識，我們就必須教他們多樣化。」

如果富爸爸健在，他一定會說：「葛林斯班並沒有說『多樣化』，葛林斯班呼籲需要在學校進行財務知識的教育。葛林斯班說為了我們國家的發展進步，財商教育是世界第一的國家保持自己實力的關鍵。」

富爸爸或許還會說：「財務知識並不就是指多樣化，兩個概念相去甚遠。將財務知識與多樣化混在一起，是狐狸教育小雞的另外一個例子。」

並不是所有身在商場的人，都希望消費者永遠購買自己的產品和服務。對於共同基金經理或者財經電視台的老闆來說，也是如此。你應該已經發現，這家財經新聞電視台的主要廣告客戶都是些共同基金公司。因此，他們自然會讓一家共同基金的經理評論葛林斯班學習財務知識的呼籲，而不會請巴菲特來做評論，他從來不做電視廣告，因為他認為完全沒有必要。

巴菲特自己的共同基金——波克夏・海瑟威（Berkshire Hathaway）也許是美國最昂貴的共同基金，就是因為其優異管理和成功。巴菲特的共同基金如此成功和昂貴，甚至到了他告訴投資者不要投資自己的基金，因為連他本人也認為自己基金的價格過於昂貴的地步。如果他告訴人們不要投資自己的基金，顯然也無需在任何財經新聞電視台做廣告，這也可能是沒有請他評論的原因。電視台邀請的是些付給自己廣告費的客戶，前面那位被邀請的總裁自然要說些對自己共同基金最為有利的話。

如果富爸爸還健在，他或許會說：「一位共同基金經理建議你投資多樣化，就像一位二手車推銷員說，『不只要買一輛車，還是多買幾輛。當你駕車出門時，誰知道車子會不會拋錨，如果拋錨你就無法去工作。因此不要冒險只購買一輛汽車，還是分散風險，購買六輛汽車，然後在你退休前的四十年裡每月向我們繳付車款。』」

我問你，什麼樣的推銷商不希望數以百萬的那種消費者呢？我們大多數人不會購買六輛汽車避免乘車出現問題，是因為我們很多人都已經接受了更好的教育。不過，如果談到金融工具，例如股票、債券、共同基金，很多人就對它們的區別茫然無知。因此，富爸爸認為缺乏財商教育，就是那次退休金改革的重要缺陷之一。

由於這次改革，財務顧問成為發展最迅速的職業之一。教師、家庭主婦、前房地產代理商、保險推銷員、退休者、水電工、消防隊員等都來接受為期三天、三周或者六個月的培訓課程，然後忽然都有了對你未來財務安全提出建議的資格。

正如富爸爸指出的，整個財務顧問行業存在的主要問題是有些財務顧問並不稱職。一方面，很多財務顧問是接受了良好教育的專業人士，另一方面，很多財務顧問卻沒有接受過相當的訓練和教育來提出財務建議，這些財務建議可能會影響到一個人的財務未來和財務安全。

財務顧問行業十分混亂，因為專精的程度差異相當大，更不要說報酬方式差異也很大。當你的財務顧問因為向你出售某些東西而獲得報酬，你真的會感到進行購買是合理適宜的嗎？因此，投資者還是要擦亮眼睛、小心謹慎。只因為某人自稱是財務顧問，並不意味著他們就有任何關於財務規劃的知識，更不要說投資相關的知識了。富爸爸認為，缺乏專業訓練正是那次退休金改革的重大缺陷之一，因為很多人現在往往是從那些比自己更貧窮、更缺乏教育的人那裡尋求所謂的財務建議。

二〇〇二年五月五日，《華盛頓郵報》商業版就討論了這個問題，文章的題目是「聘請一位財務顧問時的底線」，副標題是「財務顧問在未加管制的市場急劇膨脹」。

文章指出下列觀察：

> 經驗指出財務規劃持續愈加嚴重的問題，在於許多不同的專業人士正在未加管制的市場內提供服務。而隨著嬰兒潮世代不斷年長退休，會有更多的人被吸引成為財務顧問……羽翼豐滿的財務顧問來自一些不同管道，三萬九千五百名註冊財務顧問（CFP）就是其中之一。財務顧問要求必須參加考試、繼續教育和課程培訓。財務顧問收取酬金（例如按服務小時付費、一次性付費或者根據管理資產額的百分比付費）、佣金或者將前兩種方式結合起來。另外一個組織的成員只需要繳納會費就可以了，那就是已經有十六年歷史的國家個人財務顧問協會（NAPFA）……

財務顧問領域的快速發展，是對社會上投資培訓和諮詢需求的必然反映。我們還是再次重申這個重要論斷：退休金改革的最大缺陷之一，就是未能告訴我們的教育系統，財商教育不再是可有可無的選修課，而是必修課。

這個缺陷曾經讓富爸爸極度震驚，對他而言，國會在法律調整之後，沒有要求學校教授基礎財務知識，簡直就近乎犯了瀆職罪，比安隆公司醜聞中一些人的行為還要嚴重。當國會通過了那個法律，將對民眾進行財商教育的工作留給了正在金融市場工作的人，富爸爸感到情況非常不妙。當那個法律獲得通過的時候，富爸爸意識到國會中的很多人其實完全明白自己做了些什麼。很多領導者明白，他們會讓無數的員工將自己辛苦賺來的數萬億美元，拱手交給那些操縱金融市場的人。

不過，我要再次澄清，富爸爸並不反對投資股市，也不反對必要性投資的規定。富爸爸生氣的是，像窮爸爸那樣的一般人，完全不明白國會裡發生的事情。富爸爸反對使用花招和缺乏正規的財商教育，在他看來，將財商教育的工作交給那些從大眾的財務無知中謀取私利的人，就是一種犯罪。

現在，無數職業財務顧問、股票經紀人、房地產代理商、保險代理商、會計師、律師都在透過兜售投資建議賺錢。富爸爸擔心的是，從事這項諮詢業務的人大多並不是投資者，他們不像真正的投資者那樣完全依靠自己的投資生活。他一直提醒兒子邁克和我，很多提供投資建議的人大多都是一些推銷員，他們為了得到佣金、薪水或者酬金而工作。正是這些推銷員為金融機構提供財商教育，而且，顯然他們很多人就會說金融機構講什麼、提倡什麼，否則他們就會丟掉飯碗。

我們吃驚的是，為什麼有數百萬的人們都在為自己將來的財務安全擔憂，而且這個數字還愈來愈多。他們變得愈來愈缺乏安全感，正因為他們接受的不是公正的財商教育，而是由推銷員扮演的從自己銷售角度進行的財商教育。正如富爸爸常常說的：「這些推銷員之所以常被稱為經紀人，就是因為他們在經濟上往往不如我們。」

巴菲特曾經這樣評價來自華爾街的財務建議，他說：

「華爾街是那些開著自己豪華勞斯萊斯汽車的人，接受乘坐地鐵者建議的地方。」

當然，我還是要再次澄清一下，我本人非常喜歡那些向自己提供金融服務和投資專案的推銷員。他們其中一些人還是我最好的朋友，一些人讓我變得非常富有，當然我就更喜歡他們。也就是說，我需要他們，就正如他們也需要我一樣。我付給他們佣金，是因為我想讓那些向自己推銷投資的人也成功。如果他們成功了，就會給我帶來更多的投資，而且往往首先給我帶來最好的投資。討厭支付佣金的人，往往拿到的是最糟糕的投資專案，因為便宜所以理當如此。

事實上，我有些朋友寧願在購買漢堡薯條時付給服務生二〇%的小費，卻不願意在一項可能讓自己致富的投資上繳付佣金。這完全是一種窮人的財務價值體系，他們可以慷慨地付給讓自己貧窮的人小費，卻不願付費給那些可能讓自己致富的人。我有不少這樣的朋友。

關鍵在於，作為投資者，你應該接受更好的教育，尋找自己信任的財務顧問。如果你沒有接受過良好教育，每個財務推銷員對你來說應該都一樣。

在這裡，我們不妨再次引用巴菲特的話：「市場就像上帝，總是在幫助那些自我幫助的人。」也就是說，如果未來想在財務上取得成功，那就不要指望別人來對自己進行財務教育。

兩大缺陷

最後，讓我們回顧一下退休金改革的兩大缺陷。

第一點，就是法律要求退休者只有等到七十歲以後時，才可以出讓自己擁有的股票等有價證券。近年內，我們將會開始看到這種恐慌。當第一批嬰兒潮中出生的這一代人中，年滿七十歲的可能達到七千五百萬人（如果考慮移民者就可能達到八千三百萬人），簡單說來，愈來愈多的資金會被從市場提取出來，而不是注入市場。到了二〇一六年前後，這一切都可能發生，當然財務的影響可能還會更早一些。無需高深的數學知識去計算，你也會明白，當每年愈來愈多的人出售股票的時候，股價上揚是多麼艱難渺茫。

富爸爸看到的第二個缺陷就是，將財商教育留給了那些推銷自己金融產品的人。如果投資者無知，這些推銷商就有可能賺到更多。因而，財商教育就成了商品宣傳。

在下一章，我們將會繼續討論這個體系的第三個缺陷，而且，這個缺陷在前面提到的那位七十歲退休者的來信中，已經非常明顯。我已經說過，當很多人喝著咖啡，閱讀著安隆公司、安達信公司醜聞的時候，心中暗自慶幸與自己無關時，他們大多漏掉了報紙後面這位退休者來信反映出來的問題。這個體系存在的缺陷，將會在今天和未來深深影響人們的生活。

第五章
個人的財務設想

職業談判代表都知道，在任何談判過程中，最重要的關鍵就是自己的設想。當我剛展開自己商業生涯的時候，在真正進行現金談判的時候，富爸爸總是提醒我注意自己與別人的設想。對於富爸爸來說，設想這個詞語並不是隨隨便便說出的一個詞語，他常常緩緩讀出這個詞語。在當今的商業領域中，這種讀法是一種相當常見的警告。如果你還沒有聽說過設想的意義，那就好好打聽一下。我敢肯定，在你周圍肯定有人知道這個詞的準確含義。

巴克梅斯特・富勒博士（Buckminster Fuller）是世界著名的未來學家，也是美國最出色、擁有許多專利的人，他對於「設想」一詞有許多獨特的理解。他說：「你無法質疑自己潛意識中已經做出的設想。」作為他的學生，我花了好長時間才開始理解這句話的深刻含義。

在商業和投資領域，我注意到很多人一再賠錢，因為他們不明白自己潛意識中已經做出的設想。也就是說，正是他們潛意識中的設想讓自己損失慘重，他們甚至完全沒有認識到這些設想。

例如，一位律師朋友告訴我，一對夫婦幾乎傾家蕩產，因為他們購買了一塊自己夢想的土地，而且他們設想土地是沒問題的。等到他們自己退休三年前，也就是擁有這塊土地十五年之後，他們才發現過去這塊土地是個有毒垃圾場，而當初擁有這塊土地的人早已經去世。聯邦政府指控這對夫婦，要求他們賠付大約數百萬美元的清理費用。這對夫婦自然不服，上訴到了法院，而且最後也獲得了一些讓步，但是這場官司幾乎花光了他們所有的積蓄。我的律師朋友告訴我，那對夫婦後來說：「當我們看到這塊樹木繁茂的美麗土地，我們就假設它從來沒有被任何人使用過。」

住在聖地牙哥市的時候，我讀過一則故事，一對夫婦決定全家去迪士尼樂園。因為與工作日程有些衝突，丈夫和妻子約定分別開兩輛汽車前去。當他們夫婦在旅館會面的時候，才發現兩人都沒有帶上孩子。原來他們都設想對方會帶孩子，這是他們自己潛意識中已經做出的設想，也就沒有詢問對方是否帶上了孩子。因此，富勒博士強調，要捫心自問，我們已經做出了哪些自己並不知道的設想。

在當今的商業活動中，我經常請律師和會計師檢查我們的合約。可是，我過去並不會這樣做。但我意識到需要從另外一個角度檢查我的協定，查查看我遺漏的內容。我常常請他們在這個過程中質疑我的設想，以及沒有料到的設想。透過質疑自己的設想，尤其是那些自己並不清楚已經做出的設想，我更加清楚地認識了自己。

我發現很多法律糾紛並不源於合約中的主要條款，而是集中在一些無人意識到的簡單設想上。最近，我與一家節日燈飾公司發生了爭執，他們在我家裡安裝了一些節日裝飾性燈飾。公司的老闆是一對夫婦，他們十二月初就給了我安裝燈飾的報價單，接著在幾天之後安裝完成。一旦燈飾裝好之後，我就付清了全部帳單。我們握了握手，他們做得很漂亮，遠遠勝過我自己做的，我非常高興。

假日過後，當我打電話請他們卸下這些燈飾的時候，他們說：「我們說過我們會安裝上燈飾，但是我們從來沒有說會拆卸這些燈飾。」因為沒有任何書面協定，這場討論最後變成了一場關於說了些什麼、誰說了些什麼的激烈爭論。最後，我只好另外雇請人拆卸了燈飾。不用說，我將不會再次聘請原先那家節日燈飾公司，即便他們安裝的燈飾非常好。顯然，在這個事件中，我自己做了一個並沒有意識到的設想。可以肯定，我在請另外一家公司時，一定會簽訂書面協定，聲明價格中包括安裝和拆卸燈飾的費用。這是關於設想的另外一個例子。

正如上述事件中看到的，在生活中的很多方面，設想都非常重要，不過富爸爸在涉及資金、企業和投資事務時尤其注意設想。他說：「損失很多錢，很多友誼被破壞掉，很多人被傷害，很多意外事件發生，很多人走上法庭，只是因為人們沒有質疑自己的設想。」

我們的問題是，如何將「設想」一詞運用在退休金計畫，運用在即將到來的股市危機，向人們提供建議？

要回答這個問題，我們所要做的，就是回顧那位七十歲的退休者二〇〇一年十二月二日在《邁阿密先驅報》提出的問題。那位退休者尋求建議，但是他得到的回答高明嗎？

檢查你所持有的共同基金，確保它們都很穩定，並且傾向相對保守的成長收入基金。進取性基金往往更不穩定。請你的財務管理人每個月賣掉基金的股份來支付你所需要的最低生活花費。這被稱為系統性提取，運用起來非常有效。

這裡就是些測試題：

- 從財務顧問的回答，你可以找到財務顧問們多少不同的設想？
- 你無法找到多少設想？
- 怎樣的設想是正確的，怎樣的設想是錯誤的？
- 如果那位退休老人按照財務顧問的建議去做，但是這個建議建立在錯誤的設想基礎上，那又會發生什麼？
- 什麼設想需要質疑？
- 財務顧問提出這個建議，他的前提設想是什麼？
- 財務顧問提出任何財務建議之前，需要詢問其他什麼問題？

在給你答案之前，我建議你和朋友一起討論在這個答案中發現的設想。拿著財務顧問的回答，大聲朗讀或者複印一份發給所有的人，然後請他們盡可能尋找其中多的設想。我認為，你將會從中發現富有啟發性、教育性，也可能有些令人吃驚的東西。它也許會啟發你尋找自己個人財務設想。

你所要做的就是質疑在答案中發現的設想，這樣，就可能會大為提升自己的財商。

我要提出疑問的第一個設想就是：「有時候需要堅持自己的投資計畫，現在就是這樣。」顯然，財務顧問設想這位退休老人有一個計畫或者假設自己懂得計畫是什麼。很多人擁有計畫，但是大多不了解計畫背後潛藏的法律。

我發現另一個回答很有趣：「我理解你的痛苦，不過，二%的利率和沒有增長並不足夠。」財務顧問設想退休老人一點不懂投資，很可能將自己的資金按照二%利率存入銀行，而退休老人並沒有說過自己考慮那樣做。我猜想財務顧問提到二%利率的原因，是因為財務顧問只懂得這些。他不知道的是，這位七十歲的退休老人可能是世界上最好的套利基金商人。在未來市場上，每三十天就能夠用退休金獲取百分之百的槓桿收益。我當然知道這值得懷疑，不過關鍵在於，財務顧問設想這個人什麼也不懂，甚至比他們自己懂得的還要少。

如果我是財務顧問，我就會問：「你有哪些投資經驗？除了退休金計畫，你是否還有一個資產組合？你是否曾經投資其他資產，盈利狀況怎樣？對於什麼樣的投資，你感到愉快並有信心？」也就是說，在提出建議之前，我不會像許多財務顧問那樣，首先設想這個退休老人一點都不懂投資，而是提出一些問題。

設想那位退休老人不懂投資之後，財務顧問接著提出一些建議：「檢查你所持有的共同基金，確保它們都很穩定，並且傾向相對保守的成長收入基金。」首先，財務顧問設想這位退休老人一點不懂投資，然後他又設想這位老人能夠檢查自己的共同基金，並確保它們都很穩定。

我要提出的疑問是，一個人怎樣才能知道共同基金是穩定的？我不敢肯定。另外，一種共同基金可能有一年經營狀況不錯，另一年又不大好。如果你仔細觀察，就會發現很多投資人感覺穩定可靠的共同基金，結果卻在最近市場低迷中演變成了一場災難。一九九九年，很多財務顧問都喜歡某家有名且成長良好的共同基金。這家共同基金一直被認為是穩定可靠的，而且確實也是這樣。但是，到了二〇〇一年，這家共同基金市值損失了近六〇％，要恢復到一九九九年的市值可能需要等好多年。

事實上，現在持有上市公司股票的共同基金，比上市公司本身還要多。如果這位退休老人能夠說出現有大約一萬兩千家共同基金中，哪家最為穩定可靠，下一個贏家是什麼，那麼也許他就應該從退休生活復出，並為那些不能確定哪家共同基金穩定可靠的人，提供建議大賺一筆。實在有些荒謬可笑，財務顧問首先設想這位退休老人一點不懂投資，接著又設想他比市場上很多人都老練嫻熟。從上面那位財務顧問的建議中，我可以找到更多的設想和矛盾。我的疑慮是，如果一個財務顧問不了解詢問者的特殊情況，那麼他如何提出有針對性的建議？事實上，無數人現在得到的，都是一些被富爸爸稱之為「適合中產階級的財務建議」。之所以如此，是因為這些建議都是針對大眾的財務建議，都形成了一定的模式。數以萬計的財務顧問重複著這些模式，簡單重複著賣家的聲音，推銷自己的金融產品。

富爸爸又將上述建議稱之為「速食式財務規劃」。如果你稍加觀察現在很多人出現的健康問題，就會發現起因多是由於經常吃速食食品，這些速食食品口感良好、廣告吹捧、包裝精美、容易購買。

富爸爸擔心，整個西方世界不僅存在由太多速食垃圾食品造成的健康問題，財務方面也存在類似的問題，這個財務問題源於太多的速食式垃圾投資。

他說：「任何食品或者投資，如果購買過於容易，過分做廣告，包裝方便好看，銷售點和銷售員隨處可見，那麼對你可能就不是多好的東西了。」接著，富爸爸又說：「正如一些味道鮮美、健康、極其珍貴的食品，往往都是在一些規模很小、並不起眼的飯館裡被我發現那樣，我發現的一些最好的投資專案，也總是在那些小地方，由真正的『藝術家』和身懷絕技的天才人物所掌握。」

他也會提醒兒子邁克和我：「絕佳食品和絕佳的投資，不論在世界何處，都可能在相似的地方被發現。問題在於，糟糕的食品和糟糕的投資，也同樣會在這些地方被找到。如果你想找到絕佳食品和絕佳投資，那麼，你首先必須明確什麼是絕佳食品和絕佳投資。因為一件東西方便、好看、好聽、價格便宜、買家眾多，並不意味著就一定適合自己。」

顯然，在上述財務顧問的回答中，我還能找到很多其他設想。這不是本章要討論的內容，那個行業的從業人員需要為數百萬的人服務，因而很多時候，他們所要做的是提供快速方便、事先已經包裝好的建議。我有好幾位擔任財務顧問的朋友，他們常常說：「如果一個人沒有至少二十五萬美元的現金進行投資，我就抽不出多少時間與他們談話。」也就是說，如果你沒有很多錢，很多財務顧問就不可能有時間給你提供更多真正有用的建議。為了養家，也為了自己將來的退休金，他們也需要賺錢。

前面提到的報紙上那位財務顧問的設想之中，我反對的還有：「這被稱為系統性提取，運用起來非常有效。」我之所以反對，是因為這是大多數財務顧問行業一個潛在的設想。因此，在這裡，我不挑戰那位財務顧問，而是質疑整個業界的設想。

很多財務顧問行業，建立在股市總是一直攀升的設想基礎上。因此，當這位財務顧問說「非常有效」的時候，其實更準確的表述就是：「如果你選對了基金，如果你的投資組合裡有足夠的資金，隨著股市不斷上揚，它將非常有效。」對我而言，這可能才是一個更真實、更準確的回答。

任何一位對市場有所研究的人，都懂得所有市場總是在上升或者下滑。一個真正的投資者從來不會將自己的未來，建立在市場總是在上升這樣一個設想基礎上。不幸的是，數百萬的人們卻那樣做了。

在「富爸爸」系列叢書《富爸爸，提早享受財富——投資指南》（*Rich Dad's Guide to Investing*）中，我曾經引用圖表說明股市的漲跌變化。下列圖表就是一九二九年，華爾街股市暴跌時的圖表。引用前面那位財務顧問的設想，即「這被稱為系統性提取，運用起來非常有效」，如果我們對照一九二九崩盤年後的數字，有效長的像這樣。

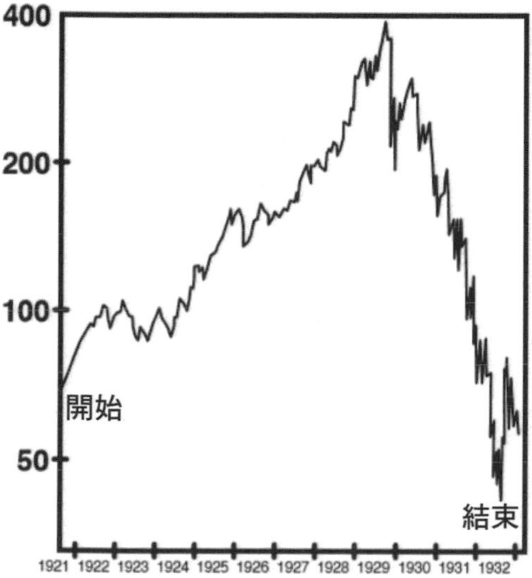

DJIA 1921-32

年底	價值改變	結束值	生活費用
1929	剛退休	$1,000,000	$80,000
1930	($461,840)	$487,719	$39,017

假如你照著「系統性提取」的建議，每年提取八％資金，讓其他的繼續成長，「你將永遠不會貧困」。順便說一下，那是另外財務顧問設想的另外一個部分。假如在六十五歲的時候，你有了一百萬美元，繼續投資入選S&P目錄的前五百強公司，也就是一些規模龐大、營運穩定的公司。股市的表現就如一九二九年的時候。

下面就是你的個人繳費確定型退休金計畫所發生的變化，考慮通貨膨脹因素，在一九二九年股市危機之後的情況是：

一九三○年的資料表明，這位退休者損失了四六萬一八四○美元（括弧表示損失的數目，而不是獲利數目）。意味著餘額為四八萬七七一九美元，遠低於一九二九年開始時的一百萬美元。也就是說，這位退休者一九三一年維持生活的費用是三萬九千零一十七美元（四八萬七七一九美元的八％）。

以下就是一系列資料：

縱觀這些資料，也就是說，如果一個嬰兒潮中出生的人，在六十五歲時其繳費確定型退休金計畫中有一百萬美元，而市場上也出現了一九二九年之後的情況，那麼，到了八十二歲的時候，他將損失當初一百萬美元的九○％以上。這樣，生活費就不像當初每年的八萬美元，到了八十二歲那年，他的生活費每年就只有五六六九美元，這樣的日子將會過得非常艱難。

當財務顧問說：「這被稱為系統性提取，運用起來非常有效。」那麼，它可能只

年底	價值改變	結束值	生活費用
1931	($294,797)	$169,976	$13,598
1932	($10,946)	$162,166	$12,973
1933	$63,407	$211,441	$16,915
1934	($3,307)	$187,389	$14,991
1935	$98,267	$262,941	$21,035
1936	$145,144	$382,564	$30,607
1937	($291,789)	$58,391	$4,671
1938	$25,678	$81,632	$6,531
1939	($601)	$74,884	$5,991
1940	($13,503)	$54,826	$4,386
1941	($10,592)	$36,334	$3,242
1942	$10,864	$40,530	$2,935
1943	$18,644	$54,205	$4,336
1944	$23,887	$72,196	$5,776
1945	$70,339	$133,795	$10,704
1946	($39,389)	$70,858	$5,669

有在設想股市上揚成為現實的情況下，才會真正行之有效。但是，如果設想股市不斷上揚成為泡影，會發生什麼事？如果市場並沒有像事先設想的那樣，又會發生什麼事？如果十到二十年內真的情況不好，你將會對那位退休者說些什麼？

很多財務規劃模式，總是將設想建立在市場持續上揚的基礎上。為了數以百萬人的幸福，我當然希望這些設想能夠真正變為現實。

然而，大部分的職業投資者都知道，在真實世界中，市場發展總是有三個基本方向：

1. 市場上揚，也就是牛市；
2. 市場下跌，也就是熊市；
3. 市場擺動，也就是盤整。

很多退休金投資組合存在的問題，根本原因就是它們建立在從長遠看來，市場將會上揚的設想基礎上。因此，他們常常說「長線投資」。為了補償市場的變化，也就是市場的上揚、下跌和盤整，財務顧問建議用「多樣化」予以解決。如果投資者長線投資，而且投資者恰好沒有在股市達到頂峰的時候退休，從而引起一場股市危機，那麼這的確可行。如果不幸的情況真的發生了，正如你在前面表格中所看到的那樣，所有的設想都會化為泡影。

從前面第一個表格中可以看到，股市在一九三六年上漲得非常厲害，甚至比一九二九年還要高。但是，如果這位退休者根據法律，每月繼續提取資金，那麼到了一九三六年他所能運用來占得一九三六年漲勢利基的資金就會大不如前。這就是法律無意中的缺陷之一，它讓退休者無法獲得市場下跌時的保護，而當市場上揚時，系統提取只有有限的上升潛力。對於一個專業投資者來說，這種設定在市場下跌時風險太大，而在市場上揚時獲利又相當有限。因為市場發展有三種不同的趨勢，而很多投資組合只有在股市上揚時才營運良好，這就意味著很多普通投資者的投資組合，在三種市場發展趨勢中，只有在一種情況下也才有可能運作良好。

富爸爸曾經對我說過：「很多人都聽說過俄羅斯輪盤賭博，也就是人們拿著可以裝填六顆彈藥的左輪手槍，然後給彈匣裝上一發子彈。接著，他們轉動彈藥輪盤，將槍放在頭上，打開保險，希望槍機正好能打在五個沒有裝子彈的彈藥輪轉上面。也就是說，對他們自己而言，槍機打中彈藥與未打中有彈藥的機率就是五比一。對於退休金計畫放在共同基金上的很多人來說，他就是轉動只能有三個彈藥的輪盤，其中，三分之二的有子彈。」也就是說，他損失的機率是二比三。這就相當的危險了！

實際上，要保護你免於遭受這個存在缺陷的投資系統，多樣化並不是的必要手段，這個系統有無限的下跌風險，而上升的潛力非常有限。那也就是說，如果事情不像計畫設想的那樣順利，你的退休金計畫很可能就不會滿足個人的生活需求。

雖然一九二九年之後，股市的確終於跌停回升，但是，從實際上來說，股市下跌了近二十五年。雖然在整個股市歷史上，或許那不過只是短短的一段時間，但是，一九二九年到一九三二年這段熊市卻剝奪了很多人投資組合中八〇%的財富。兩年多的時間損失終生積蓄的八〇%，可能會讓那段時間成為極其漫長難熬的一段。因此，即使股市整體平均水準有上漲趨勢，連續多年的股市下跌及眼看著自己的投資組合慢慢消失，也足以讓你夜不能眠。即使你明明知道，就像大部分人最初的設想那樣，股市最後將會恢復，你也會非常痛苦。

更多的缺陷

在結束有關設想的這一章之前，我認為回顧前面已經提到或尚未提到的一些缺陷十分重要，這些缺陷的起因就是那些潛意識中一般不會去質疑的設想。另外，富爸爸還從中發現一些其他的明顯缺陷：

1. 這項法律有一個強制性提取機制

這一點將在二〇一六年前後引起嚴重問題，因為到了那個時候，據估計美國七十歲的老者將超過二百萬人。到了二〇一七年，美國七十歲以上的老者將會接近三百萬人。而且人數持續成長，一年成長了近百分之三〇%。這些資料或許能夠讓你意識到，這些嬰兒潮中出生的一代人，對於繳費確定型退休金計畫和股市可能會造成重大影響。

如前所述，如果法律要求人們釋出自己擁有的股票，就很難保持股市的持續上揚。這就像試圖給浴缸加滿水，同時又在浴缸上打了好多洞一樣。沒過多久，人們就不想再往浴缸加水了。

當有人問為什麼會有強制性的提取機制，答案非常簡單，就是稅賦。因為投入繳費確定型退休金計畫上的資金都是免稅的，增值也享受免稅，問題是，到底什麼時候政府才會獲得回報，什麼時候這些資金將要納稅？所以，政府的回答是：當你七十•五歲的時候。

2. 這項法律沒有要求教育系統提供適當的財商教育

擁有很高的財商，是任何認真參與投資者必修的功課。當「員工退休收入保障法案」獲得通過時，沒有人要求學校開始教授財務知識，而財務知識是個人財商教育的基礎。很多人認為，投資充滿風險，可是不應該是這樣，其實只是因為他們從來沒有接受過任何財務基礎教育。正如富爸爸所指出的：「任何事情都充滿了風險，如果沒有人教育你如何去做，即便穿越馬路時也會有風險。」

3. 沒有一個人質疑這種設想

這項法律的設想純粹是推測，根本不是從現實出發的。如果一個退休者到了六十五歲的時候才發現，自己的財務顧問四十年前運用的設想是錯誤的，那麼會發生什麼事？這位退休者是不是還有其他的資源可以利用？財務顧問只是簡單提出財務建議，投資者也沒有提出任何問題。

4. 共同基金公司過於氾濫

現在，共同基金公司比公開上市公司還要多，這讓人們很難判斷共同基金的優劣好壞。這也就意味著普通投資者選擇不良基金的機率大為增加，這些基金無法為一個財務安全的退休金計畫提供必須的收益。

5. 退休費用持續上漲

愈來愈多的共同基金在追逐一些少數經營狀況良好公司的績優股，導致這些公司的股票過於膨脹，這也就意味著退休金費用可能要持續上漲。

6. 繳費確定型退休金計畫不能提供你退休保障

股市可能在個人退休後出現危機，毀掉退休者累積的財務和財務安全。如果基金損失，沒有了工作，年老體衰沒有了時間，就很難重新積蓄。這正是發生在很多安隆公司員工身上的事情，他們將終生的積蓄都投進了自己公司的股票上面，這也是多樣化投資為什麼成為財務知識有限者的基本投資戰略的原因。多樣化投資存在的問題，就是它依然是一種危險而拙劣的選擇。

7. 很多員工沒有向自己退休金計畫中注入資金

我曾經看到一組資料，嬰兒潮中出生的人有足夠資金維持自己退休生活的比例，從五〇%下降到二〇%、一〇%或甚至更少。那也就意味著，嬰兒潮出生者的後代們將要承受很大的財務壓力，尤其是正在閱讀本書的讀者後代們。

員工不向繳費確定型退休金計畫注入資金的原因之一，就是他們的稅賦沉重，生活費高、養育孩子的費用也在持續攀升，而很多人根本沒有意識到投資長線專案，時間是計畫實施的關鍵。如果員工們沒有提早預留資金，那麼，系統的下一個缺陷就成為主要問題。

8. 繳費確定型退休金計畫可能對於年長的退休者並沒有作用

如果一個人在四十五歲或者更晚才開始預留退休金，那麼繳費確定型退休金計畫就不會發生作用，因為沒有足夠的時間讓它發揮作用。這也就意味著，如果一個人四十五歲或者更晚才開始預留退休金，也沒有什麼投資，或者他們的退休金已經損失殆盡，必須在年齡更長的時候重新開始準備，繳費確定型退休金計畫就沒有作用。

《華盛頓郵報》一篇題為「401(k)付清計畫並非易事」的文章中說：

> 假設一位退休者帶著六十萬美元積蓄退休，他計畫自己每月的生活費是三千美元，也想維持這個購買力水平（這就意味著，他需要逐步提高自己從退休金計畫中提款數額，以便應付通貨膨脹）。根據羅・普賴斯（T Rowe Price）設計的計算公式，如果他退休之後生活了二十年，也就是年齡到了八十五歲，他用完自己退休金的機率就是三成。

很多嬰兒潮中出生的人，直到今天才發現了理應在二十五年前發現的問題。而事實上，他們多數根本沒有為自己的退休準備六十萬美元。亦即數百萬的嬰兒潮中出生的人已經沒有時間了，因為繳費確定型退休金計畫並不是一個快速致富的計畫。如果一個人沒有了時間，那麼，世界上所有的多樣化投資只會使問題變得更糟。多樣化是一個防禦性投資戰略，如果你時間已經不足，防禦性戰略並不能延緩必然性會發生的事實。

9. 很多自身並非投資者的人，卻正在向人們提供投資建議

很多教育大眾的投資顧問，自己並不是真正的投資者，而是推銷員。更重要的是，很多財務顧問並不清楚，自己的建議能否經受得起金融市場漲跌變化的考驗。他們也不清楚，自己的客戶能否依靠自己建議和販售的產品生存下來。多數的財務顧問只要求設法出售自己公司的金融產品，這就限制了他們的客觀公正性。而且，很多財務顧問只懂得某一類的投資專案，例如有價證券、房地產或者企業。很少有人接受過全面的教育培訓，能夠討論不同資產組合。正如巴菲特所說：「不要問理髮師，自己是否應該理髮。」

10. 退休之後，你是否能夠生存？

隨著愈來愈多嬰兒潮中出生的人開始退休，我們將會看到，繳費確定型退休金計畫的設想將會承受真正的考驗。這個法律雖然主要針對退休金，我想知道的是繳費確定型退休金計畫，能否提供一些比退休金更為重要的東西，也就是健保。我的問題是：「退休之後，退休者在自己有生之年能否得到健保幫助？」退休之後，一個人可以壓縮生活費用、節儉生活，但是健保費用卻只會上升。二〇〇〇年，據報導指出，美國健保和處方藥費用上漲了十七％。也就是說，一方面整體經濟出現衰退，另一方面，健保費用卻不斷膨脹。我擔心在不遠的將來，決定個人生死的關鍵就是能否負擔得起醫療保健費用的問題。我擔心的是，數百萬人們的繳費確定型退休金計畫中將沒有足夠的資金負擔自己醫療保健費用。

政府的醫療保險制度以及其他公費醫療制度又如何呢？如果統計準確的話，美國的公費醫療制

度可能已經破產。如果公費醫療成為一個公民權益，那麼，各種稅賦就會高得更加離譜。如果稅賦提升，那麼企業就有可能撤離美國，進一步加重了本來已經相當沉重的稅賦。

如果個人打算用繳費確定型退休金計畫安排退休後的生活，他們必須提早開始動手，準備一大筆足以應付退休生活和醫療保健的資金。將來，很多退休者可能需要清算自己的投資組合，支付醫療保健費用，延長自己的生命。我想問，當那位財務顧問對七十歲的退休老人說：「這被稱為系統性提取，運用起來非常有效。」是否考慮到了這位退休老人的長期醫療保健費用？也就是說，這位財務顧問的答案背後的設想是什麼呢？該設想中包括了醫療保健費用嗎？

在幾年之後，整個股市不僅要承擔數百萬嬰兒潮中出生者開始系統性提取的壓力，也要承擔他們需要支出醫療保健費用的壓力。運用占卜大師的水晶球來預測一下，假設一位享有繳費確定型退休金計畫的七十五歲退休老人，擁有五十萬美元資產投資組合和有限的醫療保險。突然有一天，他需要十五萬美元進行挽救自己生命的癌症手術。你認為這位退休者將會選擇省錢而不會做手術，還是會釋出價值十五萬美元的共同基金支付手術費用呢？我想，很多退休者可能都不會按照系統性提取的計畫行事，而是會選擇釋出自己的投資組合來支付手術費用。如果這種情況發生了，那麼整個股市又會發生什麼事？股市還會繼續上揚嗎？

很多財務顧問提供的都是一些沒人能證明有用的財務建議，但是在不遠的將來，我們就會發現退休金計畫的設想是否正確。同樣很快我們也會發現，財務顧問行業的設想能否承受得住退休後現實生活的檢驗。因為他們的設想，都是建立在股市平均起來總是在上揚的設想基礎上。

這些設想有效嗎？

有人將「員工退休收入保障法案」比作龐氏騙局。龐氏（Ponzi）是一個財務騙子，他要人們將錢交給自己，允諾支付很高的利息。接著，他又尋找另外一批人，並且承諾他們同樣的事。他將第二批人交給自己的錢按照以前的約定交給第一批人。這樣，第一批人就會轉告自己身邊的所有親朋好友，這些參與的親朋好友又成為了第三批人，他們交給龐氏的錢又以很高的回報交給了第二批人。如果沒有人了解龐氏的所作所為，那麼他的陰謀還會繼續下去。不過，龐氏最後並沒有成為一位英雄，而是聲名狼藉。當有人說某人上了龐氏的圈套，指的就是某人或者某一群人極易上當受騙，相信那些吹得天花亂墜、好得令人難以置信的東西。

我想，我們很多人都有相信那些好得令人難以置信的東西的一面，我們願意相信魔法、神仙教母、復活節兔以及看顧我們的善良天使。因此，當財務顧問說「這被稱為系統性提取，運用起來非常有效」時，人們相信這些話，是因為他們願意相信這些話，即使心裡知道現實並非如此。龐氏正是抓住了人們這個弱點，他已經去世好多年了，還是不斷有新的龐氏圈套出現。

我並不是說「員工退休收入保障法案」就是龐氏圈套，但是我要說，人們總是喜歡相信那些所謂「行之有效」的想法。而只要設想真實可信，事情就會行之有效。如果設想本身就不真實，那麼，這種設想就純粹變成了自欺欺人。

正面思考

從理論的角度來看，富爸爸認為「員工退休收入保障法案」建立在卓越的思想和價值觀基礎上，問題在於這僅僅是從理論上分析。我們都知道，在理論和現實之間，往往有很大的距離。

在研究這項法案的時候，富爸爸發現法案本身有為員工利益考慮的因素。過去，一個享有收益確定型退休金計畫的員工，可能在退休之後擁有財務安全，但是，卻沒有什麼資產可以留給自己的繼承人。例如，如果一個員工六十五歲退休，七十五歲去世，去世之後他的退休金就會停發，過去退休金計畫中投資的資產也就留給了公司。不過，實施繳費確定型退休金計畫以後，如果員工七十五歲去世，而且還有一些資產留在自己的投資組合裡，那麼這些資產就可以留給自己的繼承人。

窮爸爸享有收益確定型退休金計畫，因此不能給自己的孩子留下什麼。他享有教師退休金和少量的政府退休金，每個月為他提供了一定程度的財務安全，但是當他去世之後，他的確沒留下什麼可以讓孩子繼承的遺產。也就是說，收益確定型退休金計畫不是一個可以給繼承人留下東西的計畫。另外一個方面，如果富爸爸享有一個繳費確定型退休金計畫，如果他的投資組合中還有剩餘資產，那麼在繳納遺產稅之後，他的孩子就可以繼承。從理論來說，繳費確定型退休金計畫似乎也擁有一些收益確定型退休金計畫所不具備的好處。

因此，繳費確定型退休金計畫一個非常正面的意義在於，它試圖幫助將美國和世界的大量財富分配到員工的手上。而且，從理論上來說，繳費確定型退休金計畫應該發揮作用，因為那麼多人的財富加起來之後數量十分驚人。

當然，這只有從理論上來看是一個偉大的想法。事實上，九〇%的財富掌握在一〇%的人手裡，這是有原因的。這個原因會在講述「員工退休收入保障法案」最大缺陷的下一章討論。這個缺陷將會引發歷史上最大的股市危機，並且也是世界上九〇%的財富集中在僅僅一〇%的人手裡的原因。

令人振奮的消息是，如果你懂得了下一個缺陷，並可以設法克服它，你也就有機會成為控制了世界九〇%財富的一〇%的人其中的一員。

第六章

投資與投資者

在「員工退休收入保障法案」所帶來缺陷之中，富爸爸認為最大的缺陷就是迫使不是投資者的人冒險進行投資。對富爸爸而言，設想法律上的變化，一夜之間就可以將人們變成專業投資者的想法，簡直就是天方夜譚。他說：「你如何將一位從出生那天起，就接受求職型訓練的人，突然改造成一位需要冒險的投資者？一位追求安穩的人，與一位冒險的投資者肯定不是同一類人。」對於富爸爸來說，這種設想就是「員工退休收入保障法案」的最大缺陷，而且最後會導致歷史上最大的股市危機。

讀過「富爸爸」系列叢書《富爸爸，有錢有理——財務自由之路》（*Rich Dad's CASHFLOW Quadrant*）的讀者，一定非常熟悉下面的現金流象限圖：

我要向那些不熟悉現金流象限，或者沒有讀過該書的人，簡要介紹一下象限中

四個字母所代表的意義：

E代表員工

S代表自由職業者、專家或者小型企業家

B代表大企業家

I代表投資者

賺錢的途徑主要有四種，與之相對就有四種不同的人。每個象限都代表了對於金錢和財務安全不同的思考方式。

富爸爸說：「『員工退休收入保障法案』最大的缺陷就在於，這個法案設想處在象限左側的人，可以很容易地轉化為象限右側的人。每個象限的人都有不同，而且事有很大的不同。設想只因法案要求變化，處在E象限的人就可以變成I象限的人，這是非常荒謬的想法。大筆一揮，你或許就可以改變法案，但是卻無法改變人。」

「員工退休收入保障法案」需要員工變成投資者

簡單地講，「員工退休收入保障法案」和隨後的修正案要求如下變化：

「員工退休收入保障法案」要求數百萬的員工變成專業投資者，也正如我們所見，「員工退休收入保障法案」並沒有開發一種教育系統，支援這種雖然看起來很小但是卻很重大的變化。

我們的公共教育系統主要訓練E象限和S象限的人，這也是很多人處於E象限和S象限的原因。窮爸爸曾經是夏威夷州的教育主管，他一直說：「好好上學，爭取考高分，這樣就可以找到一份安穩的工作。」也就是說，窮爸爸建議我在E象限找一個安全的避難所。媽媽知道我想致富，常常說：「我知道你想致富，那就報考醫學院，以後做一名醫生。」她建議我在S象限尋找一個避難所，我回答說：「媽媽，那種想法只存在一個問題，那就是我必須聰明到可以做一名醫生，但是你知道我的考試成績一直不理想。」的確，S象限常常代表了聰明者的象限，因為醫生、律師、會計師、工程師等專業人士都常常居於這個象限，儘管任何專業或智力水平的人，都可以在任何一個象限。S象限代表了具有一些獨特技能的專家，也代表了數以百萬獨立的小型企業家。

富爸爸試圖訓練兒子邁克和我，成為B象限和I象限的人。在前面出版的「富爸爸」系列書籍中，我已經提到，他讓我們做過他企業中幾乎所有的項目，讓我們了解需要多少種不同的工作來維持一個企業的運作。他還花了好幾個小時和我們玩大富翁的遊戲，教育我們像投資者那樣思考問題。我在一個傳統的工作崗位上，僅僅做了四年就離開的主要原因之一，就是富爸爸教育我爭取處在現金流象限圖的右側，而不是左側。

當我還小的時候，富爸爸就說：「人們傾向於不同象限的原因，就是他們自身各不相同。尋求處於E象限的人希望得到安全，因此，很多處於E象限的人，不論他們是公司經理還是門口警衛，都會常常說出相同的話，那就是『我要尋找一份安穩可靠的工作，有著穩定的薪水和良好的福利待遇。』」對於E象限的人來說，安穩可靠的工作最為重要。不過，在I象限，也就是投資者所處的象限，卻並非是安穩可靠的地方，至少不經過適當的專業訓練就無法做到。

還有，安全與自由這兩個詞語之間，存在著非常大的區別。富爸爸指出，E象限與S象限的人常常想得到安全，E象限員工的安全來自於一個職位，S象限的安全則來自於仰賴自己，而不是其他人。

處於B象限與I象限的人常常希望得到自由，因而特別關注為自己工作的資產。我可以聽到S象限人們抗議的聲浪，他們通常想做自己的事情。當然，在抗議之前，應該考慮一下很多S象限的人可以自由地做自己的事情，問題是，不論他們是否喜歡，他們都必須做這些事情。

相反的，真正居於B象限與I象限的人，可以自由地不做任何事情，仍然可以獲得收入，這就是自由的不同。（沒有讀過《富爸爸，有錢有理——財務自由之路》的朋友，或許也希望閱讀該書，書中進一步闡述了不同象限人們的核心區別。對於迫切希望改變自己生活，又不願意簡單地在E象限內調換工作，或者在S象限辛勞終生的人來說，該書就非常重要。）

前幾天，我參加了一個投資會議。會中，一位年輕人告訴我，他自己就是一位投資者。後來，我問他投資什麼專案，他回答說：「我擁有一家公司的401(k)計畫，那是一個多樣化投資組合，包括大大小小公司的投資專案、一些部門基金，當然還有些公債基金。」

我點了點頭，輕輕地喃喃自語：「華爾街教育得很成功呀，有了這樣一位終身消費者。」我不想讓他掃興，就問道：「你從自己的投資中每月能得到多少收入？」

「收入？」他顯然有些吃驚，「為什麼呢？我沒有任何收入。每個月我都有一筆薪資扣除額拿去投資到這幾家共同基金公司。」

「你希望能在什麼時候，從這些投資中獲取收入呢？」我問。

「噢，我現在二十七歲。我想讓自己的錢免稅增值，直到我退休為止，很可能在六十歲。然後，我將把自己的投資組合轉化成自我管理帳戶，維持自己的退休生活。你瞧，我投資的都是長線專案。」

「恭喜你，」我與他握握手，說道，「那好吧，你就繼續投資。」

問題的關鍵在於，這位年輕人或許是在投資，但我不願意稱他為投資者，至少他不符合富爸爸在現金流象限中的定義。根據富爸爸的說法，投資者通常都從其投資中定期獲取收益。在獲取收益之前，或許你也在投資，但是你還算不上一位投資者。為了說明自己是富爸爸所說的投資者，我必須向他證明資金是在流入，而不是在流出。最近，數百萬投資繳費確定型退休金計畫的人，忽然發現自己的投資流出了自己的錢包，接著又流出了自己的繳費確定型退休金計畫，因此，現在很多投資人垂頭喪氣。他們或許進行了投資，不過，他們並沒有成為真正意義上的投資者。

在投資領域，很多人在讓資金流出上做得非常好，但是，只有一些人在讓自己的資金流入上做得不錯，後者才是一個好的投資者。在投資上，很多人大把花錢，卻沒有任何收入。「員工退休收入保障法案」獲得通過以後，數以百萬人開始投資，然而，我們還不知道他們是否會成為真正的投資者。一旦人們退休之後，唯有時間才能夠告訴我們，究竟有多少E、S或B象限的人，最後轉化為I象限的人。

在電影《征服情海》（*Jerry Maguire*）中，有一句經典台詞：「讓我看到錢！」我的一些主要投資者朋友，都將這句話奉若神明。因為他們懂得，投資並不一定意味著就能帶來收益。對於我周圍的朋友來說，直到收回了投資的資金，這項投資才算真正的投資。而且，一旦資金開始回收，這項投資應該帶來更多的資金流入。現在，對於很多擁有繳費確定型退休金計畫的人們來說，自己的資金正在不斷流出，他們也都懷疑這些資金能否收回。很多人打電話給自己的經紀人，要求「讓我看到錢！」

前幾天的一個晚上，我和我太太金參加一個晚會。在晚會上，女主人問金怎麼謀生？金簡單地回答說：「我投資房地產。」女主人的眼睛立刻一亮，她說：「我也是呀！我和先生從一棟小房子起步，等到升值以後馬上出售。我們這樣做了三次，現在你看看我們的房子。我們繼續投資房地產，現在我們就生活在這棟可愛的房子裡。」

我知道在她的腦海裡，朋友們都說她是一個真正的房地產投資者，從技術上講，也的確如此。不過，在我們的朋友圈內，她並不被稱作一個真正房地產投資者，而是一位幸運的房東。儘管她擁有一棟可愛的房子，卻與真正的房地產商人之間有非常大的區別：她每月為房子花去五千美元，而真正的房地產商每月由房子帶來五千美元的淨收入。運用我們這些人的概念，一位真正的房地產投資者每月都可以從房子、商業設施、倉庫、辦公樓等投資上面收取租金。也就是說，不論你工作與否，都可以看到錢不斷地進入自己的口袋中。

最大的缺陷

富爸爸為什麼感到，E象限的人被迫進入I象限，是「員工退休收入保障法案」最大的缺陷？答案依然是，因為人們的個性完全不同。

處於E象限或者S象限的人，為了錢而工作。

處於B象限或者I象限的人，為了建立或得到資產而工作。

這或許只是字面上的細微區別，但是，等到退休之後，就會變成非常重大的區別。作為專業投資者，我接受了多年的訓練，懂得每月都從投資中獲取收益並不是一件簡單的事情，而這卻正是「員工退休收入保障法案」要求人們去做的事。一旦一位擁有繳費確定型退休金計畫的人退休，他們將失去工作的安全避難所。對於很多人來說，他們一生中不得不首次面對真實世界，而富爸爸面對這個真實世界的時候是十三歲，我面對這個真實世界的時候是三十二歲，窮爸爸面對的時候是五十三歲，前面提到《今日美國》雜誌封面的那位安隆公司員工面對的時候是五十八歲。

面對真實世界

在過去的美好日子裡，一旦員工退休，公司可能就會舉行退休晚會、贈送退休員工金錶，而收益確定型退休金計畫將會照顧他的餘生。也就是說，他們可以退休，然後等著退休金支票不斷寄來。那就是他們所要做的全部事情。

在過去的美好日子裡，如果退休者曾經服務的公司十分慷慨，或者有一個強大的工會，那麼他們也許會得到COLA（Cost-Of-Living Adjustment），也就是生活費用調節的福利。在通貨膨脹發生的時候，他們就可以得到收益確定的退休金。一些人也還會有醫療計畫，伴隨退休者生活。只要退休者在世，他們都能夠去看醫生，公司會支付這些費用。

隨著更多的人退休，以及健保措施的改進、人們壽命的延長，收益確定型退休金計畫可能變得非常代價昂貴。這些巨大的財務壓力也是「員工退休收入保障法案」立法的真正原因之一，隨著全球化競爭的日益加劇，享有收益確定型退休金計畫和醫療保險計畫的員工，對於公司來說成本還是太過昂貴。

現在，一旦一個員工退休，公司可能還會舉行退休晚會，贈送一支金錶，不過很可能從此以後就需要自謀生路了。一些人可能還能依賴公司的退休金計畫，其他人可能就要轉而利用個人退休金帳戶（IRA），也有不少人可能要將自己的金融資產出讓變現，存入銀行。

下面，就是富爸爸認為歷史上最大的股市危機即將到來的三個主要原因：

1. 由於嬰兒潮中出生的人紛紛套現，股市上將會出現一場大規模的削價拋售

富爸爸說：「E象限與S象限的人，為了錢工作終生，而不是為了金融資產工作終生。很多E象限與S象限的人不信任股市。一旦他們離開公司退休，他們已有的擔心和不安全感只會不斷增加，也正是這種擔心和不安全感讓他們一生處於E象限與S象限。等到他們離開公司，他們就只會完全依賴自己所了解和信任的東西，也就是現金，而不是股票或共同基金。」

根據《商業周刊》（*Business Week*）的報導，一九〇〇年，美國的**401(k)**計畫以及類似退休金計畫中，總共有七一二〇億美元。其中，只有四五%是股票。十年後，這個數字飆升到二兆五千萬美元，其中七二%是股票或者有價證券。也就是說，隨著退休資金的進入，股市出現了前所未有的繁榮。隨著這種繁榮的持續成長，所謂的投資者信心更足，帶著現金購買有價證券，因為有價證券的獲利率更高。隨著股市繁榮的發展，很多所謂的投資者也紛紛跟進，拿出積蓄投進了市場，主要是共同基金市場，使那類資產一下子攀升到四兆美元。同時，報告顯示，美國家庭儲蓄率跌至不足一%。一場投資狂潮席捲全國，一些本來不應涉足投資的人，現在也已經置身於投資市場。

很多投資了繳費確定型退休金計畫的人，看到自己退休金計畫不斷增值。他們立即認為自己現在也已經成了投資者，開始將自己的銀行儲蓄全部投向了投資市場。他們大多來自E象限與S象限，也就是說，很多本來應該繼續儲蓄的人一下子開始了投資，不過他們仍然不是真正的投資者。

富爸爸相信，當數以百萬人開始拋售自己並不懂得和信任的金融資產的時候，歷史上最大的股市危機就會發生。富爸爸說：「E象限的人喜歡安全可靠，如果他們感到自己的安全受到了威脅，

他們就將不會繼續持有自己的金融資產。如果他們感到不安全，就不會採用退休金改革所要求的任何『系統提取』，相反的，這將會引發一場大規模的恐慌，一場由嬰兒潮中出生者拋售金融資產、變現而引起的恐慌，他們這些人都在設法盡快將獲得的現金重新存入自己的銀行帳戶中。」

最初，我還不大理解富爸爸這種說法。現在，我已經年歲不小，也更加注意那種細微的區別。到了今天，我非常關注這些區別：我隨時都能聽到有人說「我在為退休儲蓄」，或者「我在為孩子的教育儲蓄」，不過卻很少聽到有人說「我在為退休金投資」，或者「我在為孩子的教育投資」。

正如富爸爸所說：「儲蓄者與投資者並不是同一類人，儲蓄者的安全感是由金錢帶來的，而不是共同基金。當有壓力降臨的時候，他們就會拋售手頭的各種有價證券，而當數以百萬人開始拋售股票的時候，市場就會陷入嚴重危機。這樣，也就不會有所謂的系統提取了。」

現在，日本已經在銀行和金融業災難的邊緣徘徊了好幾年。同時，日本銀行卻積聚了大量資金，因為很多日本人是員工和儲蓄者。事實上，日本人的儲蓄率在世界上是最高的。因為銀行資金過於充裕，這些儲蓄的利率已經接近於零。不過，即便銀行對儲戶不支付任何利息，大量的資金還是待在那裡。為什麼呢？

原因就在於，員工和儲蓄者寧願不要任何利息將錢存進銀行，也不願意在別處冒險。我估計，在未來幾年，美國銀行也將面臨這個問題，銀行充斥著大量閒置資金。如果銀行資金過多，他們就很難向儲戶支付一〇%的利息。在我撰寫本書的時候，美國銀行的儲蓄利率是二%。二%的利率，對於你的投資來說，顯然並不是一個很好的回報。

因此，股市危機即將來臨的主要原因，就是現在很多人並沒有真正感覺到共同基金和股票的安全。一旦嬰兒潮中出生的人開始退休，他們很多人就會設法將股票和共同基金變現，拿到他們為之辛勞終生的現金。的確，正如富爸爸所說的那樣，「你可以輕鬆地改變法律，卻不能改變人。」

2. 生活費用和醫療費用將會上漲

正如我在前面所指出的，很多擁有收益確定型退休金計畫的人，還享有一個生活費用調節。但是，擁有繳費確定型退休金計畫的人退休之後，當生活費用和醫療費用上漲的時候，就只有出讓自己資產來給付這些費用。並且，這可能再次將所謂的系統提取理論拋在一邊。收益確定型退休金計畫與繳費確定型退休金計畫的這些細微差別，也會加劇即將到來的股市危機。人們不得不依靠金錢生活，而不是依靠共同基金生活。因而，他們就會出讓共同基金，換取現金。

3. 愚人數量將會增加

華倫・巴菲特說過：「可以預言，人們將會變得貪婪、恐懼或者愚蠢，先後次序卻不大好預測。」

我們很多人都知道，任何市場行為都會伴隨著貪婪與恐懼。一九九〇年代的股市上揚是因為人們的貪婪，而未來的股市下跌則是因為人們的恐懼。在不久的將來，人們將退休金變現則主要是因為愚蠢。

這裡有個愚笨投資的例子。在一九九〇年代，我遇到了很多富有的員工，他們認為致富的原因在於自己是投資者，實際上他們只是幸運的員工而已。我遇到的其中一位是英特爾（Intel）公司的員工。一九九七年，只是因為市場正在向上攀升，他將自己持有的期權轉讓，得到了近三千五百萬美元。他認為自己一定是一位成功的投資者，而不只是一位幸運的員工。很快，他就參與投資了那些只為美國證券交易委員會（Securities and Exchange Commission，SEC）認定的資深投資者準備的投資專案。根據美國證券交易委員會的解釋，獲得認定的投資者必須擁有一百萬美元以上的淨資產。當然，我不大理解他們如何衡量一個人是資深投資者，但是他們的要求就是規則。一個人證明自己是否是一位資深投資者，我自己倒有一個更好的方法，不過美國證券交易委員會沒有徵求過我的意見。

無論如何，這位曾經效力於英特爾公司的投資者已經被金錢沖昏了頭腦，他開始憑著一時興致，盲目投資。他買下了私人莊園，合夥經營企業，獨自買下一些公司讓兒女經營，買來只有富人才買的奢侈品，例如私人噴射飛機、豪華遊艇以及兩棟大別墅。此外，他又結識了一位比自己女兒還要年輕的女子，然後與妻子離婚，前妻得到了一大筆錢。富爸爸常說：「一個愚蠢的傢伙如果有了錢，就會上演一場鬧劇。」他的確做到了。

如今，他已經完全破產。我是怎麼知道的呢？因為他請我幫忙介紹工作。他需要一份工作，因為他的第二任妻子又帶走了他僅剩的錢。當然，他只是我在九〇年代股市上揚時期遇到的很多人之一。他們是撞到好運的員工，卻自以為是投資者，最後發現自己不過是上演了一場鬧劇的主角。這場鬧劇本身也許並不怎麼壞，但是，只要能保證你可以繼續上演下一場就好了。

愚笨投資的例子，可以在運動明星、電影明星、搖滾歌星、樂透中獎者、一夜之間獲得大筆遺產者的身上看到，也可以在那些認為投資與成為投資者就是同一件事情的人身上發生。在不遠的將來，隨著一些幸運的嬰兒潮中出生的人，帶著繳費確定型退休金計畫中的大筆資金開始退休，你就可以慢慢欣賞那些愚笨傢伙的退休金被騙走的故事了。他們很多人會受騙，因為他們根本不清楚投資資金與成為投資者之間的區別。

總之，根據富爸爸的觀點，很多人的最大缺陷就在於，儘管也進行投資，卻沒有成為真正的投資者。他說：「這點看似微不足道的區別，卻足以徹底擊垮整個股市。」因而，富爸爸預言，在不久的將來，無數人將會慢慢醒悟，意識到自己受到法律鼓勵購買的其實並不是自己想要的（比如繳費確定型退休金計畫），而且不能出讓，除非自己願意承受提前提取的鉅額稅款。

此外，很多人可能被鼓勵投資一些自己並不看好、並不了解而且代價昂貴的專案。他說：「到了那個時候，儲蓄者將開始把自己的退休金重新換作現金（他們曾經為這些現金勞碌終生），而不是股票、債券或者共同基金。股市危機可能即將發生，因為『員工退休收入保障法案』鼓勵人們投資，但是他們卻從來沒有學習成為真正的投資者。切記，投資者喜歡的是資產，而儲蓄者喜歡的是現金。因此，大家常常聽到很多人說『錢存進銀行才心安』。」

富爸爸曾經向我解釋關於金融狂熱，他認為，金融狂熱就是失去理智地將現金轉換成像股票、債券、房地產、共同基金等資產。幾個世紀以來，已經發生了好多次金融狂熱。影響最大、也最聲名狼藉的，莫過於荷蘭在一六三四年到一六三七年間所發生的鬱金香狂熱。荷蘭人狂熱地喜歡上從中國進口的這種新花，這場狂熱很快風靡全國。不久，他們開始培育出新的品種，鬱金香熱正式上

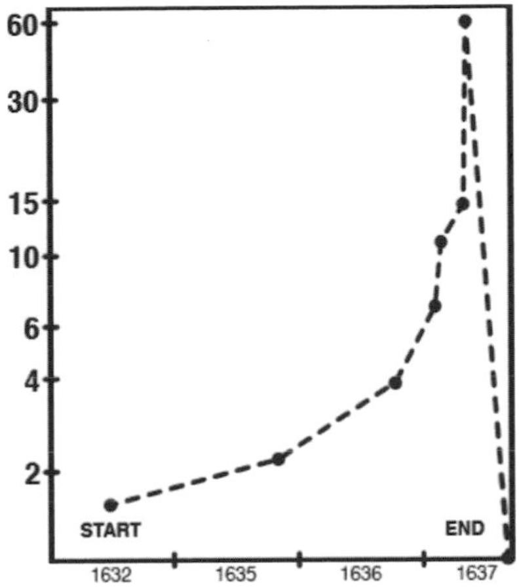

荷蘭古城高達（Gouda）一六三四年到一六三七年鬱金香狂熱

演。某些鬱金香球莖的價格，甚至是同等重量黃金的一百多倍。但是，沒有多長時間，這場鬱金香熱就過去了，一場恐慌隨之到來，很多人急著將自己的鬱金香球莖換作現金。今天，鬱金香熱就像幾年前的網際網路公司熱一樣，聽起來甚至有些荒謬可笑，不過這確實是曾經發生的事實。富爸爸對於金融恐慌的理解是，喪失理智地將金融資產套換成現金。也就是說，人們突然醒悟，意識到自己購買的東西並不划算，又想拿到錢，這也就是「買家的懊悔」。當無數投資共同基金和其他金融資產的投資人，忽然非常懊悔，急於拿回現金的時候，就會發生恐慌，進而引起一場大災難，一場世界史上規模最大的股市災難。就像富爸爸所說的：「進行投資的人，並不一定就是投資者。」

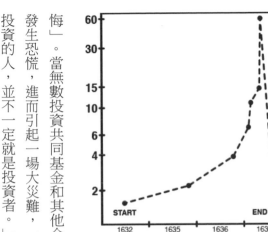

第七章
人人都做投資者

「難道他們沒有意識到投資是何等重要嗎？」在走出旅館會議室的時候，我問富爸爸。剛才，富爸爸在那裡主持召開了一個會議，參會的大約有一百二十五人，包括他的主要管理團隊以及高層員工。

「我們將會看到，」富爸爸說，「我已經盡我所能去說服他們，不過也只能到此為止。我們現在採用的 401(k) 計畫的確大有好處，但是，很多員工自己不願投入資金，只有一些人投入了少量資金，甚至連一些管理層員工也停止投入資金。我不知道，他們退休之後究竟想依靠什麼生活？」

一九八八年，我正要趕赴遠東的時候途經夏威夷，富爸爸問我是否願意參加這次會議。一九八七年發生的股市動盪，深深引起了很多人的恐懼，不少人停止向自己的繳費確定型退休金計畫繼續注入資金。

「我請來了基金管理公司的代表，讓她再次向員工解釋 401(k) 計畫如何運作。但是，對於自身業務上的顧慮妨礙了這位投資顧問向員工們提出明確的投資建議。她只是解釋了這個計畫，卻並沒有進一步闡釋更多的細節。因此，這次會議並沒有打消員工們太多的不安，他們不知道投資什麼。為什麼這個『員工退休收入保障法案』不讓實施這個計畫的人，向員工提供更多具體的投資建議呢？」富爸爸反問道。

「不知道，」我回答說，「這麼多年以來，我一直不能理解，為什麼財務顧問只是提供計畫，而不願給出更多具體建議。現在，我明白了，原因就在於潛在的信用負債。那位代表的確說了你是位慷慨的老闆，因為你願意支付與員工投入相當的資金。」

「很多企業老闆根本不會投入任何基金，一些人也只是投入一半。然而，即便我願意慷慨行事，也只有一些員工在退休金計畫中投入了資金。」富爸爸說。

「即便員工們沒有接受多少投資建議，難道也沒有意識到你對他們退休金的投入將會是免稅的嗎？」我問，「他們所要做的也就是投入免稅的資金。」

「他們聽說過這些說法，」富爸爸回答說，「這樣的話我已經講了好多年，但是看起來沒有多少效果。我甚至告訴他們參與這項退休金計畫的人，實際上比沒有參與的人賺到了更多錢，即便如此，也還是沒有帶來任何改變。緊接著，在股市危機之後，一些原來參與那項退休金計畫的人，也停止了繼續注入資金。因此，我只好請來基金公司的代表，向員工們講這個道理。我希望情況能好一些。」

在返回富爸爸辦公室的路上，我們一直在討論這個問題，他的辦公室就位於剛剛開會的旅館南邊。我再次問富爸爸：「難道他們沒有意識到投資的重要嗎？」

「我想可能是這樣。」富爸爸回答說。

「那麼，他們到底為什麼不願意投資呢？」我繼續追問。

說這些話的時候，我們已經來到了富爸爸的辦公室，他坐在桌子前面，習慣性地拿出了黃色的便籤，寫下了一些詞語：

富人

中產階級

窮人

然後，他看著我說：「我們每一個人都以某種方式進行投資，只是投資物件和方式有所不同罷了。」接著，他又在上面三個詞語後面寫道：

富人
- 良好的財商教育
- 創立自己的企業
- 大量的房地產投資
- 私人普通股權基金
- 套利基金
- 個人短期資本經營者
- 私人會所
- 有限合夥

中產階級　良好的教育
高薪職位
專業人士
房子
儲蓄
退休金計畫
共同基金
少量房地產投資

窮人　龐大的家庭
政府資助專案

「不同的階層，投資的專案也不同，」富爸爸說，「窮人常常有一個龐大的家庭，他們相信孩子將會照顧自己的晚年生活。他們還指望著得到一些政府資助專案，例如社會保險、福利或醫療保險的幫助。」

「窮人的投資就是自己的孩子，是嗎？」我有點懷疑。

富爸爸點點頭，他說：「這是一種明白簡單的說法，但是，的確有其合理之處。他們雖然沒有明確說明，不過確實希望孩子在他們自己離開工作崗位退休之後，能夠照顧自己的生活。」

「中產階級的投資就是良好的教育，因此，他們可以找到一份高薪職位，」我看著富爸爸開列的內容，接著說道，「對於他們來說，這就是一種投資，是嗎？」

「對，」富爸爸微笑著說道，「你們家不就是這樣嗎？對你父母來說，你擁有一個大學學位，擁有一份像醫生、律師的職業，或者擁有副總經理、總經理的職位，難道不是相當重要嗎？」

我點了點頭，回答說：「在我們家裡，教育非常重要。我媽媽的確希望我將來能成為一位醫生，而我爸爸總是想讓我上法學院。」

富爸爸輕輕地笑了，他接著說：「他們難道不是一直勸你購置一棟房子，參與一項退休金計畫嗎？事實上，你不是也曾經告訴過我，你爸爸想讓你繼續待在海軍陸戰隊，因為那裡的退休金計畫和福利要好得多嗎？」

我又再一次點了點頭，回答說：「不過，窮人難道不是想著同樣的事情嗎？至少在工作上不也是這樣嗎？」

「他們或許夢想一份高薪職位，不過，夢想終歸是夢想，現實終歸是現實。如果你有留意，很多低薪員工總是不斷變換工作，因為如果不要求高薪，重新找工作實在很容易。因此，他們或許夢想找到一份高薪職位，但事實上，如果沒有接受過良好的教育，不具備一些技能，就不可能找到高薪工作。」

「因而，他們將大部分錢用來維持生存，為孩子提供衣食，這也就是他們的投資。」

富爸爸點點頭，用鉛筆輕輕指著窮人的投資說：「現在，我的那些接受了大學教育的經理已經完全不是這樣，」接著，他又將鉛筆指向了中產階級的投資說道：「作為員工，他們一般會待上較長的時間，因為他們明白，如果自己離開，就不得不重新從零開始。因此，他們注重職位和資歷，而且另找一份薪水更高的工作也要花費力氣。所以，他們將更多時間投資到接受良好教育、高薪、工作安穩、晉升、頭銜這類東西上面。這些東西對於中產階級來說，最為重要。正如我已經指出的，人人都在投資，只是投資的方式不同，人們總是將時間和金錢投入到自己認為最為重要的事情上面。」

「因此，富人創建自己的企業，投資大型房地產專案，」停頓了一下，我又接著說，「私人普通股權基金或者套利基金，而中產階級在投資共同基金。」

富爸爸接過我的話題說：「或者，富人投資企業聯合組織、合夥經營，或者聘請了個人短期資本經營者為自己服務。富人只是為了富有而投資。」

「但是，大學教育對於每個人來說，難道不很重要嗎？」我問。

「是的，非常重要，」富爸爸回答說，「事實上，如果你仔細分析三個階層及其投資，所有人的投資都相當重要，尤其對於富人來說。」

「你的意思是，富人也需要一個龐大的家庭嗎？」我對此有些懷疑。

「不一定要大，但是，家庭對於我們所有階層的人來說都是相當重要。政府出面資助窮人，對於富人也很重要。如果政府不透過福利專案幫助窮人，那麼就會乞丐滿街，盜賊出沒。因此，富人透過納稅和設立慈善基金，投資政府資助窮人的計畫。」

富爸爸進一步解釋說，如果我想成為一個富人，就需要投資這三種階層所投資的專案。也就是說，如果想成為一個富人，我的投資就應該遠遠超過其他兩類人。他說：「如果你想成為一個富人，我就會極力鼓勵你投資窮人的投資專案、中產階級以及富人的所有投資專案。一定不要試圖省略前兩類人的投資。如果你想成為一個富人，你就必須投資更多，而非更少，至少要比前兩類人多投資。」

接著，富爸爸強調了家庭、住屋和退休金計畫的重要。他說：「很多人試圖在沒有這些支柱的條件下致富，其實非常危險。」提及家庭，富爸爸接著說：「家庭對於我來說非常重要，因此，我在家庭上投入了大量時間和金錢。正如你需要你太太金對你精神上的支援一樣，我也需要家庭對自己精神上的支援。我遇到過很多忽視家庭的人，他們犧牲了大量與家人共處的時間來從事工作。甚至情況更糟，他們欺騙自己的家人。我們倆都遇見過一些欺騙自己丈夫或者妻子的人，他們認為那是小事一樁，沒有什麼大不了，但是最後卻真的出現了麻煩。幸福、穩固、強大的家庭對我非常重要，我相信對你來說也是如此。」

這場關於家庭的討論引起了我的共鳴，就在富爸爸準備結束這個話題之前，我忍不住說：「你非常富有，因此有時間與家人在一起。不過，我爸爸常常為了公務出差，好幾天回不了家。他說，如果想得到加薪和晉升，如果想購買餐桌上的食物和更大的房子，就需要四處奔走。」

「我知道，」富爸爸說，「很多人為了加薪、晉升，或者為了看起來富有而購置大房子。正如我所說的，人們總是投資自己認為重要的東西。不過，在我看來，上面這些舉動卻並非投資，而是財務和家庭上的自殺行為。現在，有多少父母沒有時間與孩子待在一起？如果我沒有花這麼多時間教你關於企業和投資的事情，你今天會在哪裡？可是，你爸爸沒有時間，他過於忙於工作，為的是支付購置大房子的開支。」

富爸爸的話，讓我終於明白為什麼他總是特別強調計畫。富爸爸認為有安全、舒適和富有等好幾類計畫。他是一個嚴格制定、執行計畫的人，渴望有更多時間陪伴孩子，於是就制定了一個致富計畫。窮爸爸的計畫就是重新返回學校，以便獲得晉升，拿到更高的薪水。雖然他竭盡全力，希望與孩子們待在家裡，但是事實上，他常常奔忙在路途之上。富爸爸不是這樣，他常常在家，讓自己的員工經營企業和投資。現在，我意識到這三類不同的投資是何等重要。

忽然，我想起了自己的很多朋友，他們只想致富，卻不願意投資前兩類階層的投資專案。於是，我就問富爸爸：「對於那些只是投資富人的投資專案，而不投資前兩個階層投資的人，究竟會發生什麼呢？」

「一些人的確那樣做了，」富爸爸回答說，「但是，只有極少數人做到了。我遇到過很多人，他們投資富人的投資專案早於投資窮人和中產階級的專案。我遇到過一些人，他們投資那些雄心勃勃、吹噓可以賺數百萬美元的大專案，不過，他們最後大多賠錢，成為商業領域騙子、無賴和夢想家的犧牲品。」

我點點頭，自嘲地笑了笑，說道：「我遇到過很多這樣的人。事實上，當我剛剛起步的時候，我自己就是那樣的人。」

富爸爸也忍不住笑了，他說：「我明白。你肯定有一些遇到了好運的故事，問題就出在你在開始自己第一個企業的時候，就遇上了好運。那個時候，你非常幸運，不過你沒有能力永遠幸運。當你與三個合作夥伴的關係破裂的時候，一切麻煩就接踵而至。你擁有企業，這都是富人才有的投資，但是你們忘記了窮人和中產階級投資的重要。因此，當你們的企業遇上好運的時候，你和夥伴們並沒有致富，你也變成了『小丑』，最後失去了一切。」

「現在，我有了這三類人的投資，」我說，「我很有希望擁有這三類人所有的投資能力。」

「我也希望如此，」富爸爸若有所思，輕聲道，「不過，也不用擔心。投資這三類人所有的投資是一個全職工作，你將會在未來迎接挑戰，正像我的許多員工將在未來迎接挑戰一樣。」

「那麼，我們今天討論的結論就是：作為個人，我們只會投資自己認為重要的投資。」我接過富爸爸的話題，說道，「你的很多員工懂得投資對於自己重要性，但是還沒有將這個問題看得非常重要。他們還有其他一些自己認為非常重要的投資，需要將時間和金錢都投入其中。」

「對極了，瞧瞧你爸爸和我的區別吧！你爸爸說房子是他最大的投資，也就是說，對他而言，房子比股市的投資組合和房地產遠為重要。因此，他的大學學位和職位、頭銜也比學習投資重要得多。我將時間和金錢投入到自己認為重要的東西上面，他也將時間和金錢投入到自己認為重要的東西上面。問題在於，現在失去了工作以及大部分積蓄，他才發現：自己原來認為重要的東西，在真實世界中根本一錢不值；自己寬敞的房子，原來並不是真正的資產；自己的大學學位和工作經驗，並不能在真正的商業世界和投資市場中給自己帶來什麼實際的幫助。真實世界與教育或政府世界截然不同，他的投資在真實世界得不到任何回報。」

你可以訓練猴子儲蓄

在「富爸爸」系列幾本書中，我已經介紹過三類不同的教育類型，它們分別是：

1. 學校教育
2. 職業教育
3. 財商教育

窮爸爸完整地接受了前兩種教育，富爸爸則是完整地接受了最後一種教育，也就是財商教育。當「員工退休收入保障法案」獲得通過的時候，富爸爸很快意識到這項法案並未能強調普及財商教育的重要。一九八八年，他還發現一些財務顧問在提供服務的時候，利用了法案的缺陷。結果，很多人還是依然故我，做著他們自己過去做著的事情。他們退休的時候，將不可能實現從E象限和S象限到I象限的轉變。

富爸爸再次拿起便條紙，看看上面中產階級和富人各自認為重要的東西。他指著「儲蓄」這個詞問道：「儲蓄需要多少財商呢？」

「不知道，」我回答說，「我從來沒有認真考慮過這個問題。」

「嗯，在我看來，儲蓄根本不需要任何財商，我可以訓練一隻猴子儲蓄，」富爸爸忍不住笑了，他接著說，「不過，還有那麼多人覺得自己聰明到可以儲蓄，真的很可笑。任何人都可以找銀行出納員，而如果他們自己不懂，出納員甚至還可以替你簽好存款單。這有什麼困難呢？儲蓄也許算是一個明智之舉，但是卻無需多少財商。」

「你可以訓練一隻猴子儲蓄，是嗎？」我覺得富爸爸說得有些過分。

「我想應該可以，」富爸爸笑著回答，「看，我正是要藉此指出很多人財商知識少得可憐。如果很多人連儲蓄都有困難，那麼當他們從事更複雜的投資時，還會有多少機會？看看你爸爸，他是一個接受高等教育的人，卻不能讓一個簡單的霜淇淋專營店盈利。他是一位儲蓄者，卻不是一位投資者，更不是一位商人。他沒有什麼商業投資。」

「他覺得自己上當受騙，不過事實上，他自己甚至讀不懂一份財務報表或者連鎖加盟協定。」我接著說，「本來，我想讓他請你去看看那個小店和帳務，但是他的自尊心不會容許這些事情發生。他說你沒有接受過大學教育，他從來不願來聽你的建議。」

富爸爸搖了搖頭，說道：「這些投資都需要接受過財商教育。不過，儘管你爸爸擁有大學學位，他卻從來沒有接受過財商教育。」

富人
- 良好的財商教育
- 創立自己的企業
- 大量的房地產投資
- 私人普通股權基金

套利基金
個人短期資本經營者
私人會所
有限合夥

接著，富爸爸指著中產階級一欄說道：「這個群體的投資，所需要的財商教育非常之少。正像我所說的，我可以訓練一隻猴子儲蓄，然後訓練牠購買共同基金。事實上，每年都有些人舉辦一場比賽。他們讓猴子選中一支股票，與人事先選中的股票比較，結果發現猴子選中的股票常常獲利更多。」

中產階級

良好的教育
高薪職位
專業人士
房子
儲蓄
退休金計畫
共同基金

「也就是說，中產階級沒有成為富人，就是因為他們缺乏財商教育，是嗎？」我問富爸爸。

「嗯，他們也有些人最後成了富人，」富爸爸接著說，「不過，由於沒有接受過扎實的財商教育，他們用了大量艱苦的勞動獲取了不少財富，而且也用了大量的金錢來保持自己的富有。另一方面，財商愈低，你的財富面臨的風險愈大。因此，中產階級主要關注儲蓄，而富人關注投資；中產階級將大量資金投入自家房子，而不是投資到房地產中。他們兩者之間的區別就在於財商教育。如果中產階級接受了良好的財商教育，他們就會懂得購置自己的大房子、儲蓄，才真正有風險，而投資房地產才是真正的明智之舉。」

「因而，我重建了自己的企業之後，就可以開始投資那些富人投資的專案。」我指著富爸爸在便條紙上所寫的富人的投資專案說道。

「你可以做你想做的任何事情，現在，我只是想告訴你，人們只投資自己認為重要的東西。我的很多員工並不認為自己的退休計畫有多麼重要，他們還想用自己的資金去做其他很多事情，去做那些他們認為重要的事情。」富爸爸接著說，「如果你想投資那些富人的投資，那麼，我鼓勵你還是繼續自己的財商教育。如果你有一個較高的財商，那麼，對很多人來說充滿風險的事情，對你而言可能也就非常安全可靠；而那些對於窮人和中產階級非常安全可靠的事情，對你而言卻風險很大。總而言之，你所認為重要的東西，就是你最後將要投資的東西，決定權完全在你個人手中。」

一場巨大的市場危機，只會讓財商教育有限的人畏懼不安；一場巨大的市場危機，卻有可能是擁有良好財商的人的致富良機。正如富爸爸常常所說的，「如果你擁有一個良好的的財務知識，就不必擔心市場的漲跌變化。相反的，你只會為市場的漲跌變化而欣喜不已！」

第八章

問題的起因

即將到來的股市危機，「員工退休收入保障法案」並非是它的起因。「員工退休收入保障法案」獲得通過、安隆公司醜聞以及將來很多大型公司的垮台，只是更為嚴重問題的先兆。本章探討的就是這些問題背後的問題，我們如何開始徹底、全面地解決這些問題。在本章中，我們將探討隱藏在富爸爸預言背後的深層原因。

社會保險和醫療保險制度也存在問題。柯林頓政府二〇〇〇年的財務預算報告聲稱：「政府的信託基金中，沒有包括將來會帶來好處的一些實際經濟資產。」也就是說，政府終於承認，的確存在社會保險信託基金虧空的問題。當然這些不過是我們的猜測，社會保險是否僅僅只是龐氏騙局的修訂版？

在當今的美國社會，每個員工根據自己薪水標準，繳納薪水的七•六五%，加上雇主的七•六五%，總共十五•三%，用來支付社會保險和醫療保險。每個員工都希望自己退休之後，就會站到獲取回報的起跑線上。如果還有足夠的員工仍然還在「前門」交錢，那麼自己的退休金就不存在問題。問題在於，因為人們的壽命不斷延長，愈來愈多的退休者等在「後門」處準備拿錢。

這樣看來，繳費確定型退休金計畫是不是只有在前門人數多於後門人數的時候，才可以運轉實施呢？

好幾十年以來，聯邦政府挪用了社會保險金結餘，也就是社會保險稅收入與支出之差。政府以聯邦財政部公債的形式使用了這筆錢，近年來很多批評者指出，社會保險體系是一個騙局，信託基金中已經沒有錢了。

另一方面，政府官員又在反駁那些批評者，否認現行社會保險體系存在任何問題。二〇〇〇年，當柯林頓政府公開發表了那個聲明，聲稱的確存在信託基金虧空的現實，這代表著政府首次承認社會保險體系存在問題。這個問題，聽起來似乎與安隆公司存在的問題是不是沒有什麼兩樣？

一九五〇年代中期，當社會保險體系開始啟用的時候，它的運作情況非常好，平均四十二個人才負擔一個社會保險受益人。到了二〇〇〇年，就是三・四個人平均負擔一個社會保險受益人。到了二〇一六年，根據報告測算，社會保險收入將會少於支出，整個社會保險體系可能陷入破產境地。也就是說，在後門處等待拿退休金的人實在太多了。

我們在前面曾經講過，二〇一六年也是第一批嬰兒潮中出生的人年滿七十歲的高峰，光是那一年滿七十歲的美國人就超過了七十萬，而且，這個數量還會在往後幾年中持續上升。這也就是說，「完美風暴」還正在醞釀。

一九七九年，我還不能完全理解富爸爸為什麼對未來如此擔憂，我對像他這樣的富人擁有如此悲觀的預言而困惑不解，也很奇怪他為什麼關注這個問題。當然，儘管我不能完全理解他的推斷，我還是信任他，繼續打造自己的方舟。

因此，我放棄了那家公司銷售經理的職位，甚至其他一些薪水福利也十分誘人的工作機會。我沒有去任何公司尋找一份工作，相反的，我決定提早迎接真實世界的挑戰，而不是等到自己年老的時候。

到了一九九四年，我和金終於獲得了財務自由，打造了自己「避難」的生命方舟。在股市上揚的九〇年代末，我們的方舟運作良好；在二〇〇〇年股市出現動盪的時候，我們的方舟依然沒有受到多少衝擊，甚至賺到更多的錢。

現在，由於有了打造個人生命方舟的經驗，我更加理解富爸爸為什麼如此關注未來，關注他的兒子邁克和我將要面對的未來。

轉嫁難題

富爸爸關切這個問題的真正原因是，個人退休後的財務問題已經被轉嫁出去。因此，他反覆說：「『員工退休收入保障法案』將我們這一代人面臨的問題，推到了你們這一代人的身上。」

富爸爸給邁克和我非常重要的教誨之一，就是有關商人與政府官僚的區別。富爸爸說：「商人是解決財務問題的人，如果他們不能解決自己的財務問題，他們就會破產。相反的，如果政府官僚不能解決自己的問題，他們就會擱置這個問題。」

富爸爸並非政府的批評者，他只是一位觀察者。他說：「政府為社會解決了很多問題，政府利用納稅人的錢，為我們提供了國防、滅火、警察保護、道路建設、學校，還為那些生活困難的人提供了福利。但是，也有很多問題政府無法解決，當這些問題被擱置起來以後，常常就會變得愈來愈嚴重。退休之後馬上面臨的財務問題，就是一個不斷積聚的嚴重問題。這個問題愈來愈嚴重，因為期待政府解決這個問題的人太多，而這些問題其實是個人的財務問題。」

富爸爸擔心，永遠不會有人教育大家如何建立自己的方舟。多年以來，人們都接受著這樣一種教育，那就是設法依賴公司或者政府為自己提供的方舟。當問題變得非常複雜，難以解決的時候，通過的法律就將人們現在的退休金支出轉移到下一代人身上。也就是說，社會保險和「員工退休收入保障法案」將這一代的人退休後的支出轉嫁到了下一代人身上。

一九九六年，一種全新的繳費確定型退休金計畫面世。那就是羅斯個人退休金帳戶（**Roth IRA**），這項計畫的名稱源於提出這個議案的參議員。羅斯個人退休金帳戶只是為中產階級設計的新的繳費確定型退休金計畫，如果你是富人，就不能參與那項計畫。

羅斯個人退休金帳戶推出不久，我的稅務顧問打電話給我。她非常關注這項新的繳費確定型退休金計畫，該計畫允許參與者進入該計畫前已經納稅的資金，在自己退休後使用時可以獲得稅費減免。羅斯個人退休金帳戶再次轉嫁了問題，將嬰兒潮中出生者的問題轉嫁到將來幾代人身上。

羅斯個人退休金帳戶主要是為了增加稅收。她說：「如果你注意，就會發現羅斯個人退休金帳戶通過不久，政府預算就有了盈餘。我懷疑柯林頓政府通過這項法案的目的，就是要增加稅收，給大眾造成一種政府做得不錯的印象。問題在於，當嬰兒潮中出生的人開始退休，他們的孩子就不得不納稅補償未來的財務虧空。」也就是說，這個問題再次被轉嫁到下一代人身上。

幾乎同時，羅斯個人退休金帳戶成了中產階級的新寵。他們喜歡現在納稅，而在未來可以獲得收入稅減免。因為一九九六年股市上揚，很多人將羅斯個人退休金帳戶看作是天上掉下的禮物。資金、貪欲、上揚的股市以及羅斯個人退休金帳戶，都是這些人所需要的。因此，資金開始很快大量湧入羅斯個人退休金帳戶，湧入早已過熱的股市。股市一下子就像太空船那樣，迅速攀升。

政府獲得更多資金的途徑之一，就是讓很多人停止向自己的繳費確定型退休金計畫注入資金，轉而將資金投入到羅斯個人退休金帳戶上。這就意味著稅收員可以從中產階級那裡獲得更多的稅收，因為只有稅後收入才被允許進入羅斯個人退休金帳戶。

傳統的繳費確定型退休金計畫允許員工和雇主將沒有納稅的資金投入其中，這就意味著稅收員從這些資金中拿不到一分錢，他們必須等到員工退休之後才能開始徵稅。

透過建立羅斯個人退休金帳戶，很多人停止向自己公司的 401(k) 計畫供款，而將資金投入到新的羅斯個人退休金帳戶中。這樣，政府就可以在今天拿到更多的錢，而不必等到明天。問題就出在明天，那個時候，可供徵收的稅源將會大為減少。這將再次成為我們將要面對的主要問題之一。

不過，羅斯個人退休金帳戶還做了另外一件事情。它刺激沒有退休金計畫的人，開始建立自己的退休金計畫。很多人透過羅斯個人退休金帳戶涉足投資市場，大量的資金也從儲蓄帳戶轉到了投資市場，有些人甚至還舉債投資。如此多的資金進入股市，股市一定會持續走高。不少人就開始說：

「這一次與過去不一樣了，這就是新經濟。」到了一九九八年，許多本來不是投資者的人，前一年在股市碰上好運，現在突然認為自己也成了投資者，而且因為畏懼和貪婪而開始瘋狂投資。人們甚至放棄手頭的工作，擔任投資顧問。幾個年老的退休者組成了投資俱樂部，撰寫了一本書，開始提供投資建議。不幸的是，事後證明那些年老的退休者做的實際上並不像他們想像的那樣好。

不過，他們的舉動啟發人們組成了遍布全美國的投資俱樂部，我認為這的確是一個很好的創意。投資博覽會不斷召開，吸引了成千上萬栽了不少跟斗的投資人。到了一九九九年，擦皮鞋的人和計程車司機也在出售股市的熱門秘訣，整個股市一下子達到新高。一九九六年到二〇〇〇年，很多沒有企業投資的人，開始將自己輸不起的資金投入到股市上，股市狂熱還在持續。

在「員工退休收入保障法案」通過二十五年之後，貪婪和畏懼合而為一達到了頂峰。看到「小雞」們歡愉地叫著，「狐狸」開始露出了得意的微笑，它們知道現在到了自己品嚐一點勝利果實的時候了，雖然還不是全部。狐狸們明白，將來還有更豐碩的果實在等待著自己。

二〇〇〇年三月，這場盛宴終於暫告一段落，但毫無疑問，很多人還是不願相信這點。儘管緩慢，真實世界還是來到了。二〇〇〇年二月二十五日，《商業周刊》一篇文章的開始寫道：

凌晨兩點，吉姆・塔希（Jim Tucci）仍然盯著頭頂的天花板，這又是一個不眠之夜。他沒有在心裡計數催眠，而是在估算著自己在股市上面的損失。僅僅兩年時間，他自己的四十萬美元積蓄已經損失過半。他已經忘記了退休之後在高爾夫球場邊購置住宅，忘記了長期計畫中與妻子的義大利之行。塔希已經六十歲了，是位於波士頓地區一家答錄機公司的銷售經理，他承認在網際網路泡沫時代，自己在一場高科技股票的投機中栽了跟斗。然而，一年前，他只是投資那些績優股，例如ＩＢＭ、美林證券（Merrill Lynch）、通用汽車（General Motors）、美國達美航空（Delta Airlines）公司等公司的股票。現在，自己投資的那些股票已經損失四〇%的價值，塔希感到非常無助，他說：「我已經完了，我無法賣掉這些股票，因為我要承擔這麼大的損失。我打算絕不購買任何股票，而且即使打算購買，那我從誰那裡獲得建議呢？看來，沒有人能提供哪怕是一丁點誠實的建議了。這些天來，我只有反反覆覆地祈禱上帝保佑。」

文章接著寫道：

大約有一億名投資者，也就是美國成年人口的一半，與塔希的遭遇相關。他們是近十年來湧現的新投資者，主要是中產階級，居住在郊區的嬰兒潮中出生的人，他們接受了股市可以讓自己更加富有的觀念。他們為一九九〇年代以來股市的持續升溫歡欣鼓舞，但是實際上，自從二〇〇〇年春天，網際網路泡沫破滅引發的戰後第二大熊市以來，他們的損失高達五兆美元，也就是他們股票價值的三〇%。這不是大富翁遊戲中虛擬的錢，而是他們準備用來作為退休金、大學學費和給付醫療帳單的錢，是實實在在的錢。

問題愈來愈嚴重

轉嫁問題，而不是解決問題，只會使問題變得更加嚴重。安隆公司醜聞曝光後，人們第一次看到了這個問題的嚴重性，以及對於個人尤其是老年員工的致命影響，他們的401(k)計畫已經盪然無存。另一方面，他們明白社會保險、醫療保險即將破產，而孩子們將來比自己也好過不了多少。退休對於他們來說已經不是一個嚮往已久的夢想，而成了一場揮之不去的噩夢。

富爸爸向我進一步解釋說：「二十世紀初，當美國成為世界強國的時候，數百萬的農民開始離開農場來到城市，在嶄新的工廠中做起了報酬更高的工作。因此，美國的工廠很快地飛速發展，不過一個新的問題出現了，那就是如何對待年老體衰的員工？」

「因此，在大蕭條的年代，社會保險法案獲得了通過，」我想起了社會保險政策開始於一九三〇年代，就插了一句，「我想這個法案一定讓很多年老的工人非常高興。」

「是的，」富爸爸接著說，「直到今天也是如此。二次世界大戰爆發時，工廠又重新恢復了生機，這種情況一直維持到二次世界大戰結束。因為經濟繁榮，很多工會開始要求員工退休後能得到退休金。為了讓工會領袖滿意，公司管理高層同意了這個要求，收益確定型退休金計畫開始逐步推廣實施。」

「但是，問題依然存在，」我說，「一個人一旦不能工作後，如何生存的問題依然存在。」

「是的，」富爸爸肯定了我說法，「那就是問題後面的問題。那就是，一個人一旦不能工作之後，如何生存？正是這個問題引出了社會保險、收益確定型退休金計畫以及後來的『員工退休收入保障法案』。」

「那也是需要著力解決的問題。」我說。

富爸爸輕輕地點了點頭，他說：「第一次世界大戰時出生的那一代人透過政府立法，將退休者所需要的費用轉嫁給二次世界大戰時的這一代人，後者又透過退休金改革，將退休者的費用轉嫁給你們這一代人。」

「那麼，可以說，政府總是在轉嫁問題，而不是解決問題，」我接過富爸爸的話題說道，「那也成為你預言的前提基礎之一。」

富爸爸默默地看了我一眼，神情凝重，他似乎要告訴我，我現在才終於開始理解了那個問題日益嚴重的原因。

我靜靜地坐了好一會兒，慢慢領會富爸爸的觀點。就在這個時候，我的腦海中開始回想起一些著名政治人物的講演，他們都說會讓人們幸福，允諾將使人們對未來充滿希望。我忽然打破了沉默，大聲說道：「因此，你認為將會有一場巨大的股市災難爆發。問題並不在於股市本身，而是原來的問題沒有解決，卻不斷地被轉嫁下來，將來某一天，這個問題將會變得很大。將會像用紙板搭建的房子一樣最後難逃坍塌的命運。」

「很對，」富爸爸接著說道，「現在，太多的人都來希望政府解決自己的問題。政客們為了贏得選票，允諾將會解決這些問題。當然，我們知道一個政客為了取悅選民，再次獲得選舉，什麼話也可以說，什麼事情也可以做。我不是指責他們，如果他們告訴人們真相，就有可能馬上下台。因此，這個問題不斷積聚，政府變得愈來愈龐大，納稅額也不得不愈來愈高。」

羅馬帝國的興衰

當我在富爸爸身邊成長的過程中，他一直鼓勵我學習幾個偉大帝國興衰的歷史，其中之一就是羅馬帝國。有一次，富爸爸說：「羅馬帝國擁有很大的本領征服人民，讓他們負擔很高的稅款，創建了一個龐大的帝國。當人們紛紛離開羅馬帝國征服的土地，來到像羅馬這樣的城市的時候，羅馬帝國就開始面臨困難。」隨著羅馬城的擴張，統治者擔心城裡的人因為沒有工作、住房和食物而發生暴亂。因此，羅馬帝國提供食物給他們，建造了像羅馬圓形大劇場那樣的娛樂設施娛樂他們。很快，羅馬城就成為那些渴望娛樂與食物的人心目中的一個偉大城市。

「因此，羅馬就成為了一個福利國家，是嗎？」我問道。

「羅馬不僅是一個福利國家，而且擁有龐大的官僚機構。他們不僅沒有解決已經存在的舊問題，相反，還產生了更多新問題。另外，那還是一個特別好訴訟的國家，每個人的訴訟率甚至超過了現在的美國。因為在羅馬，愈來愈多的人因為自己面臨的問題而指責別人，而不是自己解決這些問題。結果，問題愈演愈烈、愈積愈多。而且，他們產生的問題愈多，需要的官僚也愈多。結果，他們積聚的問題愈來愈多，政府官僚也愈來愈龐大。」

「那麼，他們如何負擔和控制這些問題呢？」我問。

「嗯，其中辦法之一就是他們建立了一支強大的軍隊。正如我所說的，他們懂得如何征服，征服人民就是他們的本領。為了支付控制人們的費用，羅馬帝國增加了帝國勞動階層的稅務負擔。很快，這些稅款就達到了很高的水準，很多農民開始離開土地，來到城市，因為在土地上生活已經沒有任何意義。人們想，自己勞動時所承擔的稅款太重，那麼為何不移居到食物和娛樂都很便宜、甚至完全免費的城市生活呢？」

「這樣，問題就繼續惡化，而不見好轉。」我接過富爸爸的話說。

「噢，那只是日益惡化的問題之一，」富爸爸說，「正如我前面講的，愈來愈多的農民離開了土地，來到城市，那就意味著糧食產量和稅收都開始下降。」

「他們如何解決這個問題呢？」我問。

「他們運用了所有以軍事為基礎的征服國家慣用的方法，羅馬通過了一項法令，宣布農民離開土地都屬非法。也就是說，現在農民被固定在土地上。如果他們離開，法令允許政府懲罰他們的親戚。」

「難道這些也沒有解決問題嗎？」我問。

「是的，而且因為羅馬人無法解決自己的問題，羅馬帝國也就開始衰落了。」富爸爸接著總結說，「如果我們美國人不能解決自己的問題，同樣的事情也會發生。」

二〇〇一年，布希總統上台。就在他入主白宮之前，又出現了一次股市危機，並且引起了經濟不景氣。當時，我們的預算尚有盈餘，為了解決問題，布希政府立即實施減稅計畫，聯邦準備理事會（Federal Reserve）不斷調低利率，希望能夠刺激經濟。

美國是下一個阿根廷嗎？

很多美國人不喜歡將美國與日本比較，很多美國的經濟學者說，現在日本發生的事情，不會在美國重演。我基本上表示同意。如果可以比較的話，我認為美國未來可能發生的事情，很可能就像今天的阿根廷。

就在幾年之前，阿根廷還是一個富裕的工業國家，是一個經濟「發動機」，生活水準相當高。那是一塊富有的土地，是讓許多歐洲人著迷的地方，從很多方面來看，它更像歐洲，而不是南美洲。但是，短短幾年時間，這個非常富裕的國家就成為一個貧窮、債務纏身、貨幣疲軟、陷於破產的國家。資金流失，富人出走，稅負嚴苛，貨幣大幅貶值，腐敗遍地。整個國家就有可能陷於無政府狀態。

二、三十年之後，美國會不會出現這種狀況？很多美國人認為答案是否定的。不幸的是，太多的美國人還希望政府解決他們面臨的問題，我擔心最後不是去真正解決問題，老一代的美國人將可能會投票支持政府增加稅收。隨著最受人們歡迎的社會保險法案的通過，我擔心那些依賴社會保險的人（他們將很快就成為選舉的一支重要力量），將會再次投票支持政府讓更年輕的一代人來照顧自己。如果這一切真的發生，稅金就會像火箭一樣急速飆升。羅馬帝國的衰亡經歷了數百年時間，現在隨著資金轉移速度的加快，偉大的美利堅帝國在很短時間裡就有可能徹底崩潰。

富爸爸指出，羅馬帝國衰亡的原因之一，就是因為他們從來沒有從征服和稅收這些基本活動中轉換過來。如果他們順利實現了轉換，羅馬帝國或許可以延續好幾世紀。

不幸的是，偉大的帝國好像總是遺忘了自己也需要實現轉換。同樣，西班牙也是一個偉大的國家，其發展更多的是透過爭奪、獲取而不是創造。因而，在富強之後，就迅速衰落了。西班牙的衰落，主要原因也在於自身沒有實現轉換。

如果美國人願意真誠地面對這些問題，允許人們和企業徹底解決這些問題，那麼，就很有可能避免羅馬帝國以及西班牙式的悲劇。二〇〇二年二月，美國前聯準會主席葛林斯班在演講中呼籲，大家需要學習財務知識。他還講到了轉換的必要性，他說，如果美國想轉換發展成為一種人類文明，繼續作為世界強國，那麼就非常必要讓我們的孩子在學校接受財務知識教育。

富爸爸可能會完全同意葛林斯班的觀點。事實上，在很多方面他們意見相近。富爸爸曾經說：「政府試圖透過補助金錢的辦法，解決窮人的問題。但給窮人錢，只會產生更多窮人。他還常常說：「如果我們不能提升孩子們的財商教育，他們就無法解決我們轉嫁給他們的財務問題。如果我們不能解決這些問題，美利堅帝國也就來日無多、日薄西山。你們這一代人應該在這個問題發生之前，就設法予以解決。」

我們都有好多年時間來解決這些問題，因此我鼓勵大家現在就開始解決這些問題，而不是將這些問題轉嫁到下一代人身上。而且，現在這個問題已經大到無法再轉嫁的程度了。嬰兒潮中出生的人，如果真誠地面對這個問題，仍然有時間解決。本書就是想請大家開始行動。

富爸爸對美國的前景非常樂觀，他說：「儘管美國也是一個軍事強國，但是卻沒有運用自己的軍事力量巧取豪奪。美國運用自己的軍隊保護自己的商業航線，維持世界秩序。美國也是一個商業強國，它具有自己創造而不是爭奪的能力。」他還說：「針對個人退休之後如何生存這個重大問題，現在到了運用我們的商業力量，創造出解決方法的時候了。如果整個國家都解決了這個問題，美國將會發展成為更偉大的世界強國。」

如果我們沒有解決這個問題，那麼，距離自己財務生涯中的「完美風暴」就已經相當接近了。

第九章

完美風暴

我看過著名電影明星喬治・克隆尼（George Clooney）主演的《完美風暴》（*The Perfect Storm*，台灣上映片名為《天搖地動》），影片真實記錄了一艘漁船同時遭遇一連串惡劣天氣後最後沉沒的經歷。漁船同時遇到了颶風、暴雨等可怕的氣象條件，雖然船員們奮力救險，結果還是沒有逃脫厄運。從很多方面來說，二〇〇〇年都代表著一種「完美的財務風暴」開始到來。

二〇〇〇年在整個人類歷史上，也是非比尋常的一年。四百多年前，一位預言家曾經說過，一九九八年，第三位反對基督的人將會出現，現在很多人相信賓拉登可能就是這個人。你或許還記得電腦千禧蟲，那有可能癱瘓整個世界。我還聽到有人講，二〇〇〇年是世界末日，從某種意義上來講也的確如此，至少依照我們知道的消息。

我已經介紹了收益確定型退休金計畫向繳費確定型退休金計畫轉變的重要性，收益確定型退休金計畫是工業時代的退休金計畫，繳費確定型退休金計畫則是資訊時代的退休金計畫。現在很多人開始意識到，工業時代與資訊時代的規則已經有了很大的改變。

例如，在工業時代，員工有所謂的工作安全和對公司的忠誠度，到了資訊時代，員工的工作安全和對公司忠誠度已經相當淡薄；在工業時代，隨著年齡的增長，你也就愈有價值，在資訊時代，情況則恰好相反，尤其是在科技領域。工業時代末期與資訊時代開始的變化，進一步加劇了即將到來的金融完美風暴。

世界各地的海員都熟悉這句話：「晚上天色發紅，海員們樂；早上天色發紅，海員們愁。」美國海運學院（U.S. Merchant Marine Academy）是一所培養商業船隻（例如油輪、貨船、客船、拖船、渡船、駁船）指揮人員的學院，我曾經在那裡獲得了學士學位。正如諾亞有建造方舟的遠見，學院一直要求學員時刻警惕即將到來的天氣變化的先兆，注意還不大能看得到的天邊所出現的細微變化。這些訓練讓我在商業生涯中也獲益匪淺。

我認為，很多人不能預見即將到來的變化，只是因為他們無法看到工業時代與資訊時代的區別。正如很多人不了解收益確定型退休金計畫與繳費確定型退休金計畫的區別，很多人也沒有注意到現在還沒有出現、但是即將到來的變化。

在任何風暴來臨之前，例如颶風來臨之前，人們在岸邊就開始能感受到風、水和空氣的變化，今天我們就能感受到這些。很多人都已經覺察到這種變化，但是大多數人還不能確定風暴的方向、強度以及精確的登陸地點。不過，如果我們身處岸邊，大多數人都明白需要採取一些不同於以往的措施。

八大變化

以下就是我看到的一些讓人非常擔憂、驚訝、興奮的變化，這些變化將會促成完美風暴的來臨。

★變化一：無數人年老時陷於貧困

二次世界大戰時誕生的那一代人，年邁時擁有穩定可靠的工作、退休金和醫療保險。從嬰兒潮中出生的那一代人開始，一切發生了變化。儘管我們感受到現在風力的變化，我認為這次風暴將在二〇二五年前後全面爆發，也就是大約在「員工退休收入保障法案」通過五十年後。二〇二五年，數以百萬嬰兒潮中出生的這一代人將會步入八十歲大關，但是卻沒有錢，上帝留給自己的時間也已經所剩無幾，而且處在一生中最需要醫療保險的時候。然而那時政府的社會保險和醫療保險計畫可能已經破產，如何照顧大量貧窮的老人可能會成為後代人的嚴厲挑戰。

★變化二：醫療費用將會更加昂貴

二〇〇〇年，股市和共同基金價值暴跌，醫療費用卻上漲了十七個百分點。如果再考慮到很多醫護人員可能最後也要離開這個工作崗位，而那個時候嬰兒潮中出生的一代人卻急需他們的服務，這又會是另一場蓄勢待發的風暴。

★變化三：恐怖主義將會加劇

二〇〇一年九月十一日，我和金在義大利羅馬的一家飯店登記房間。服務生將我們的行李箱放在地板上，拿著遙控器，打開了電視機，突然他手中的遙控器掉在地板上。我和金看到了我們大家看過好多遍的畫面——兩架大型客機撞向紐約世貿中心。因為電視台用的是義大利語，我們無法聽懂電視評論員在說什麼，但是服務生可以聽懂。他呆呆地站在那裡，半天說不出一句話。後來，我們將電視頻道調到了英語台，開始意識到多年前預言的事件終於發生了。

為何會說之前已經有了預言，是因為有一本我推薦大家閱讀的書——《大預言》（*The Great Reckoning*），作者是詹姆士・戴維森（James Dale Davidson）和洛德・里斯莫格（Lord William Rees-Mogg）。書中講述了美國即將到來的大蕭條。該書第一版在一九九三年面世，恰好在世貿中心第一次受到恐怖襲擊之前。該書中有很多預言，不少已經變成了現實，儘管有些預言的時間並不十分精確。我過去讀過他們一些關於未來的預言，其中有很多也變成了現實。

在該書中，戴維森和里斯莫格認為，恐怖主義由於成本低廉，將可能大量增加。武裝一個恐怖分子無需多少資金科隆比納中學（Columbine High School）、炭疽信件、城市流氓、種族衝突、南美洲的毒品加工廠，當然，還有賓拉登都已經證明了這一點。恐怖主義在全世界蔓延，而且因為恐怖主義利用了人們的畏懼心理，媒體一直在報導這些。即便什麼也沒有發生，恐怖主義也非常有效。因為對恐怖主義的畏懼，其實就像恐怖主義行為本身一樣有效。每次當我聽到政治領袖警告說恐怖主義威脅正在上升，我就知道，恐怖主義已經再次獲勝，因為政客這樣說就等於為他們工作。正如戴維森和里斯莫格所說的，恐怖主義代價真的很低，而且會不斷蔓延，即便我們摧毀了賓拉登以及他們的網路，我們還是不能消滅恐怖主義的起因。

「九一一」事件發生一個月後，美國一個電視主持人採訪了一位來自以色列的反恐專家。電視主持人說，我們轟炸了阿富汗，因此現在美國很安全。那位反恐專家馬上反駁說：「對於美國來說，這場恐怖襲擊只是個開始。」

那位電視主持人接著說：「但是，你們以色列已經有好多年沒有發生劫機事件，我們將會借鏡你們的做法制止和預防劫機事件。」

「是的，我們確實成功地制止了劫機事件，但是我們不能制止恐怖主義。現在，在我們那裡，又有恐怖分子用炸彈襲擊購物中心、夜總會以及其他人口密集的地方。」這位反恐專家接著說，恐怖主義的新動向就是偷盜部隊的制服和裝備，走到擁擠的購物中心，扮作來保護購物者，騙取信任，然後襲擊他們。

反恐專家最後說：「恐怖分子的這種做法，在人們心目中造成了很深的印象，那就是我們的士兵和警察都有可能是恐怖分子。現在，人們不再相信任何人，也不再有感覺安全的地方，同樣的情況可能也會出現在美國。作為航班乘客，我總是在人群中被喊出來，接受搜身、測試和檢查。我記得只有違法的人才會被那樣對待。現在，每次乘坐飛機前，我們都會被當作是可疑的恐怖分子那樣，而不是守法的旅客。也就是說，現在，因為我們每個人都被當作恐怖分子一樣被對待，真正的恐怖分子已經取得了勝利。」

一九二〇年，一輛滿載炸藥的卡車停在紐約股票交易中心和摩根銀行前面。卡車爆炸後，造成了很多人死傷，主導那個卡車爆炸案的人最後沒有抓到。如果去紐約，現在還可以看到附近建築上的疤痕。這不是針對資本主義世界的第一次襲擊，也不是最後一次襲擊。

恐怖主義並不只意味著很多地方，例如購物中心、餐館、教堂、辦公大樓等會受到影響，因為很多與航空公司有關的企業也受到了影響。因為恐怖主義費用低廉，任何人都可以成為強悍的恐怖分子，根本無需來自國外才能成為恐怖分子。恐怖主義的問題在於，它的最大效用就是恐怖思想，而這種思想在資訊時代的傳播速度勝過了以往任何時候。也就是說，儘管恐怖主義長期存在，在資訊時代，恐怖主義的威力將會更大。

★變化四：當今世界第二大經濟體——日本，現處於經濟崩潰和衰退的邊緣

許多人還記得，就在幾年以前，日本經濟還是世界上最耀眼的明星。成千上萬的美國人開始學習日本人經營企業的模式。突然，幾乎是一夜之間，一切都已經改變了。

同樣的事情會在美國發生嗎？很多美國人對這種問題十分震怒，現在有些人卻再也不敢那麼確定。無論如何，我們從曾經是世界經濟發動機——日本的衰退中可以得出一些教訓。其中一些教訓就是：

- 日本生育高峰出生的人在一九八〇年代後期陸續到了退休年齡，與之相對，美國嬰兒潮中出生的人將會在二〇一〇年開始退休。到時候，美國退休人口將會對經濟帶來什麼影響？會不會出現與今天的日本類似的情況？
- 日本退休人口仍然控制著政府。問題是，到了二〇一〇年，誰來控制美國？年邁的嬰兒潮中出生的人，能夠像日本的老人那樣控制政府嗎？如果年邁的嬰兒潮中出生的人，退休之後仍然控制著國家，那麼增加稅收滿足他們需求的法案就可能獲得通過。如果年輕一代負

擔的稅款提高，美國經濟下滑速度可能加快，因為大量的企業可能就會遷移到對於納稅相對較低的國家和地區。

- 日本固有的經濟文化反對變革。在日本有一種說法，土著就是指他們的家庭在島上生活了五百年以上。日本的問題之一，就是人們居住在一塊土地上，與世隔絕，生活了數百年。它的文化基礎讓任何改變都要花費很長時間。除過印第安人，大多數美國人並不是土著居民。這就意味著美國不會像日本那樣，還有數百年的文化傳統需要對付。然而，即便大多數人不是土著居民，我們仍然從很多變化太慢和適應變化的世界太慢的教訓中得到很多教益。很多在經濟上落伍的人，其實常常是那些固守舊有思維模式和處世方式的人。不論好壞，我們都可以從土著居民和他們的文化中得到很多啟發。
- 日本人接受過良好的教育，工作勤奮，團結合作，信仰宗教，儲蓄率高。不過，即便擁有這些美德，日本還是無可避免地走向了衰退，為什麼呢？

作為一個第四代日裔美國人，我非常熟悉日本和美國文化。我可以說出日本人值得我們學習的一大特點，在日本文化中，人們非常愛面子，丟臉是非常恥辱的事情。丟臉、失敗是切腹、自殺的原因。也就是說，在日本文化中，死亡甚至要比丟臉更好一些。

美國則不是這樣，一九八六年通過的「美國稅務改革法案」，將數以兆計美元的房地產化為烏有。那個法案改變了規則，取消了一些讓房地產增值的虛假稅收優惠。接著，股市、房地產市場、儲蓄貸款都迅速下滑。聯邦政府沒有緊緊抓住股價過高、過分槓桿化的房地產市場，而是積極插手，造成了儲蓄和貸款業破產。

聯邦政府的機構——清理信託公司（the Resolution Trust Corporation，RTC，又稱資產重組託管公司）組成了，它將數以兆計美元的房地產低價出售。也就是說，美國政府意識到因為他們犯了些錯誤，國家遇到了麻煩，他們想盡快處理掉房子。日本卻一直沒有那樣做，銀行還是緊緊抓住貸款很多的房地產業不放。他們不願意承認自己犯了錯誤，還想繼續挽回面子，希望自己投資組合中的房地產能夠升值。

也就是說，日本緊緊抓住不放，而不是清理掉自己手頭的房子。為了挽回面子，日本銀行、政客以及人民在世界範圍內蒙羞。挽回面子的需求，破壞了日本經濟，破壞了接受過良好的教育、工作勤奮的日本人的經濟，而這些原本都是世上所有人都應該努力從日本人身上學習的事情。如果美國不能從中接受教訓，就很有可能步上日本的後塵。

我曾經寫過，儲蓄者與投資者的區別就如E象限與I象限人的區別一樣。E象限與I象限的最大區別就在於，專業投資者懂得迅速除掉自己的損失。專業投資者不怕承認自己犯了錯誤，他們不願意保住面子，他們想的是保住金錢。當他們做了一項不好的投資時，他們會很快處理掉，即便損失了一些錢。我看到過很多不算真正投資者的人，他們購買了一項投資，而且不論其價格跌到那種地步，都牢牢抓住不放。那也就是在安隆公司很多員工身上發生的事情。忠誠和堅韌是一個員工美好的特點，但是對於投資者來說，卻實在不是好東西。一個真正的投資者對於任何投資都沒有很高的忠誠度，如果該項投資開始走下坡，他們會很快地處理掉損失，繼續尋找好的投資。我看到過很多普通投資者，他們的所作所為與日本人完全一樣，他們不願承認自己犯了錯誤，拚命抓住自己的投資不放，直到最後滿盤皆輸。

多年以來，我曾經從很多投資失敗者那裡聽到過下面這些話，他們不願承認自己犯了錯誤（我自己也曾經這樣對自己說過）。當股票價格下跌的時候，我聽到他們說：「這只是一個小小的調整，我知道將會反彈。畢竟，平均來看，股市還是一直在走高。」等到股票跌到了最低點，他們又會說：「只要你手頭的股票不出手，就不會有損失。我要繼續持有這支股票，直到價格反彈，那個時候我才會賣掉它。」或者說：「一旦股票開始賺錢，我就馬上賣掉它；只要這個股票沒有賺錢，我就要繼續持有它。」

如果股票連續下跌了好幾個月，他們又會說：「我打算長期投資。」當聽到不同國籍的人說出諸如此類的話，我就想起了日本人的個性特點，那就是非常看重表面的聰明、正確，保全面子。說起來也很有意思，我們美國人現在好像也成為那樣好面子的民族了。

如果想成為專業投資者，你就需要學習美國人的迅速處理損失，而不是像日本人那樣寧願去死也不願意丟了面子。損失金錢並非很丟臉的事情，損失金錢、成為輸家主要是由於自大與無知，而自大與無知的人隨處可見。

務請牢記富爸爸教給我有關贏家和輸家的區別，他說：「輸家除掉了自己贏家的那一面，緊緊抓住自己輸家的一面不放；贏家除掉了自己輸家的那一面，緊緊抓住自己贏家的那一面不放。」對於富爸爸而言，那是他生活的黃金法則之一。現在，隨著年齡的增長，我懂得了這個法則對於我自己是何等珍貴，尤其在我違反了它的時候。我還看到很多人在違反這個規則，死命抓住已經失敗的工作、企業、婚姻、朋友、投資、思想等不放，只是為了避免承認自己犯了錯誤。在美國，我們常常不把這種現象稱為保全面子，而是看作自欺欺人的愚蠢行為。

★變化五：中國將成為世界上規模最大的經濟體

當位居世界第二的日本經濟處在衰退邊緣的時候，中國開始走向世界第一大經濟體。美國的經濟在萎縮，同時，中國的經濟卻是一片繁榮。據估計，二〇二〇年左右，中國有望超過美國成為世界經濟的發動機。正如二〇〇二年五月六日，《商業周刊》的一篇文章中所指出的，中國擁有世界二十一%的人口，幾乎擁有無限的人力資本。現在，中國打開了國門，參加了世界貿易組織，它的經濟影響剛剛開始顯現。

所有這些因素都將引起一場金融界的完美風暴，正當美國嬰兒潮中出生的人開始步入老年，中國的繁榮卻將會達到頂峰。中國的崛起，伴隨網際網路的擴張，以及隨之帶來的新興技術，一定會帶來一個全新的世界。可以肯定，美國以及全世界富人和窮人之間的差距會加大。那些緊隨世界變化的人，將會變得前所未有的富有；那些不能緊隨世界變化的人，將會在經濟和專業上變得更加落伍。

一二七一年，一個名叫馬可波羅的年輕人來到中國，尋找一個工業和貿易繁榮的大國。當時，歐洲國家剛剛進入世界商業的邊緣。毫無疑問，當馬可波羅從中國返回歐洲後，歐洲就超越中國成為世界巨頭。一四九二年，哥倫布向西航行，希望尋找一條前往亞洲的最短路線，從此以後，世界就發生了根本的變化。一五〇〇年左右，西班牙藉著搶劫南美洲黃金，很快成為世紀經濟強國。接著，世界經濟強國的寶座在歐洲國家間傳遞，從法國到荷蘭，然後到了英國。

從一六〇〇年到一九〇〇年，美國還只能算一個不發達的第三世界國家，一個充滿了投資風險的國家。一九二〇年，第一次世界大戰結束後不久，世界經濟強國的寶座轉到了美國。不過今天，在經過了多少年之後，中國統領世界的時代看樣子又要來臨。龐大的勞動力資源，低廉的勞動力價格，以及各種嶄新的技術，誰知道將會發生什麼？

二〇〇一年，我發現了很有意思的一幕：正當美國開始在阿富汗復仇轟炸的時候，布希總統卻不在白宮。他在哪裡呢？是在阿富汗前線鼓舞士氣嗎？不，他在中國，與一些企業界領袖如微軟公司的比爾・蓋茲（Bill Gates）、惠普公司的卡莉・費奧里娜（Carly Fiorina）討論商業之事，而不是戰爭。如果我三十歲，而且正考慮長期任職於一家公司，我可能會很擔憂。為什麼呢？因為他們討論的主題就是：「任何在美國生產的東西，將來都可以在中國生產。」這對於追求工作安全的美國公司中階管理人員，或者生產線工人可不是什麼好消息。

每次去中國旅行，我好像依然能聽到羅斯・佩羅特（Ross Perot）的話：「來自美國南部邊界的喧囂都是圍繞工作。」他的意思是，在簽署了「北美自由貿易區協定」（NAFTA）之後，美國人大量的工作機會就讓給了墨西哥。未來幾年，這種喧囂的聲音將會愈來愈大，但不是來自墨西哥，而是來自中國和其他國家。在那些國家，技術已經得到廣泛傳播，勞動力成本低廉，很多人都有聰明年輕的大腦，渴望致富，渴望過上我們現在享有的好生活。

一八〇五年，威廉・普萊費爾（William Playfair）曾經指出：「一個基本的結論是，財富和權力從來不會長久地停留在某個地方，它們總是在地球上到處遊走，就像一支商隊。它們所到之處，遍地都是生機和希望。它們在的時候，總是匆匆忙忙，物質極大富足；它們離開之後，留下的都是滿目瘡痍、一無所有和貧瘠絕望。」

我們都聽過這種說法，「富不過三代」。也就是說，因為先輩的辛勤勞作，獲取和保持財富，第三代人毫無感激之心，他們不是重新投資和創造真正的財富，而是肆意糟踏，盼望生活舒適悠閒，這樣，家族的財富也就隨之喪失殆盡。為什麼他們還要努力地學習和工作呢？畢竟，爸爸媽媽和爺爺奶奶已經透過努力擁有了大量財富，他們可以給孩子任何想要給他的東西。孩子也希望生活順遂，只是簡單地想去上學，謀得一份高薪職位，擁有漂亮的房子和車子，然後將錢投入股市，股價上揚，他們很快致富。我們是不是也抱著同樣的希望呢？如果每一代人之間年齡相差二十五歲，那麼自從一九二〇年以來，美國人已經到了自己的第三代或者第四代了。嬰兒潮中出生的這一代人，也就是一九二〇年以來的第三代人，是不是曾經揮霍了大量財富呢？是不是已經到了財富和權力決定離開美國的時候了呢？

★變化六：世界人口將繼續老化

許多人都曾經聽說過這種理論：數百萬年之前，宇宙中的小行星與地球相撞，毀滅了地球上的恐龍。如果日本經濟改革沒有很快發揮作用，日本可能就是與世界經濟體系相撞的金融行星，就會

今天的日本、法國、德國和美國

資產	負載
大量工人	少量退休者

明天的日本、法國、德國和美國

資產	負載
少量工人	大量退休者

毀滅很多金融「恐龍」。

這就是將來有可能發生的事情。正如我們所看到的，日本人生來節儉、積極儲蓄、努力工作，如果他們的經濟放緩，他們就可能減少消費，工作更加努力，試圖透過增加出口解決財務困難。那就意味著他們可能會大幅降低所有產品的價格，而其他國家和地區也會為了保持自己的競爭力而降低產品價格。最後出現的情況是，世界各地很多人的薪水都會隨之降低。

即便日本不會破產，它的經濟也會面臨與美國、法國、德國等相同的問題，那就是人口嚴重老化，年輕人數量不足。日本、德國和法國這三大經濟體如何因應人口高齡化的挑戰，也會對美國經濟的未來產生重大影響。

如果將工人和退休者人口看作資產和負債，那麼人口老化問題就可以用下列圖表表示：

在工業時代，工人的數量大於退休者。當我們進入了資訊時代，退休者壽命更長，我們社會就需要特別強調如何照顧老人。

中國面臨著相似但又不完全相同的問題。中國的挑戰是獨生子女政策，這是他們在不久的將來需要處理的問題：

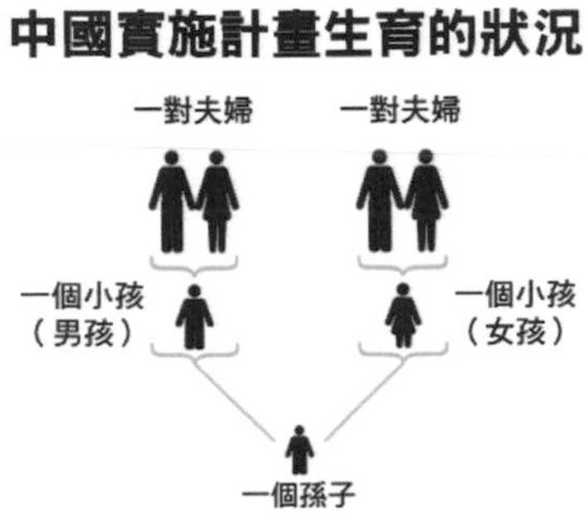

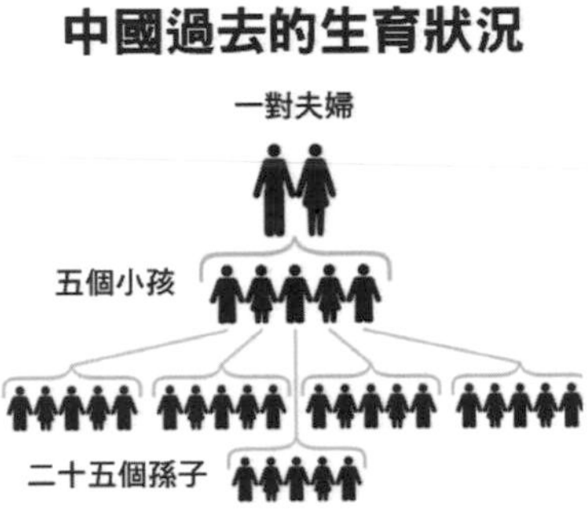

不久以後，一個孫子就有可能需要奉養父母兩人、祖父母四人。如果將這種政策繼續擴展到下一代，那麼你就只有一個曾孫，他需要贍養父母兩人、祖父母四人、曾祖父母八人，將會遇到讓人望而生畏的財務壓力。

新加坡也面臨同樣的挑戰，那裡的人口出生率如此之低，以至於政府不得不出面，直接用資金鼓勵人們生育更多孩子。另外，新加坡也通過了一項法律，要求子女必須對父母的財務負責。也就是說，如果一個子女沒有奉養自己的父母，就有可能會被送進監獄。

★變化七：華爾街已經陳腐過時

占據了世界經濟舞台多年之後，實際的交易場所概念已經過時，例如紐約證券交易所即將成為歷史。現在，我們已經將股市搬到虛擬的電腦空間。隨著世界上其他地方的人陸續上網和意識到在網上買賣股票，很多網上交易商帶著筆記本電腦和來自股市的即時報價資訊，在網上進行交易，未來的證券交易場所就是這種虛擬的電腦空間。

股票經紀人在很多方面，都是工業年代的象徵，同時共同基金也像是巨大緩慢的飛行船；動作迅速、獨立的投資者只需稍加觀望便可輕易預測其一舉一動。這也意味著，聘僱傳統股票經紀人代為投資者，同樣是工業年代的恐龍。在資訊年代，更快、更靈活、受過更佳訓練以及面臨較寬鬆法規限制的個人投資者，將會在這場世界上賭注最大、速度最快，一周七天、一天二十四小時不間斷的全球布局遊戲中，大獲豐收。事實上，已然如此。

二〇〇二年二月二十五日，《商業周刊》的封面文章標題是「被出賣的投資者」，標題下寫道：「一九九〇年代，一批新的投資階層成為一支強大的經濟和政治力量。現在，他們很多人感到被華爾街、公司、會計師和政府誤導了。」文章寫道，一些投資者向經紀人創紀錄地提出三百四十一項集體訴訟，要求經紀公司賠付一百四十億美元。他們「指控經紀人為了獲得原始股（ＩＰＯ）分配回扣，設法誤導投資者，而個人對於不良建議的抱怨也在急速攀升。」其實，並不是像文章題目所說的「被出賣的投資者」，更準確說法應該是「陳腐過時的投資者」。透過傳統的經紀人和經紀公司買賣股票和有價證券的體系就像一隻恐龍，一隻工業時代的霸王龍。現在，如果你有一台可以上網的筆記本電腦，你就可以擊敗華爾街和來自世界各地落伍的投資者。現在，股市是一個虛擬電腦空間，你卻可能是真正的投資者。

★變化八：大公司將失去大眾信任並陷於破產。

《商業周刊》二〇〇二年五月六日的封面文章是：「公司管理的危機——過高的薪水、軟弱的領導、腐敗的分析師、自滿的董事會、可疑的會計帳目，如何改革這個體系？」文章中寫道：

最新一波的懷疑論可能源自於安隆公司的醜聞，但是隨著公司不當、錯誤的行為一次次地被披露，最近十年來在經濟繁榮中企業建立起來的善意可能會喪失殆盡，懷疑和不信任會進一步蔓延。美國證券交易委員會的調查、指控、犯罪辯解、政府處理、財務重報、罰款等無情指控的新聞標題，只會讓人們認為這個體系天生就不是公平的。

從很多方面來說，安隆公司以及與它做交易的安達信會計公司都是一個特例，是一個「完美風暴」。在那裡，貪婪、過分的疏忽以及徹底的欺騙一起毀掉了美國兩家非常大的公司。不過，道德上某種程度的鬆懈甚至已經襲擊了最好的績優股公司……

資本主義的誠信原則正處於危險之中。

（註：變化八中引用的《商業周刊》論述補進了本書的最後定稿，恰好是在我將本章題目定為「完美風暴」之後。我覺得非常有意思的是，《商業周刊》作者在他們的文章中也運用了同樣一個詞。或許，我們的確應該對此多加注意！）

「雞舍」外的生活

一九七四年，當我必須決定是要步上窮爸爸的後塵，還是依循富爸爸的道路時，富爸爸向我提出了這個幫助我最後決策的建議。他說：「當你的爸爸建議你重返校園拿到碩士學位，以便尋找一份更好、更安穩的工作時，他是在談論『雞舍』內的安全。很多人認為你爸爸的建議很好，因為他們也是在尋找『雞舍』內的安全。很多人想要一份安全的工作、穩定的薪水、良好的福利以及安全的退休。那是一種『雞舍』內的生活，我的建議是為了應對『雞舍』外的生活。因此，你需要從兩者之中做出選擇。當我十三歲的時候，我被迫面對『雞舍』外的生活，而且我在『雞舍』外待了一輩子。那也就是你今天所面臨的選擇，你需要對究竟生活在『雞舍』外，還是『雞舍』內做出選擇。相信我，這是完全不同的兩種生活。」

一九七四年，我選擇生活在「雞舍」外面。一九七九年，我不得不再次面臨選擇。正如大家所知道的，我當時一無所有，沒有錢、沒有工作、沒有棲身之處。在我申請那份薪水很高的銷售經理職位時，雞舍對我充滿了誘惑。讓我有勇氣堅持下來，最後拒絕了那份工作的動力之一，就是富爸爸關於雞舍的簡單故事。

儘管我又用了十五年時間，才感受到雞舍外生活的舒適，我仍然要說這個實踐過程是值得的。現在，當我聽說有人失去了工作、退休積蓄、房子或者未來的希望的時候，我就不禁回想起富爸爸說過有關雞舍的簡單故事。

我知道，雞舍外的世界對於很多人來說都看起來有些可怕。幾乎沒工作也沒錢，連機會也愈來愈少。但是，我可以肯定地告訴大家，雞舍外的生活刺激、樂觀又活潑、充滿了前所未有的機會。我和朋友們都好像在閱讀一個悲劇故事，不過在我的世界中，有更多的金錢、更多的機會以及前所未有的樂趣可以得到。在我看來，這僅僅只是從雞舍外或者雞舍內看待世界的問題，也僅僅只是聽取什麼人建議的問題：你是聽從雞舍內人的建議，還是聽從雞舍外人的建議？的確，正如人們常說的：「關鍵是看你站在哪裡」。

顯然地，一九七四年，我選擇了學習在雞舍外生活。在我做出決定之後，富爸爸對我說：「雞舍外的生活到處可見說謊者、騙子、娼妓、懦夫、白癡、失敗者，也經常可以遇到了聖人、勇士、高尚者、贏家和天才。如果你選擇了雞舍外的生活，你就必須學會與他們所有人打交道，因為只有與他們接觸之後，你才能了解他們。」也就是說，我在雞舍外的每一次交往，每個人都會做出聖人、勇士、高尚者、贏家和天才的樣子來。有時候，在打交道的過程中，不論結果怎樣，你才可以弄清楚自己接觸的人是不是說謊者、騙子、娼妓、懦夫、白癡、失敗者，或者他們的確是聖人、勇士、高尚者、贏家和天才。

富爸爸對我說，很多人畢業之後，就在大公司或者政府機構尋找一份安穩的工作，那都是為了尋找一個讓自己免受真實世界痛苦的地方。投資的時候，他們常常尋找同樣可以讓自己免受真實世界傷害的專案，這也是近幾年來共同基金成為重要投資的原因。我的朋友羅爾夫・帕特（Rolf Parta）是擁有MBA學位、CPA（註冊會計師）資格的前銀行產品經理，他曾經說過：「人們喜歡共同基金，原因在於他們認為共同基金是潔淨的。很多投資新手覺得共同基金安全，因為他們認為自己的基金經理能夠清除現實世界的許多細菌塵埃，給自己一個安全可靠的投資專案。」

在安隆公司醜聞和績優股公司的破產之後，很多投資者意識到雞舍內的生活開始有些像雞舍外的生活了。問題在於，很多人並沒有為雞舍外的生活做好準備，因此，我們正在向一場巨大的股市災難緩緩逼近。

《商業周刊》的文章「被出賣的投資者」講的是一個身處股市的投資者，仍然希望政府能夠加強管理保護自己。可以預言，他們沒有透過學習成為專業投資者，很多被出賣但很聰明的投資者仍然將留在股市，而且在退休之前出售共同基金，抓到他們最了解和最信任的現金。當這一切發生的時候，人類歷史上最大的股市危機就會上演，那些生活在雞舍外的人將會發現生活充滿了前所未有的樂趣。不幸的是，至今仍然生活在雞舍內的人，只能抱怨生活實在太恐怖了。

很多人將二〇〇〇年定為世界從工業時代向資訊時代轉化的界限，這種轉化正是股市和我們生活變化無常的主要原因。當「完美風暴」的風力逐漸加速的時候，雞舍內的人開始彈去履歷上的灰塵，動身尋找新的「安全」工作，或者緊緊抓住原有工作不放，不過他們很怕打開自己的退休金帳戶報表。也有很多人可能發現自己被迫離開了雞舍，遭到了解雇或者失業，內心恐懼，沒有接受過生存的財商教育。當颶風的怒吼嚇倒了很多人的時候，另外一些雞舍外的人卻去參加了颶風晚會。

本書的下一個部分，我們將繼續討論如何為未來做好準備，不論你生活在雞舍內還是雞舍外。

第二部分　打造個人財務方舟

富爸爸說：「每個人都有能力為自己未來的生存和發展打造財務方舟，不過，你必須首先在自己的財商教育上投入時間，盡力打造一隻堅實的方舟。」本書的第二部分就是寫給那些準備打造自己財務方舟的人，他們不願意坐享其成，不願意讓別人或政府為自己提供這只生命之舟。

第十章
打造個人的方舟

很多人已經明白，需要儘快打造自己未來的財務方舟。問題在於，「如何打造個人的財務方舟？」答案是：「首先看你向什麼人提出這個問題。」如果你向下列人士提出這個問題，可能就會得到各式各樣的答案。

1. 政客

現在，很多政治人物都說準備社會保險的途徑，就是讓年輕的員工將自己社會保險稅的二%到四%投入到個人投資帳戶上，接著由社會安全局（Social Security Administration，SSA）調低曾經許諾給他們的福利津貼。

我不大了解大家的情況，但是這種解決方案聽起來似曾相識。在我看來，這與繳費確定型退休金計畫如出一轍。我們的政府又一次在沒有提供必要財商教育的條件下，迫使人們盲目投資。

這個方案不僅聽起來很熟悉，而且，如果獲得通過成為法案，那就將意味著可能在二〇一六年之前，我們的社會保險基金就會出現赤字，因為可以用來支付給退休老人的資金更少了。今天提出這個法案的政客，心裡也明白自己將會在出現赤字之前早早退出政壇。看來，這個問題又會再一次被轉嫁給後來的人。

2.工會領袖

工會領袖可能會建議你，在一家工會力量強大、組織管理良好、退休基金和福利充裕的公司找一份工作。

作為夏威夷州教師協會的領袖，窮爸爸就是上述想法的積極鼓吹者。如果你喜歡這個想法，那麼最好就去政府機構找份工作。

3.教師

教師可能會建議你繼續留在學校，盡可能獲得更高級的學位。事實上，最好能拿好幾個學位，然後尋找一份安穩可靠、福利優厚的工作。

美國的高等教育機構，現在就坐滿了由於就業市場形勢嚴峻，不得不留在校園的人。僅僅幾年前，在網際網路熱潮中，很多學生為了在那些能提供股票選擇權的新創立公司找份工作，提前離開了學校。到了今天，他們很多人又重新返回校園，或者繼續到處尋找工作。

4.專業人士

很多人建議你上學，學習一門專業知識和技能，例如醫生、律師、工程師、會計師、電工或廚師。持有這種觀點的人，常常會說：「好好學習掌握一門可以終生依靠的技巧或手藝。」

也就是說，在這個工作非常不穩定的時代，一定要確保自己能夠獨立工作。這個群體包括數百萬的小企業主，也就是常說的夫妻店。

5. 財務顧問

我知道他們會說什麼，他們總是建議你提早動手，堅持自己的計畫，長線投資，多樣化投資。不過，這只是對普通投資者的好建議，而他們沒有告訴普通投資者的東西卻讓我擔憂。如果你是嬰兒潮中出生的人，年齡超過了四十五歲，他們的這項建議可能就沒有什麼真正作用。

6. 宗教人士

他們勸你按時參加禮拜，每天祈禱兩次，他們明白上帝會護佑自己。我不是要否定祈禱的力量，但是，我相信祈禱只能給人以精神的力量。我相信上帝也希望大家能夠管理好自己的生活，為自己和家庭提供所需的東西。

7. 股票經紀人

他們很多人勸你選擇某種股票，也樂於向你推銷共同基金。

8. 房地產代理商

儘管在多數情況下，房子只不過是一項債務，很多房地產代理商卻依然不遺餘力地鼓吹：住房是你最大的投資，也是最重要的資產。

9. 窮人

他們之中很多人認為，富人和政府應該幫助照顧那些不幸的人們。

10. 辛勞終生的人

他們認為應該終生工作，直到不能再工作的那一天，他們常說：「我從來沒打算過退休。」

11. 動物愛好者

因為他們熱愛動物，所以他們可能會勸你買下一隻猴子。他們可能勸你訓練猴子儲蓄，接著多樣化自己的共同基金，然後，教猴子選擇投資的共同基金目標。

12. 賭徒

他們會勸你，等到運氣好的時候，就去拉斯維加斯賭城。而且，即便感覺運氣不好，也應該在下班回家途中停下車，買一張彩券。

13. 淘金者

他們會勸你找一個富人，然後想盡辦法和他結婚。

14. 樂天派

他們認為，有什麼好擔憂的？在他們的觀念中，股市市場一直在不斷攀升。

15. 悲觀論者

他們認為，應該馬上修建一座防輻射落塵的避難所，儲存食物、水、黃金、槍炮和現金，做好應對世界末日的準備。

16. 夢想家

夢想家可能相信魔幻、虛構的景象，他們擁有防範惡魔襲擾的水晶球、芳香療法所用的蠟燭和風鈴。

17. 銀行家

銀行家總是勸你儲蓄、儲蓄、再儲蓄。等到你的戶頭上存進了一些錢之後，他們就打電話給你，介紹說他們還銷售共同基金、股票、保險、養老金以及其他金融規劃產品。

現在，即便會計師、稅務顧問、律師也插手這些事務。很多專業人士，例如會計師在處理你的納稅問題時，可能就在隔壁提供財務規劃服務。將處理這兩件業務分開的僅僅是一道薄薄的牆壁和營業執照，很難說他們所做的就是金融領域的工作，他們所提供的建議就是幫助你建立自己的方舟。

18. 富爸爸

他認為，應該掌握自己財務方舟，購買或者建立帶來現金流的資產，這些資產包括房地產、企業、有價證券等等。一旦你的資產收入（用錢滾錢）超過了自己的支出，那麼你就獲得了財務自由。

上述存在的所有十八種人的建議之中，有些人的建議可能比其他的好處多一些。因此，真正的問題在於，哪一種人的建議聽起來對你最有利？還有，我覺得好像也沒有必要考慮哪一種建議對你最有利，我認為更重要的是：打造一隻方舟的途徑有好多種。正如巴菲特所說的：「值得慶幸的是，通往財富天堂的道路有好多條。」

關鍵在於，尋找一條最適合自己的道路。每個人都各不相同，都有不同的優點和缺點。儘管我和富爸爸都在用類似的資產建立自己的方舟，但是，我們建立方舟的方式、途徑卻有非常大的區別。富爸爸運用企業和房地產建立自己的方舟，我也在運用企業和房地產建立自己的方舟。區別僅僅在於，我們創建的企業截然不同，我們投資的房地產類型也有很大區別。因此，對於建立方舟非常重要的一點就是，尋找最適合自己的方式和途徑。

多年以前，富爸爸對我說過：「如果你想尋找真正的財務安全，甚至變得非常富有，那麼你就必須玩自己特別的遊戲，而不要去玩別人的遊戲。」等到「員工退休收入保障法案」正式通過成為法案以後，富爸爸認為數以百萬的美國人將會被迫去玩華爾街上的遊戲，他說：「普通人玩華爾街遊戲存在的問題是，華爾街真正控制了這個遊戲，而你自己卻沒有。你要尋找最適合自己的遊戲，嫺熟地玩這些遊戲，然後把握自己的生活。」

打造自己的方舟

我建議大家做的第一件事情，就是確定自己想要打造多大的方舟。顯然，窮人的方舟可能是又小又有漏洞的船。如果你嚮往的是窮人的方舟，那就真的不需要花費多少工夫，社會保險就保留了美國歷史上最為普遍的政府計畫。不過，我個人不想依靠家庭照顧自己，也不想依靠政府或者慈善維持生活。

中產階級的方舟對於二次世界大戰時出生的一代人來說，的確是個非常好的方舟。一九五〇年之前，所有中產階級要做的就是上學、求職、努力工作、買房子、儲蓄和退休。如果你在政府或者在一個工會組織健全、強大的公司工作，這個計畫可能仍然管用。不過，自從退休金計畫從收益確定型轉到了繳費確定型，這種新的中產階級方舟可能就無法在今後波濤洶湧的大海上安全航行。如果這個繳費確定型退休金計畫就是你想要的方舟，那麼，就嚴格依照傳統財務顧問的建議去做，也就是制訂一個計畫，提早動手，持續多年地工作，多樣化投資。中產階級的方舟可能有用，但是在今後幾年估計會遇到很大困難。

如果你想擁有一隻富人的方舟，顯然，你就需要大為增加自己的財商教育。想變得富有的人必須懂得的一件事情，就是在建立富人方舟的過程中，許多中產階級的思想和價值觀必須得到拓展。例如，很多中產階級的人認為，積極儲蓄、擁有一份繳費確定型退休金計畫、擁有自己的房子，就是最聰明的財務決策。雖然這些對於一個人全部財務狀況十分重要，但是正確的理解應該是，儲蓄、繳費確定型退休金計畫、房子並不是富人方舟的基石。富人們懂得購買或者建立能夠帶來被動收入的資產，這些才是富人方舟真正需要的。

為什麼儲蓄者是輸家？

小心儲蓄這個詞。二次世界大戰中出生的這一代人長期生活在通貨膨脹的環境中，他們普遍重視儲蓄。事實上，一九〇〇年前，人們制定財務計畫時不存在通貨膨脹或者稅收問題。因此，他們儲蓄甚至比在二次世界大戰中出生的一代人的父母還要突出。不過，自從一九五〇年以後，儲蓄者一直就是輸家，因為儲蓄者需要繳納很高的稅，而且，通貨膨脹也抵消了儲蓄收益的絕大部分。二〇〇二年初，儲蓄利率已經降到了大約二%，很多儲蓄者因為這次利率調降而陷入了困境。

例如，僅僅幾年之前，如果一個人在銀行存有一百萬美元現金，銀行付給他五%的利息，那麼，這位儲蓄者每年獲得的稅前利息收入就是五萬美元。不過，等到利率調低到二%，一百萬美元每年獲得的稅前利息收入就是兩萬美元。這代表著短短幾年間儲蓄者便損失了四〇%的稅前收入。

鼓動人們儲蓄曾經是一個很好的建議，而且直到現在，對於窮人和中產階級來說還是一個不錯的建議。但是，對於那些渴望建立一隻富人方舟的人來說，只依照舊有的方式儲蓄顯然不是一個好主意。

先投入時間，再投入金錢

儘管現在的存款利息大約只有二%，而且還要納稅，但是透過摸索比較和問對問題後，也有可能找到利息更高且免稅的投資。例如，二〇〇二年二月，透過讓股票經紀人尋找投資專案，我和金發現了一個免稅的政府公債，利率高達七．七五%。而且，由於免稅，其實我就等於得到了十二%的稅前利息。另一方面，很多將錢存進銀行的人獲得的利息大約只有二%，另外還要納稅。

顯然，要得到七．七五%的免稅利息可能要多冒一點風險，不過也只是多一點點。這就是一個接受過良好財商教育的人如何用更少的風險和資金賺到更多的錢的例子。對於我和金而言，這是風險極低的投資，因為我們懂得投資和風險。對於沒有接受過多少財商教育的人來說，從傳統的銀行帳戶上得到二%需要納稅的利息，或許更有意義。可以說，你在財商教育上的投資，將會獲得更大的回報，即便是在非常簡單的儲蓄帳戶上也是如此。

如果沒有接受過財商教育，可能就需要更多的資金才能致富，也可能需要更多的資金才能保持富有。財商愈高，致富需要的資金就愈少；財商愈低，致富需要的資金就愈多。就像有句話說：「如果你認為財商教育過於昂貴，那麼，你可能就正邁向無知。」

也就是說，不要投資那些你根本一無所知的專案。富爸爸也曾經說過：「在投資之前，先花些時間了解這些投資專案。」金在房地產領域獨立投資了近十五年，我也有相當長時間的投資經驗，這也就是我們財務智慧的源泉，就是源於我們在真實世界所花的大量時間。將你自己的資金交給基金經理，然後希望、祈禱他們能表現良好，這樣做並不能提高你自己的財務智慧。

正如前面所指出的，很多人也曾經進行投資，但是卻未能成為投資者。投資自身的財務教育，或許不能很快收回成本，不過在後來一定會有更好的回報。我要極力勸告你的是，設法投資自己的財商教育，尤其是如果你想打造一隻富人的方舟。我一直認為，接受良好的財商教育是打造一隻富人方舟，並能讓方舟劈波斬浪的前提條件。

中產階級為什麼是風險投資者

富爸爸曾經對我說過：「中產階級的投資財務風險很大，因此他們是投資領域的冒險家。中產階級承擔了很大財務風險實施繳費確定型退休金計畫，因為他們往計畫中投入了大量資金，卻沒有投入一點時間來學習怎樣進行投資。如果你想成為一位富人，那麼，就請在投資大量的資金之前，先投入大量時間接受財商教育。」因而，在將自己的儲蓄資金轉向投資之前，還是先花些時間摸清投資本身吧。

顯然，七．七五%的收益並不是一個多麼高的收益，我用這個事例只是想說明一個接受了財商教育的投資者與普通中產階級投資者的不同，僅僅是想說明缺乏財商教育代價。實際上，作為一位專業投資者，我感興趣的是投資現金收益至少為四一〇%的專案，因此我從來不在儲蓄上浪費時間。

在我們的很多投資上，我和金得到的收益甚至可以說是無限大，也就是說，我們沒有用自己的錢就賺到了很多錢。我們最近的一個房地產租賃專案的收益大約是四十五%，還是現金收益，而且大部分免稅。這個四十五%實際上包括兩個部分：我們獲得了十五%的現金對現金收益，也就是說我們每年的租金淨收入超過現金投資的十五%；加上房屋折扣的影響，我們又有了另外的納稅減免，因此我們另外的現金收益（我們用來維護房屋、無需向政府繳納的費用）又有三一〇%。對於我們來說，這個四十五%的收益率非常普通。不過，當我向朋友們提起這個收益率時，他們認為我誇大了數字，或者想欺瞞他們。這也是每個人財商教育不同的反應。

因此，七．七五%的免稅利息收入已經不錯，但絕不是特別讓人興奮的數字。在我繼續準備下一個投資專案時，僅僅透過這些投資將一些多餘資金那樣處理六個月或者稍長一點時間。

對於很多人來說，在銀行儲蓄就是相當明智的選擇，但是對我來說，那卻是一項浪費時間和金錢的行為。我首先從儲蓄這個話題切入展開討論，原因就在於那麼多中產階級認為儲蓄很聰明，非常適合中產階級。但是，對於富人來說，儲蓄卻是在財務上扯後腿的行為，因為儲蓄本身是一種傳統的方式，對於富人而言是沒有財務意識的舉動。

因此，在打造一隻富人的方舟之前，我想著重指出如下幾點：

◎重點一，如果你想打造一隻富人的方舟，儲蓄將不會有任何意義。為什麼呢？因為儲蓄利息需要繳納與一般收入相同的稅率，也就是最高稅率。例如，如果你的銀行存款是一百萬美元，依照二%的稅前利率得到了兩萬美元。如果你的個人年薪是六萬五千美元，或者夫婦雙方年薪總共是十一萬美元，那麼，你的兩萬美元利息還需要繳納大約三〇%的稅款。不考慮通貨膨脹因素，這一百萬美元留給你的有效收益就是一萬四千美元，有效收益率就是一．四%。如果你的年收入更高，達到了需要繳納四〇%收益的稅級，二%利率的有效收益率就會降到一．二%。假設通貨膨脹率超過了一．二%，那麼，這位富有的儲蓄者可能就完全成了輸家。

需要指出的是，如果你很貧窮，處於一個較低的稅級，你的利息收入需要繳納的稅率就相對較低；如果你很富有，處於一個較高的稅級，你的利息收入需要繳納的稅率就相對較高。所以，如果你是位富人，儲蓄愈多，你損失的也就愈多。

◎重點二，如果你想打造一隻富人的方舟，而且擁有傳統的繳費確定型退休金計畫，例如401(k)計畫，當你開始從自己的繳費確定型退休金計畫中提取現金的時候，也將需要繳納最高稅率。現在，個人年收入超過六萬五千美元，需要繳納三〇%的稅款。在退休之後，你從401(k)計畫中每拿到一千美元，納稅之後拿到手的就只有七百美元。如果你想退休時富有，那麼401(k)計畫以及很多傳統的退休金計畫在納稅優惠方面就沒有多少意義。我和金運用房地產投資賺錢的原因之一，就是如果規劃得當，我們可以將自己的房地產收入稅率降到零。因此，富人或者從房地產業中賺錢，或者將自己的錢留在房地產上。也就是說，如果你想打造一隻富人的方舟，來自房地產投資上的收入，比起來自繳費確定型退休金計畫的收入更有意義。

◎重點三，很多渴望高收入的人，隨著收入的增加，並沒有注意到自己失去了一些應得的稅務減免優惠，包括他們的房屋抵押利息。擁有一棟大房子是很多中產階級的夢想，如果你是富人，這樣的大房子就無法獲得房產抵押利息登出（write-off）。在美國，如果二〇〇二年的收入少於十三萬七千三百美元，你就可以獲得一個免稅代碼，通過減免部分稅款，登出房產抵押利息。不過，如果你是富人，就無法得到這種利息減免。事實上，收入愈高，你獲得的利息減免就愈少，一直到不能獲得減免為止。

主要觀點

如果打算為退休後打造一隻富人的大方舟，可能就必須放棄很多傳統的中產階級價值觀，中產階級認為投資相當的重要。有一些投資是專門為中產階級設計的，例如儲蓄、繳費確定型退休金計畫以及從個人住房中獲得稅務減免。不過，如果你想成為一位富人，打算打造一隻富人的方舟，就不得不拋棄這些中產階級的金錢觀念。

因此，第一步就是決定自己到底想打造多大規格的方舟。如果想打造一隻窮人的方舟，或者中產階級的方舟，請就此打住，不要繼續讀了，本書的後半部分不是為你寫的。當然，也有別的很多書將會探討如何打造中產階級財務方舟。

本章開始部分羅列了如何打造一隻方舟的十八種意見。現在，幾乎所有人都在提出打造方舟的意見，因為知道完美風暴即將來臨的絕非僅僅我們兩人。懂得長期以來，問題被不斷轉嫁推託的也絕非僅僅我們兩人。做出打造一隻方舟的決定之後，你才可以決定自己是否想打造一隻窮人的方舟、中產階級的方舟或者一隻富人的方舟安全度過完美風暴。

正如富爸爸多年前對我說的：「如果你知道風暴即將來臨，方舟的規格大小就沒有多少區別。首先就是要腦子裡明確：必須打造一隻方舟。接著，決定你想打造哪種類型的方舟。然後，盡快開始動手修建，不要懈怠，直到大功告成。」

打造個人的方舟

1. 你需要為自己和家人打造一隻財務方舟嗎？　是＿＿＿　否＿＿＿

2. 你想用多少時間打造自己財務方舟？

六十五歲之前

二〇一六年之前

3. 為了打造自己財務方舟，你需要改變自己的投資習慣嗎？

是＿＿＿　否＿＿＿

4. 你現在是從現金流象限的哪個象限獲得自己的收入？

E ______

S ______

B ______

I ______

5. 回顧第七章中所講述的窮人、中產階級、富人的投資工具，你想從哪一類人的投資工具入手？

6. 如果你想成為一位富人，在開始投資大筆資金之前，你是否願意開始投資時間學習理財知識？

是______ 否______

第十一章

駕馭個人的方舟

「如果你打算打造一隻富人的方舟，」富爸爸說，「你就必須控制這隻方舟，例如它上面裝載的『貨物』、掌舵人等。」二〇〇〇年三月的市場危機之後，無數人對於自己的財務未來缺乏安全感，為什麼呢？因為他們沒有控制自己方舟的貨物，很多人甚至連自己的船長是誰都不知道。

富爸爸認為安全和自由不是同一個概念，事實上，兩者之間甚至是對立的。富爸爸說：「安全愈多，失去的自由愈多。」他還曾經說過：「一個追求安全的人，往往放棄了對自己部分生活的控制。放棄的控制愈多，獲得的自由就愈少。」很多人對自己的財務未來和退休生活缺乏安全感，因為他們放棄了很多對自己未來財務的控制。

在我撰寫的《富爸爸，窮爸爸》一書中，我曾經說過，富爸爸認為在商業世界中最重要的概念是「現金流」。而在「富爸爸」系列叢書《富爸爸財富執行力》（*Retire Young Retire Rich*）中，我也提到另外一個最重要的概念就是「槓桿」，也就是用愈來愈少的支出，獲取愈來愈多收益的能力。雖然富爸爸沒有直說，但如果富爸爸還有第三個最重要的概念，我相信那就是「控制」。以下就是與現金流相關的「控制」概念的一些觀點：

- 最重要的生活技能之一，就是學會控制自己的現金流；
- 《今日美國》財富版封面上那張封面照片，也就是因為安隆公司破產，損失了大部分退休金的五十八歲安隆公司員工，其實就是一位直到晚年才發現對於自己的現金流動根本無法控制的人的寫照；
- 很多財務問題都源於對個人現金流缺乏控制；
- 我和金能夠提早退休，就是因為我們有效地控制了自己現金流動的方向。

這麼多人對自己的財務未來沒有安全感，原因之一就在於他們對自己生活的很多方面缺乏控制。**401(k)** 繳費確定型退休金計畫是美國中產階級選擇的方舟，但是很多人幾乎不能控制它。

富爸爸則是牢牢地控制著自己的財務方舟，他參與設計方舟、裝載貨物，對自己的船長也非常熟悉。他有很多船長的原因也很簡單，那就是他有很多艘方舟。顯然，如果你準備打造一隻富人的方舟，最重要的問題之一就是考慮好你是否願意控制整個方舟或者一隊方舟。如果你不願意，你就好好參與繳費確定型退休金計畫，長線且多樣化投資，不停地祈禱，期盼自己的船長經驗豐富、見識超群。

透過更有效地控制自己的整個方舟，你也就可能會逐步控制自己的生活和個人自由。華巴菲特說：「對於生活而言，我可能是世界上最幸運的人了。沒有人能夠讓我去做我自己不相信的事情，或者認為愚蠢的事情。」也就是說，他控制著自己的方舟，而且他有一隊方舟。

巴菲特控制著他的方舟，但並非過度控制。他購買的公司都有著非常好的管理團隊，他們像老闆那樣看待自己的公司，而且事實上他們之中的很多人後來也獲得了企業的所有權。對此，巴菲特說：「我們希望透過配股讓整個管理團隊富有起來，而不僅僅是漫不經心地經營別人的企業。事實上，我認為，所有權地位會很快給我們帶來最大的經營管理財富，甚至超過了他們現在的想像。」

「不僅僅是漫不經心地經營別人的企業」的評論針對一家著名的投資公司，當然這家投資公司的名字在這裡不便透露。巴菲特認為這家投資公司沒有關心股東和投資者的利益。這段評論的後半部分，就是他自己對待自己管理團隊的態度，他讓大家分享自己方舟帶來的好處。

他還盡力為自己的方舟找到最好的船長，因為他想讓大家駕馭方舟，而不是由他自己。他說：「如果他們需要我去幫助管理公司，我們可能都會陷入困境。」

富爸爸也有著同樣的所有權和管理理念，因此他可以同時管理很多方舟。這種管理風格來自於B象限和I象限，而不是E象限和S象限的人所能想到的。我學習的也正是巴菲特和富爸爸的所有權和管理理念。

之所以這樣講，是因為很多人對我說：「我沒有時間親自處理自己的投資，我太忙了。」很多E象限和S象限的人，認為自己可以做好多事情，不願意尋求比自己聰明的人來建造方舟，裝載貨物，然後駕駛方舟遠航。因此，這裡的「控制」概念並不一定是指所有事情都要你自己親自來做。來自不同象限的人們，各自運用不同的方式控制自己的方舟。如果你用B象限和I象限人的方法，你就可以同時控制很多方舟；如果你用E象限和S象限人的方法，你或許只能控制一隻方舟，同時扮演多種角色，是方舟的設計者、建造者、貨物裝載者、船員、船長等。

也正如我在其他書中所講的，E象限和S象限的人的腦子裡有主要兩種觀念，那就是「沒有人能做得更好」以及「我要用自己的方式去做」。不過，在我看來，那只是一些過度控制的觀念。

駕馭好個人的方舟

你願意控制自己的方舟嗎？那的確是一個問題。如果答案是否定的，那麼本書後面所要講述的內容可能會讓人覺得困難，似乎涉及了太多的時間、努力、學習和金錢。對很多人來說，在自己崗位上努力工作，將賺到的錢交給某人管理，然後希望對方比自己管理得更好，這樣做相對容易許多。

不過，如果答案是肯定的，請你繼續閱讀本書。請記住，控制方舟並不意味著必須親自動手去做好多事情。其實，你所要做的僅僅就是願意控制。巴菲特就是願意控制，然後讓其他船長駕馭方舟。如果願意，你也可以這樣做。

學習駕馭方舟的業務

從一九六五年到一九六九年，我在紐約的美國海運學院學習。在四年期間，學院培養年輕的小男孩（當然現在還有了年輕女孩）成為一名船長。一開始的，有四周殘酷的體能和軍事訓練，這些都是軍事學院的特色。我們早早起來跑步，一直到晚上很晚的時候。等到理成短髮以後，我們學習了從部隊紀律、制服穿法到開槍射擊、體操，甚至餐桌禮儀等好多內容。

經過了這一個月的緊張殘酷的訓練，才算正式開學了。我們必須達到傳統普通大學的一些學術要求，那也就意味著我們需要完成一些課程，例如英語、微積分、球面三角學、熱力學、物理學、文學、電子學以及一些人文學科的課程。此外，我們還必須學習海上生存、發報、繩索打結、鋼纜拼接、旗語、航行、划船、海上救援、天文學、天體導航、氣象、小船操縱、大船操縱、發動機保養、進港出港、拖船操縱、商法、海事法、貨物裝卸、船舶建築學、海洋學以及其他與航行有關的學科。

掌握了這些知識技能之後，我們在海上又度過了一年，在世界航線上搭乘商船實習，在實際中學習課堂上曾經學過的東西，同時參加學校組織的函授課程。我們一一到達過世界上所有著名的港口，對我而言，那就是學習過程中最值得回味的一段。因為需要在海上實習一年，我們必須將大學四年的課程在三年內完成。那是一個非常全面系統的教育過程，等到一九六九年，我們班上順利畢業的人不到五〇％。不過，畢業的同學都準備作為初級指揮操縱船隻，準備跟船長或其他資深指揮員學習。

畢業那天，一位老師說：「我們的訓練專案的確很殘酷，因為我們想訓練的不僅僅是一位船長，而是整個行業的船長。」的確，畢業後我的很多同學都成為航運業的領袖。

從我九歲那年起，富爸爸就用類似的方法教育兒子邁克和我。他讓我們在自己企業的各個部門工作，讓我們打掃房間、並在建築工地工作，也做過辦公室裡的行政工作。

現在，我遇到過很多拿到ＭＢＡ學位的人，他們接受了很好的正式教育，但是所受的真實世界的教育卻很少。他們之中的許多人曾經做過的工作，大多也就是像在速食店賣漢堡、做侍者，或者做零售商場的店員。畢業之後，儘管缺乏真實世界的歷練，他們很多人還是被委以重任，從事管理工作。

因為他們都很聰明，其中一些人在獲得真實世界各種技能之前，就很快獲得晉升。他們不了解警衛、倉庫管理員、招待員的感受，在公司中，他們所了解的就是自己圈子內經歷身分相當的男女朋友。

很多這樣非常聰明的學生，最後都成為「船長」，但是，他們與公司真正的動力——工人卻失去了聯繫。當他們與工人失去聯繫的時候，像安隆公司和ＡＩＧ那樣的災難可能就發生了。那些經歷了所謂良好教育的公司領導，是否一面鼓動自己的員工購買公司股票，一面卻在拋售自己手中的公司股票？或許這樣做並沒有觸犯法律，但卻是不道德的行為。而讓人難過的是，這種行為在商界與華爾街已經是一個非常普遍的現象。

富爸爸和窮爸爸都曾經要求我，一定不能失去與社會所有階層人士的聯繫。富爸爸說：「永遠不要丟掉自己的博愛、仁慈之心，務必牢記公司中的每個員工都是人類大家庭中的一員。作為公司領導，你的職責就是盡你所能，保護他們的福利和權益。」正因為如此，他才讓我們在公司的每個角落都去工作，他要我們了解負責那塊業務的人。

窮爸爸去世前幾年，曾經對我說過：「我相信你總會有一天會成為一位富人，不過，請你一定不要忘記自己來自於什麼家庭，不要忘記我們的價值觀。務請牢記曾經幫助過你的那些人，也許你不能再見到他們，但是一定要記住他們，而且對他們曾經給予自己的幫助永懷感激之心。當你達到了自己夢想的目標以後，希望你能夠謙卑，牢記不論窮富、敵友，我們都屬於人類，有錢並不會讓你比別人高貴。切記，你自己也是人類的一員。」依據我粗淺的認識，現在的很多「船長」其實早已經忘記了自己對人類、船隻及其裝載的貨物的責任。

富爸爸的教誨

在本書的開始，我曾經提到，富爸爸先是察看了我當時的財務報表，然後才開始了我們的會談。我們每次會談幾乎都是這樣開始的，只是當我還是小孩子的時候，富爸爸要我做出簡單的財務報表；當我成人以後，財務報表變得較有體系的樣子。等到我更加富有時，我的財務報表也變得更為複雜。伴著年齡的增長和日益富裕，我的財務報表也就更為成熟老練，自然，我本人也是如此。養成擁有最新個人財務報表的習慣是一個學習的過程，富爸爸反覆強調，讓我培養這種習慣。

不用說，窮爸爸從來沒有個人財務報表，更不要說最新的財務報表。他只是知道如何填寫信用申請，申請住房或購車貸款。他從來不會請一位記帳員，幫助自己整理每月的個人財務報表，更談不上養成這樣的習慣。

在本書中，我認為一些財經巨頭，例如美國最富有的大投資家巴菲特，擁有很大權力的美國前聯準會主席葛林斯班，財政部長保羅・奧尼爾（Paul O'Neill），他們都說過與富爸爸觀點相似的話。所有財經界的精英都強調了財務知識和財務報表的重要性。他們從來沒有說過應該從房地產、儲蓄、辦企業、稅務減免、股票、投機、期權交易或者共同基金起步，而這些卻正是很多人開始打造自己方舟領域，因此很多人的方舟根本難以抵擋日後的驚濤駭浪。

所以，你是否願意控制自己的方舟了呢？如果答案還是肯定的，下一個問題就是「你是否願意有一最新的、緊跟時代發展、經過嚴格審核的個人財務報表嗎？」如果答案是否定的，那麼，像個人儲蓄、政府退休金計畫、401(k)計畫那樣的繳費確定型退休金計畫，還有住房，對你來說就顯得非常非常重要。

如果你想控制自己的方舟，也可能建立一隻富人的方舟，那麼你就必須養成至少每月制訂一個收入以及資產負債報表的習慣，這些報表組成了基本的個人財務報表。如果你想愈來愈富有，不管前面是否遇到風暴，你仍必須不斷提高自己的財務知識。開始自己實際生活教育的最佳工具，就是個人最新的實際生活財務報表，即便這個報表中沒有什麼具體內容。我之所以強調這一點，是因為曾經遇到過很多整天處理公司財務報表和年報的人，卻沒有個人的財務報表。因此，如果你打算控制自己的方舟，在所有的財務報表中，最關鍵的就是你個人的財務報表。

在與富爸爸的會面中，他常常要我先拿出自己個人和公司的財務報表。如果沒有這些財務報表，他或許就沒有辦法幫助我，他或許只能猜想我出了什麼問題，哪裡出了什麼問題。

一九七七年，我當時的財務報表看起來非常好，因為公司剛剛開辦不久，投資者又給了我們大量的資金。富爸爸針對我個人和公司的財務報表提出了一系列具體建議，讓我受益匪淺。

到了一九七八年，公司的財務報表就開始惡化，出現了不少問題。到了一九七九年，富爸爸告訴我：「你的公司已經病入膏肓。」他認為公司會很快破產，事實上也是如此。不過，透過經常向他彙報個人財務報表，我個人的財務損失很快就挽回了，我的財富又開始增長，儘管後來又一次囊貧如洗，兩手空空。藉著經常檢查我的財務報表，富爸爸幫助我再次度過難關，重新變得富有起來。

現在，出錯、學習、改正，然後向富爸爸彙報個人財務報表，已經成為幫助我逐步成為一位更好的船長的過程。我對將來正在醞釀的風暴也已經無所畏懼，相反，我甚至期盼著它們的到來，我了解只有透過正面生活的挑戰，自己才會變得更加強大起來。

在許多方面，財富和健康非常相似。當我們去看醫生的時候，首先要做的一件事情就是抽血化驗或者進行X光檢查，這就是醫生準確判斷病情和治療方法的重要步驟。前幾天，我去看醫生，透過血液檢查，他告訴了我一些不好的消息。如同我不大喜歡這樣的消息一樣，我也很高興能及早得到這個消息，因為這樣我就可以在病情惡化之前，及早開始治療。

有了明確資料的財務報表，就正如一次血液檢查和X光檢查一樣。經常性提供最新的財務報表，讓我們能夠及早發現壞消息，及早採取改正措施。不幸的是，由於我們的學校教育系統未能向人們進行財商教育，很多人發現自己陷入財務絕境時往往已經為時過晚。

前面提到的《今日美國》封面上那位安隆公司五十八歲員工，就遇到了這種情況。他發現自己乘坐的船隻已經腐朽，裝載的貨物也已經腐爛，而船長卻早已扔下船偷偷溜走。問題在於，這位安隆公司的員工發現這種情況雖然有點晚了，但還不算太晚。如果願意控制自己的方舟，這位五十八歲的員工或許也可以駛向一個富有、安康的新大陸。他所要做的，首先是找專業記帳員，先約見許多位記帳員，從中聘請一位，開始至少每月拿出一份財務報表。然後，與銀行家、會計師等財務專家每月會談一次，糾正自己存在的問題。透過面對面自己的財務狀況，運用真實世界的財務文獻，他就有可能進入一個全新的財務世界。

為了要讓自己未來的財務方舟更加控制得宜，在下面幾章中，我們將繼續討論一個人所需要的各種控制手段。要成為掌控財務方舟的優良船長，這些控制手段將是你必備的基礎。

打造個人的方舟

1. 你願意控制自己的方舟嗎？
是＿＿＿否＿＿＿
2. 制定你個人的財務報表。利用現金流遊戲上的工作表作為輔助。你可以在richdad.com網站或在下一章找到樣本。
3. 尋找一位記帳員或者會計師。可以從你了解到的成功人士那裡詢問。多約見幾位見面，然後從中選擇一位最合適的。
4. 約請一位會計師或者記帳員，檢視你自己的財務報表，確保設計、填寫都正確。
5. 準備分析你自己的現況，確認你需要如何改變自己的投資習慣。

第十二章
全面把握自己

在所有的控制之中，最為重要的就是控制自己和管理自己的資金。如果能夠做到這一點，你就會打造一隻富人的方舟，成為一位聰明的船長。

一九九六年，我在秘魯想購買一個金礦。由於當地經濟動盪和恐怖主義襲擊，很多金礦遭到廢棄，或者經營管理不當。在海拔一萬五千英尺高的安第斯山脈上，一位銀行家向我展示了一個金礦，他認為我會購買這個金礦。因為海拔很高，我不得不一路上經常停下來，控制自己的頭昏眼花和呼吸。

原來，這位銀行家是透過取消抵押贖回權得到金礦的。我們下到了狹小、黑暗的金礦裡，他指著一塊岩石上的石英礦脈對我說：「你看，這裡的礦脈多麼豐富！」

我一不留神在他站立過的地方絆了一下，猛然看到他的礦燈所照射的地方，「哇，看這裡全是金子！」我簡直不能相信，黃金在燈光照射下實在太耀眼了。

「先生，我曾經告訴過你，這是一個非常好的金礦。」銀行家笑著說道。

我慢慢靠近那裡，將手放在乳墨色和白色的石英礦脈上，摸到了閃閃發光的金礦石，我禁不住喊道：「我簡直不能相信這有多麼美！」

「先生，」銀行家插話說，「其實你現在看到的並非是真正的黃金，那只是硫化鐵礦石或者黃鐵礦、黃銅礦，我們又稱之為『愚人金』。真正的黃金在它下面的石英礦脈中，而且看起來也不閃光。」

現代的煉金士

在我的童年時代，富爸爸常常向我講述煉金術的故事。因為我不了解煉金術究竟為何，我請富爸爸為我解釋的時候，他說：「煉金術指的就是多年以前，很多人想把不同的物質放在一起，例如鐵、煤等，經過加工變成黃金。」

「有任何人曾經成功過嗎？」我問。

「沒有，」富爸爸說，「從來沒有人曾經成功地將別的物質變成黃金，黃金就是黃金。不過，人們在這些過程中發現了甚至比黃金更珍貴的東西。」

「還有什麼比黃金更珍貴呢？」我問。

「資產，」富爸爸說，「當今的煉金士從中找到了透過資產將金錢、資源、思想變為財富的方法。」

「你指的是他們購買或者建立了自己的資產嗎？」我想讓富爸爸進一步解釋一下。

「很對，」他回答說，「當今的煉金士可以運用很少的資源創造出資產，他們可以將自己的思想轉化成資產，利用這些資產使自己致富，專利、商標就是將思想轉化成資產的例子，他們也可以將一些房地產、甚至廢物轉化成資產。這就是當今社會中的煉金術。」

當我和那位銀行家沿著蜿蜒曲折的山路慢慢離開時，看著秘魯安第斯山脈獨特風光，我知道，銀行家明白自己可能有了一位愚笨的、並非煉金士那樣精明的投資者。如果我不能辨別清楚愚人金與真正黃金的不同，我哪裡還有將這個廢棄的金礦轉變成資產的可能？不用說，我後來沒有投資這個專案。我慶幸除了開採金礦之外，還有那麼多成就自己投資領域煉金士的機會。

銀行家怎樣辨別愚人與煉金士？

我回憶在一九七九年，富爸爸察看我個人和公司的財務報表的情形。其中，他當時說過的一句話至今仍然非常有用：「世界上到處都是愚人和精明的煉金士，愚人可以將金錢變成垃圾，煉金士卻可以將垃圾變成金錢。你和現在的合作夥伴都是愚人，並不是煉金士，你們將公司、金錢變成了垃圾。」

「但是，我們的銀行家說他們願意借給我們更多錢，」我當時還是有些不服氣，「我們不會做得那麼糟！」

富爸爸笑了笑，語氣平靜地說：「首先，我認為，不論愚人還是煉金士都可以借到銀行家的錢。只要你能即時還款，銀行家並不真正在乎你到底是什麼人。其次，如果你是一個愚人，你將要付出更高的利息。愈是愚笨，付出的利息就愈高，因此銀行家喜歡你們這些人。你們公司賺到了很多錢，但是你們這些人正在把這些錢變成垃圾。這些財務報表顯示，你還算一個煉金士，你的夥伴們卻都是些愚人。這樣，難道銀行家還不願借錢給你們嗎？

「問題是，你的這些夥伴們可能想要散夥了。他們不是將公司賺到的錢，繼續投資到公司的發展中去。從財務報表的支出一欄中，可以看到你的這些夥伴們花錢買了一輛保時捷、一輛賓士、兩輛積架汽車。購買這些豪華汽車，你們都是要支付高昂的利息呀！毫無疑問，銀行家會喜歡你們，也難怪你們的公司也很快就要倒閉。你們開著這些豪華汽車，感覺一定不錯，我相信也一定能招來一些女孩們的喜歡，但你的財務報表顯示你得了財務癌症，財務報表還告訴我，你們都只能算愚人，而不是煉金士。你好像也將我教給你的東西忘得一乾二淨！

閃光的東西並不一定都是金子

多年之後，當我從秘魯安第斯山脈慢慢走下來的時候，我不禁想起了富爸爸的教導。坐在顛簸不平的越野車上，耳邊似乎又想起富爸爸的話：「閃光的東西並不一定都是金子。愚人常常會被表面閃光的東西所欺騙，因此人們常常將這些東西稱之為『愚人金』。煉金士不會這樣，他們往往會從不被人注意的角落發現真正的黃金。」

退休金計畫就是愚人金

每天，我都會固定觀看兩家財經網上的新聞，看看每天早晚的市場變化。在這個過程中，我發現作為一名旁觀者，看看哪個共同基金、股票、上市公司、財經諮詢機構廣告做的最厲害，還真是一件很有趣的事情。換句話說，我在觀察哪個共同基金、股票、上市公司、財經諮詢機構看起來最閃光、動人？

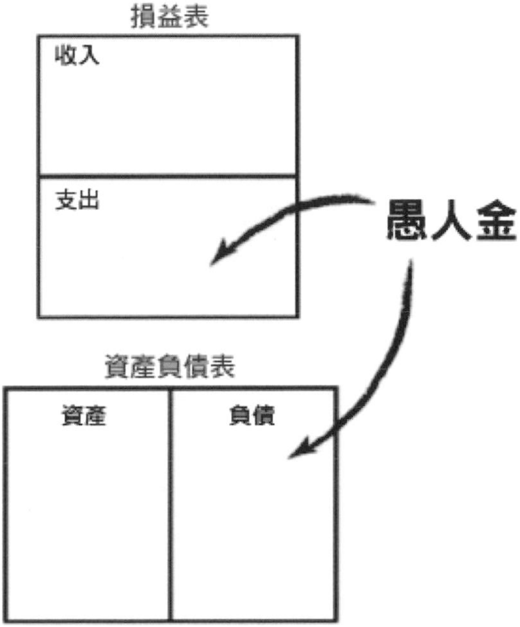

很多靠薪水生活的人，不論薪水高低，往往會陷入財務危機，原因就在於他們很多資金都用來購買那些看起來閃光的東西。我們大家可能都聽說過，一個家庭並不富裕的小孩子，卻硬要拿出一百五十美元購買一雙名牌運動鞋。在我尋找將要投資的公寓專案的過程中，總是能見到很多人的家裡都有名牌的大螢幕電視機和錄影機。我有很多朋友居住在郊區著名的社區裡，開著歐洲的名牌汽車，將孩子送到私立學校。也就是說，看看他們的消費支出，也都是些閃閃發光、十分誘人的東西。

閃閃發光的名牌產品本身並沒有什麼錯，我也很喜歡一些名牌產品，例如保時捷、法拉利、亞曼尼、勞力士等名牌商品。如果沒有了這些名牌，我們的生活又會怎樣？

問題在於，很多人在自己投資的資產中，幾乎也全是一些聽起來響噹噹、看起來閃閃發光的東西。

當聽到有人說「我只購買績優股」，我就明白這個人買的都只是些看起來閃閃發光的公司股票。當聽到有人說「我的經紀人是某某公司的」，他們提到的這位經紀公司也非常有名，我也就明白這個人也是購買了一些看起來閃閃發光的東西。

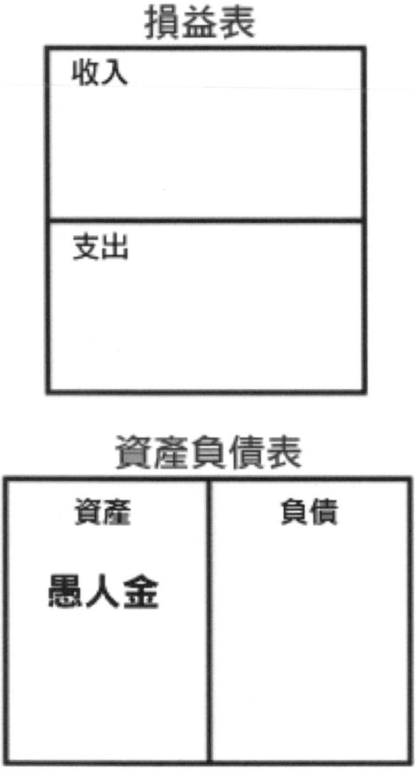

對於那些廣告鋪天蓋地的共同基金公司或者股票經紀公司，我現在仍然非常懷疑。他們廣告費用昂貴，動輒就要數百萬美元，而最後為這些廣告支出買單的，顯然還只能是投資者。巴菲特所在的波克夏．海瑟威共同基金，他們從不做廣告，甚至不鼓勵人們向自己的共同基金投資。關鍵在於，我從來沒有看到波克夏・海瑟威共同基金的廣告，但是卻老是聽到大家談論它。也許，原因就在於，它由一位天才投資家掌握，而不屬於任何一家大投資公司。

很多職業投資者只關注那些不被人注意的專案，他們不會跟風，不會追捧現在如日中天的微軟公司。相反的，他們會尋找下一個微軟公司，尋找那些剛剛起步、規模尚小，但是將會發展成為一家國際巨頭的公司。他們不會尋找那些擁有常春藤盟校學位和電影明星般笑容、滿頭銀髮、聲名顯赫的CEO，他們尋找的是那些剛剛離開自己位於地下室或者車庫的公司、致力生產的產品將會解決人類面臨的下一個重大問題的企業家。

玩大富翁遊戲的時候，富爸爸就提醒過我，很多人還在房地產領域尋找愚人金似的專案，想得到其中的海濱大道或者公園廣場，然而，真正的財富往往不在於此，而是在看似普通的房子或飯店裡。真正有用的不是閃閃發光的愚人金，而是現金流。事實上，二〇〇二年的《哈佛商業評論》（Harvard Business Review）發表了菲爾・奧爾班尼斯（Phil Orbanes）的一篇文章，題目是「我的商業知識全部來自於大富翁遊戲」。文章中認為「偶爾為之的玩家不懂得這一點，遊戲中的二十八處財富並不等於就是海濱大道或者公園廣場，儘管很多人認為它們是最為珍貴的，實際上卻並非如此。事實證明，在遊戲中，橙色或紅色的財產才有最高的投資報酬率，才是最好的財產。」

當我尋找房地產投資專案的時候，一般不會去那些插滿了彩旗、空中懸掛氣球、標誌醒目引人、樣品房豪華、現場售屋人員提供簡單財務規劃的專案。我知道這些促銷手段，都是為了吸引那些尋求精神滿足的潛在房主。我尋找的房地產專案，建築本身往往並不十分吸引人，很多還存在一些大的問題，通常位於舊社區。

其實，最好的房地產專案往往就在那裡，當然也不總是如此。我曾經在一些新熱門地點購買的新品牌專案，事後證明卻是一個財務上的「全壘打」。我也知道有時候，閃閃發光的東西確實是金子。這還是要透過財商教育，能夠看得懂財務報表，了解交易量、市場走勢、買賣雙方的需求，這些可以讓閃閃發光的愚人金變成閃閃發光的真黃金。這就是財務上的煉金術。

關鍵在於，很多人都因為被表面閃閃發光的現象所欺騙，不論過去窮富，現在都陷入財務危機。未來幾年，世界上無數的老人就會發現自己陷入財務危機，因為他們的繳費確定型退休金計畫就屬於「愚人金」，而並非真正的金子。以下就是我現金流遊戲裡財務報表的收支報表。

當銀行家在看到損益表上箭頭所指的收入時，他們就知道這艘方舟上的資產充足。

如果這裡沒有數字，他們就知道方舟上沒有貨物，只是空殼，或者即使有貨物，又都是愚人金而已。

要了解方舟上到底是空的還是裝滿愚人金？銀行家或者船長只需要看資產負載表就可以知道。若資產負載表，也就是貨倉的部分，指出資產是空的，那船就是空的。這張財務表可能是窮人或者剛起步的年輕人的財務表。

如果資產負載表上有著退休計畫、股票、債券、共同基金、房地產等資產，卻沒有通往損益表的現金流箭頭，那麼銀行家或船長就會感到可疑，懷疑船上的資產都是愚人金。如果這些資產是名牌，那麼你就可以確定這個人的資產都是閃閃發光的愚人金了。

資產收入

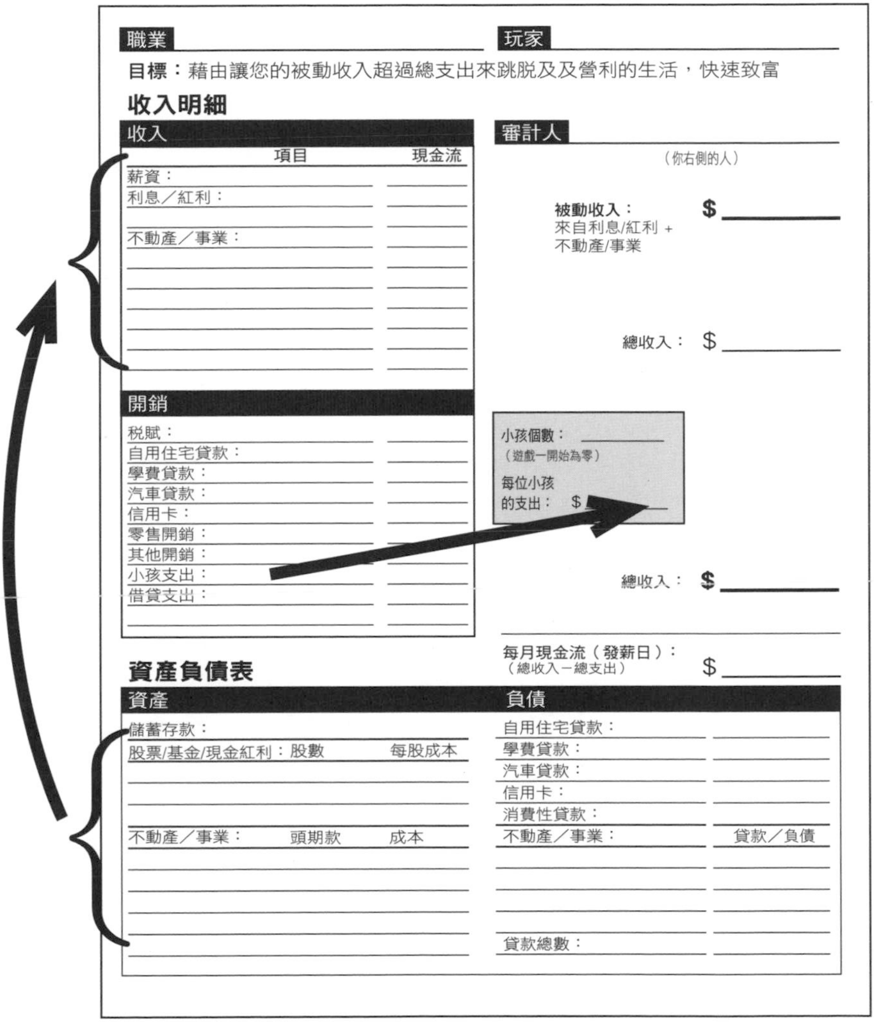
職業
玩家
目標：藉由讓您的被動收入超過總支出來跳脫及及營利的生活，快速致富
收入明細
收入
項目
現金流
薪資：
利息／紅利：
不動產／事業：
審計人
（你右側的人）
被動收入：
來自利息/紅利 +
不動產/事業
$
總收入：
$
開銷
稅賦：
自用住宅貸款：
學費貸款：
汽車貸款：
信用卡：
零售開銷：
其他開銷：
小孩支出：
借貸支出：
小孩個數：
（遊戲一開始為零）
每位小孩
的支出：　$
總收入：
$
每月現金流（發薪日）：
（總收入－總支出）
$
資產負債表
資產
儲蓄存款：
股票/基金/現金紅利：股數
每股成本
不動產／事業：
頭期款
成本
負債
自用住宅貸款：
學費貸款：
汽車貸款：
信用卡：
消費性貸款：
不動產／事業：
貸款／負債
貸款總數：

作為美國海運學院的學生，我曾經接受過近距離觀察船上貨物的訓練。要求我們仔細辨別船上裝載的是何類貨物、如何裝載、放置在哪裡、是否安全，以及如何卸貨、卸在哪裡。有關貨物及其貨物裝載操作的課程是當時非常重要的一門課程，我們曾經認真學習了整整四年。

當時，講授貨物作業的老師就是一位曾經有著豐富經驗退休的遠洋貨船船長。他的課非常生動風趣，因為他不是單單講枯燥的技術問題，而是穿插了很多感人的故事。他講的故事之一，就是在遇到的一場海上風暴中，左舷的第二個貨艙（是從船首數來的第二個貨艙，一般也是船上的大貨艙）的貨物發生了鬆動。

他回憶說：「突然，伴隨著巨大的震裂聲，整個貨船向右舷傾斜。貨船也隨之偏離了航線，舵手不得不死命地將貨船方向舵向左打去，巨大的海浪又一下子從左舷打過來。正當舵手想調整讓船首正對著海浪的時候，更大的震裂聲又傳來了，那是第四個貨艙（位於船橋前方，是船上最大的貨艙）貨物鬆動傳來的聲音。這樣，不僅沒有校正船的姿態，相反的，第四個貨艙中鬆動貨物的重量也一齊壓向右舷，貨船向右側傾斜得更為嚴重。這個時候，巨大的海浪直接撲向了左舷。」

當這位老師回憶的時候，我們班上其他同學正與他站在甲板上。因為當時我們已經到了高年級，需要在貨船上實習一年。我們當然都明白一艘裝滿貨物的巨型貨船，在海上出了問題意味著什麼。包括我本人在內，我們很多人都已經領教過颶風、事故、死亡以及與航運行業相關的風險和災難。在老船長回憶這段經歷的時候，我似乎仍能感受到當時的情景：貨船已經嚴重右傾，舵手盡力想重新控制貨船，還有惡劣的天氣、怒吼的大海。我們都知道，貨艙中貨物鬆動，遇上風暴，對於

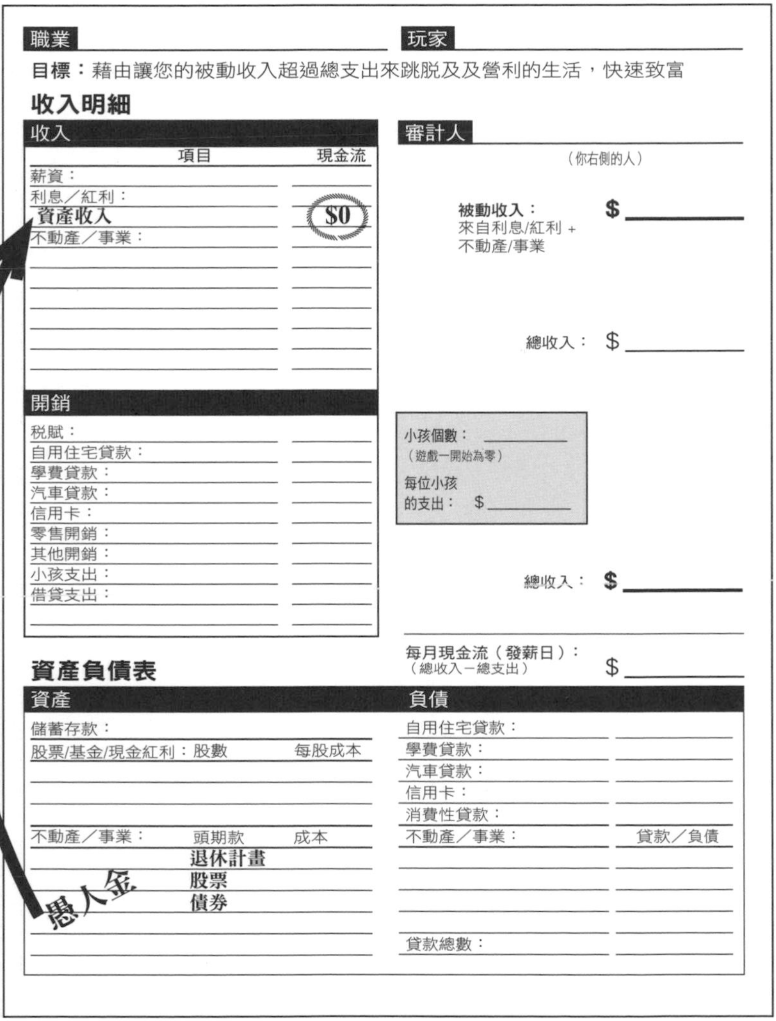

職業　　　　玩家

目標：藉由讓您的被動收入超過總支出來跳脫及及營利的生活，快速致富

收入明細

收入

項目	現金流
薪資：	
利息／紅利：	
資產收入	$0
不動產／事業：	

審計人（你右側的人）

被動收入：來自利息/紅利＋不動產/事業　$

總收入：　$

開銷

稅賦：	
自用住宅貸款：	
學費貸款：	
汽車貸款：	
信用卡：	
零售開銷：	
其他開銷：	
小孩支出：	
借貸支出：	

小孩個數：（遊戲一開始為零）

每位小孩的支出：　$

總收入：　$

每月現金流（發薪日）：（總收入－總支出）　$

資產負債表

資產

儲蓄存款：

股票/基金/現金紅利：股數　每股成本

不動產／事業：　頭期款　成本

退休計畫

股票

債券

愚人金

負債

自用住宅貸款：

學費貸款：

汽車貸款：

信用卡：

消費性貸款：

不動產／事業：　貸款／負債

貸款總數：

船員來說簡直就是一場噩夢，很少有人能夠僥倖生還。

老師告訴我們，那位舵手最後還是未能控制住貨船。船上的貨物繼續鬆動，很快的，當一個大浪衝擊而來的時候，整個貨船倒向右側，接著就翻了。非常幸運的是，兩天之後，船員們被路過的一艘貨船搭救上來了。老師最後總結說：「在你離開碼頭之前，務必確保貨物固定得非常結實。如果固定不當，那麼，整船本來可以讓你致富的貨物，卻有可能置你們於死地。」

當下一場股市災難來臨的時候，很多人將會發現自己船上的貨物並沒有排放有序、固定完好。正如二〇〇〇年三月發生的事情一樣，他們的很多資產可能一下子就會變成負債。很多人將躲不過金融風暴，因為很多人雖然也參與了投資，他們卻算不上是真正的投資者。金融危機到來之際，真正的投資者將會穩穩地把住舵，努力將資產帶來的現金變為收入。很多參與投資卻沒有成為投資者的人，將會發現洶湧的海浪很快就打翻了自己的一葉方舟，最後只有隨波逐流，等候政府或慈善組織的救助。

控制你的財務報表

財務報表之所以是如此重要的財務工具，主要是因為它可以讓銀行家或船長迅速做出判斷：你船上的貨物到底是真正的金子，還是愚人金？在「富爸爸」系列叢書《富爸爸，富小孩》（*Rich Kid Smart Kid*）中，導言就題為「銀行家為什麼不看學校成績單」。銀行家不看你的學校成績單、你的平均分數，或者你就讀的學校，原因就在於你學術或專業上的成功，與你財務上的成功沒有必然聯繫。曾經輝煌一時的安隆公司的員工就發現，擁有博士學位、MBA學位以及CPA頭銜的員工，與那些連高中都沒有畢業的員工，實際上最後都同樣落水，陷入困境。不幸的是，在未來幾年之後，無數受過良好教育的人們，也將在生活上最後落水，並且盼望著友人來搭救他。

如果你是自己方舟的船長，你首先要控制的就是你自己、你自己的財務報表、自己的貨物、如何固定、什麼人來保護。你的資產負債表就是你船上的貨物。面對大型的金融風暴，一般說來，人們將會發現保時捷、法拉利、勞力士錶、豪宅、共同基金、股票、房地產等等，價值都會發生突變，一下子從左舷（資產）倒向了右舷（負債）。當這一切來臨的時候（而且即將來臨），人們才會發現，它們的價值要比資本淨值少多少。

這些給我們帶來的啟示是，如果你喜歡那些愚人金，你就不應該去做一位船長。如果你想成為一位船長，你就必須控制自己內心那些迷戀愚人金勝過金子的念頭。做自己的船長，控制自己就意味著要控制自己的損益報表和資產負債報表。務請記住，資產負債表都是你自己方舟上的貨物。

了解資產與負債之間的差異

富爸爸常常對兒子邁克和我說：「如果想富有，你必須首先懂得資產與負債的不同。」他之所以花了好多時間對我們進行財商教育，原因就在於，如果沒有接受系統的財商教育，這個人可能就不會清楚資產與負債的區別。打造富人方舟的基礎之一，就是要弄懂資產與負債的不同。

一本有關會計學的書

二〇〇二年一月，我應邀在亞利桑那州的鳳凰城向部分商界名流發表演講。演講結束後，一位大型地區銀行的高級副總裁問我：「我聽說你的《富爸爸，窮爸爸》發行超過了一千一百萬冊，被翻譯成三十五種語言，風靡世界，是這樣嗎？」

我點了點頭，回答說：「是的，而且發行量還在不斷上升。多年以來，《富爸爸，窮爸爸》一直高踞《紐約時報》、《華爾街日報》等報刊的暢銷書排行榜。你讀過這本書嗎？」

「沒有，」他笑著回答，「請你告訴我那本書的內容。」

「那是一本有關會計學的書。」我也微笑著說道。

「什麼？」他顯然很吃驚，「一本有關會計學的書怎麼可以成為風靡全球的暢銷書？真是不可思議，我擁有會計學學位，會計學從來不會成為暢銷書主題。」

我用了幾分鐘時間，向他講述了富爸爸和窮爸爸的故事，解釋了窮爸爸怎樣成為文化知識的倡導者，而富爸爸怎樣成為財務知識的倡導者。接著我問這位銀行家：「你的客戶中，到底有多少人對財務知識一竅不通？」

銀行家連連搖頭，他笑著說：「我的一些客戶擁有良好的財務知識，很多富有的客戶甚至可以稱得上非常精通。不過，我的大多數客戶不知道財務報表是什麼，更不要說什麼會計學了。很多人賺了不少錢，但是卻不知道如何處理自己的錢。對我而言這是件好事情，因為他們很多人將錢存進銀行。是的，你說得很對，我遇到的很多人對財務知識了解甚少。」

讀過《富爸爸，窮爸爸》的朋友，可能知道對於富爸爸來說，會計學基礎知識是多麼的重要，損益表和資產負債表是多麼的重要。富爸爸常說：「如果沒有損益報和資產負債表，你就很難說清楚資產與負債的不同。」在《富爸爸，窮爸爸》中，曾經招來憤怒抨擊的一段就是，我認為自己的房子並不是資產，相反的，在多數情況下，自己的房子是負債。有些人讀到這個觀點時就非常惱怒，放下書不願意再讀下去了。其實，富爸爸從沒有說過不讓大家買自己的房子，事實上，他還鼓勵擁有自己的房子。他的主要觀點是，我們需要了解資產與負債的不同。富爸爸認為，很多人在財務上窮於應付，就是因為他們購買了債務，而他們自己還以為是資產。

「那麼，一本有關會計學的書怎麼能夠如此暢銷呢？」銀行家問我。

我笑了笑，慢慢回答說：「嗯，它不僅是一本有關會計學的書，而且是一本關於個人責任的書。」

「個人責任？」銀行家更是一臉茫然，「為什麼還是一本關於個人責任的書呢？」

「首先，懂得會計學可以讓你控制和掌握自己的財務和未來。我可以自行處理個人事務，無需別人幫助我自己投資。其次，個人責任意味著我們不容許別人欺瞞自己。」

「欺瞞你自己？」銀行家追問道，「你說的欺瞞是什麼意思？」

「哈，看看這次安隆公司事件。」我說。

「噢，」銀行家一臉笑容，他說：「我總算明白了。」

分辨愚人金與真正的金子

美國最富有的投資家巴菲特認為，掌握會計學是在投資中自我保護的一種手段。他說：

當管理者想把企業的現實狀況告訴你的時候，可以在會計學的規則下進行。不幸的是，至少在某些行業，當管理者想敷衍塞責時，也可以在會計學的規則下完成。如果不能辨別清楚這種區別，那你就不應該涉足投資行業。

安隆公司醜聞披露以後，就引出了一個問題：「形式主義的會計學到底是什麼樣子？」當安隆公司經營出現危機時，那就是他們運用的會計方法之一。富爸爸或許會說：「形式主義的會計學就是在一份會計報告中的開頭寫道『從前……』『在一個理想的狀況下……』、『如果一切按照計畫執行……』等等。」

一九九九年，在股市上揚到巔峰的時候，我應邀去一所學校討論教授年輕人財務知識的重要性。一位老師舉起手，不以為然地說道：「我們已經在學校裡教授孩子們財務知識，我們正在教他們如何挑選股票。」

「你首先是讓他們閱讀了公司年報和其他財務報表嗎？」我問。「沒有，我只是讓他們閱讀了市場分析師的報告。如果市場分析師勸大家買進哪一支股票，我們就去買進；同樣，如果市場分析師勸我們拋售哪一支股票，我們就拋售。」

為了避免引起不快，我只是微笑著點頭，後來我問：「他們做得怎麼樣？」」他仰起頭回答說：「他們的投資組合平均上漲了二〇%。」

我笑著向他致謝，在「教育」這個詞之後，我沒有說什麼，我不想說出自己的擔心。

就在安隆公司醜聞披露之前，幾乎所有的股市分析師都還在建議大家購買安隆公司的股票。

巴菲特說：「如果不能辨別清楚這種區別，那你就不應該涉足投資行業。」他的意思就是，如果沒有財務知識，那麼你就不要選擇購買股票。富爸爸可能也會說：「如果一開始就不懂閱讀公司的財務報表，那麼選擇買進股票純粹就是一種賭博。」在富爸爸看來，說的嚴重一些，「員工退休收入保障法案」迫使無數人成為賭徒，而不是成為投資者，他們在賭自己未來的財務安全。他們不是在自己的退休方舟中裝滿了金子，相反的，他們終生受到欺瞞，在自己方舟中裝滿了愚人金。可以說，世界各地缺乏財務知識所引起的問題，就遠遠超過了安隆公司和安達信會計公司的醜聞，這才是真正令人擔憂的事情。

《富爸爸，窮爸爸》是一本有關會計學的書，也是一本關於個人責任的書。隨著一些著名公司，例如安然、世界電信（WorldCom）、全錄公司會計工作所存在的問題的曝光，顯然，不僅會計工作，而且包括個人基本的財務責任，開始受到關注。

安隆公司採用「不在資產負債表上出現」（off balance sheet）的會計方式，來說明公司債務。也就是說，他們的財務報表未能正確顯示出所有的債務，這就類似於一個人不願意將自己信用卡帳戶上的負債情況在個人財務報表中列出一樣。這不僅僅是會計工作做得不好，而是缺乏基本責任感的問題。

隨著世界電信公司的倒閉，我們不得不重新回顧富爸爸與傳統的「銀行家」對於「資產」一詞的不同理解。富爸爸認為，資產就是能給你帶來資金收益的東西。當一項支出逐步「資本化」（轉化成資產），分期償還或者貶值（逐步支出），資產隨之增加，支出也就減少了。不過，務請記住，富爸爸認為資產必須能為你帶來錢。而將支出轉變成資產，並不能給你帶來更多金錢。

那些精明的市場分析師應該要發現世界電信公司會計工作的漏洞嗎？世界電信公司事件可以算是歷史上最大的會計醜聞，涉案資金高達四十億美元，而且每天都會引起新的法律訴訟。看來，如果能對現金流報表進行仔細分析，也許就能發現他們將支出變裝成資產的把戲。他們這樣做直接的效果就是，當現金流出公司的同時，增加了收入（減少開支）和資產。

很多分析師和會計師過分依賴會計結果上的盈利狀況，它們都可以從損益表和資產負債表中反映出來，而世界電信公司正是在這些地方大肆誇大自己的收入和資產。巴菲特在其波克夏・海瑟威公司二〇〇一年度報告中指出：「當公司或者投資人士運用『形式上來講』之類的詞語，他們就是想讓你不假思索地接受自己的存在致命缺陷的概念。」（在高爾夫球場上，我的表現通常低於標準桿：因為我有扎實的計畫，「重新改變」我的推桿形式，因此我只計算從發球區到上果嶺之間的揮杆次數）。」）在同一份報告中，他繼續道：「那些還堅持 EBITDA（未計利息、稅項、折舊及攤銷前的盈利）等同於實際收入的人，中間的差額就由你來補上。」

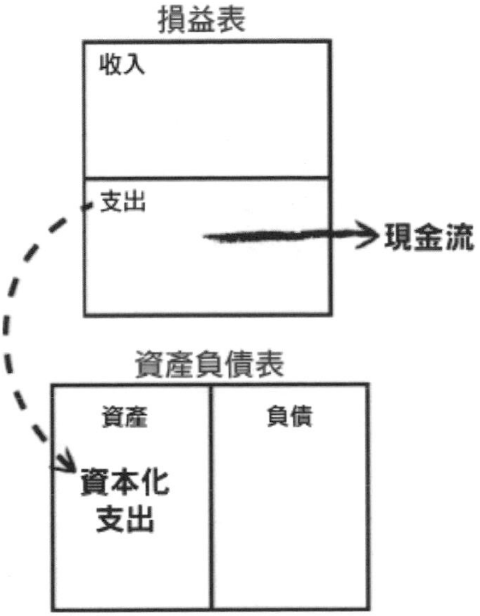

事實上，現金流報表應該算是財務報表中最近才出現的一種形式。會計師開始用兩種大家都知道的帳戶，也就是起始現金和最後現金，而其他內容則好像複雜的七巧板遊戲，直到各種不同解釋清楚之後才能看懂。那麼，花更多時間分析現金流報表，是不是就可以防止現在很多美國大公司裡存在的會計問題呢？

一家公司是不是值得投資的好公司？答案就是透過察看所有財務報表的所有部分，例如資產負債表、損益表，尤其是現金流報表。尋找一項投資的現金流去向，現金是在流進，還是在流出？尋找顯示董事會責任心的證據和線索。現金流是分析一家公司的很好切入點，不過，任何一個單獨的報表或者資料，都不能給出公司發展狀況的確切答案。

請大家記住美國前聯準會主席葛林斯班的建議，他認為：

- 「很多研究顯示，提升人們的財務知識是當務之急，缺乏財務知識讓數百萬的美國人很容易受到那些不道德公司的傷害。」
- 「一位見多識廣的借款人只會少受到欺瞞和濫用權力的傷害。」

- 「在小學和中學階段就教授學生基本的財務概念，這是較好的規劃。」
- 「改善財商知識可以幫助年輕人避免做出錯誤的財務決定，這些決定可能會導致他要花費數年才能回復的成果。」

在觀看電視上的轉播時，留給我最深的印象就是他強調指出，美國文化也需要發展。面對今天的財務問題，財務知識對於美國文化的發展顯得非常重要。

在同一次參院銀行委員會的會議上，財政部長奧尼爾指出：「為了做出正確的財務決策，人們需要能夠閱讀、書寫、運用基本的財務概念。隨著當今提供收益確定型退休金計畫公司的日益減少，以及員工自行決定個人退休金投資的增多，財務知識顯得尤其重要。」這些地位顯赫的金融界精英二○○二年的觀點，與富爸爸十幾年前所講的不謀而合，至少他們關注到了同一個問題。

理解資產與負債的不同含義

在《富爸爸，窮爸爸》一書中，我曾經講過，富爸爸在我九歲那年就開始對我進行財商教育。我認為該書之所以能夠暢銷不衰，非常重要的一個原因就是它非常通俗易懂，從來沒有超出九歲小孩的理解力。

考慮到一些朋友或許還沒有讀過該書，我將解釋其中的幾個主要觀點。對於已經讀過該書的朋友們來說，我也將增加幾點重要的新資訊。

多年前，富爸爸曾經給我畫出了下列這個收入表和支出表的簡單圖表，這也稱作利潤表和損失表，或者叫損益表（P&L）。：

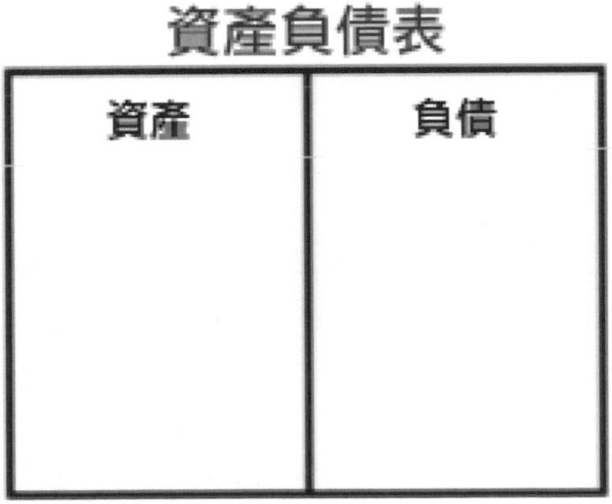

富爸爸告訴我說，這個會計表格也被稱作資產負債表，只是因為你的資產與你的負債必須平衡。他說：「對於很多人來說，它們在開始理解會計學上就出現了混亂。」

窮爸爸堅信我們的房子就是自己的一項資產，富爸爸卻不這樣認為，他說：「如果你爸爸有點財務知識，他就會明白自己的房子並不是資產，而是負債。」

富爸爸解釋說，很多人之所以將自己的房子看作是一項資產，只是因為房子是列在資產一欄中。那也就是意味著，甚至連會計師和銀行家也將你的房子稱作一項資產，因為你的房子就位於資產欄目中。舉例來說，假如你的房子價值十萬美元，你已經首付兩萬美元，抵押貸款八萬美元。那麼，你的資產負債表就會是這樣：

資產負債表

資產	負債
十萬美元	八萬美元
	資本淨值 二萬美元

資產與負債的不同在於資本淨值，在上面這個例子中，你的資本淨值就是二萬美元，資產負債表處於平衡狀態，會計師和銀行家和新房主皆大歡喜。

對於很多人來說，這就是他們全部想要了解的會計學知識，他們也都認為自己需要了解會計學知識。很多人認為，房子就是一項重要的資產，購買了自己的房子，他們就會精神愉悅、自豪不已，感覺自己做了一件非常有意義的事情。的確，資產聽起來總好像要比負債好一些。

在教導兒子邁克和我成為企業家和投資者的過程中，富爸爸常說：「如果想成為非常富有的人，你就必須比普通人更了解會計知識。」從我們九歲那年起，他就開始對我們進行財商教育，教授的內容遠遠超過了很多成人所知，當然他使用非常淺顯易懂的語言。

富爸爸說：「僅僅憑藉一份資產負債表，幾乎很難說清楚資產與負債的不同。為了掌握他們兩者之間的區別，你還必須要有一份損益表。如果沒有損益表和資產負債表，就不可能區別清楚資產與負債的不同。」

為了說明自己的觀點，富爸爸接著又為兒子邁克和我畫了一幅圖表：

《富爸爸，窮爸爸》是講述損益表與資產負債表兩者之間關係的一本書，同時也是講述兩對父子故事的著作。如果不能理解這種關係，就很容易受到欺騙。

最重要的一課

富爸爸接著說：「在商業活動中最重要的詞語就是現金流。」他認為，富人之所以富有，是因為他們能夠控制自己的現金流，而窮人之所以貧窮，就是因為他們不能夠控制自己的現金流。他說：「學習控制自己的現金流，是人類最重要的生存技能之一。人們生活中遇到的很多財務問題，歸根究底都是因為不能有效地控制自己的現金流。」這些，就是我九歲時從富爸爸那裡獲得最重要的教誨之一。

讓我們再次回憶一下美國前聯準會主席葛林斯班的演講：「改善財商知識可以幫助年輕人避免做出錯誤的財務決定，這些決定可能會導致他要花費數年才能回復的成果。」

用富爸爸自己的話來說，就是「人類最重要的生存技能之一，就是去學習控制自己的現金流。」富爸爸的話和葛林斯班的話相呼應。當我看到《今日美國》週一財經版頭版上那位五十八歲安隆公司員工的照片，我就感覺看到了一位直到晚年，才發現幾乎不能控制自己現金流的人的命運。葛林斯班所說的「做出錯誤的財務決定，這些決定可能會導致他要花費數年才能回復的成果」，指的正是這種情況。

二〇〇〇年三月，美國無數員工驚訝地發現，長期以來自己以為屬於個人資產的退休金計畫中的現金流向，自己根本無法控制。在富爸和我看來，這就是新的繳費確定型退休金計畫的最大缺陷。平時，員工們將自己的錢投進這個退休金計畫，希望能夠不斷增值。但是，員工們卻吃驚地發現，一旦用自己的現金購買了股票、債券或者共同基金，基本上他們就無法控制自己的現金流。

讓我們重溫一下富爸爸的教導：「學習控制自己的現金流，是人類最重要的生存技能之一。人們生活中遇到的很多財務問題，歸根究底都是因為不能有效地控制自己的現金流。」

這就是我在九歲那年，得到的最重要的教誨之一。隨著年輕的增長，我對自己現金流必須獲得愈來愈多的控制，而不是相反。

我和金之所以能夠提早退休，就是因為我們控制了現金流的方向。當股市上揚的時候，我們因為控制了自己現金流而賺到錢；當股市下跌的時候，我們也因為控制了自己的現金流，甚至賺到了更多的錢。二〇〇〇年三月的股市動盪之後，我們沒有像很多人那樣手足無措，眼睜睜地看著自己的資金化為烏有。

當我前面告訴那位銀行家說，《富爸爸，窮爸爸》是關於會計學和個人責任的一本書，我認為個人責任甚至要更為重要一些。安隆公司醜聞帶來的一個問題是，如果員工從來沒有學習運用自己的資金，沒有控制過自己退休金的流向，他們如何來為自己未來的生活負責呢？全世界無數人陷入嚴重財務危機，只是因為他們從來沒有學習會計學，不懂得如何對自己負責，也無法控制自己的退休金帳戶，進而不能把握自己的晚年生活。

現金流是判斷資產與債務的準繩

讓我們接著回顧富爸爸簡單但又最重要的教導，他說：「現金流動的方向，決定了某件事物是資產還是債務。」

他說：「資產的現金流將錢帶進收入一欄。債務的現金流將錢帶進支出一欄，接著又帶出了支出一欄。」

收入表和資產負債表之間的現金流關係，決定了某件事物是資產或者債務。更簡單的表述，就

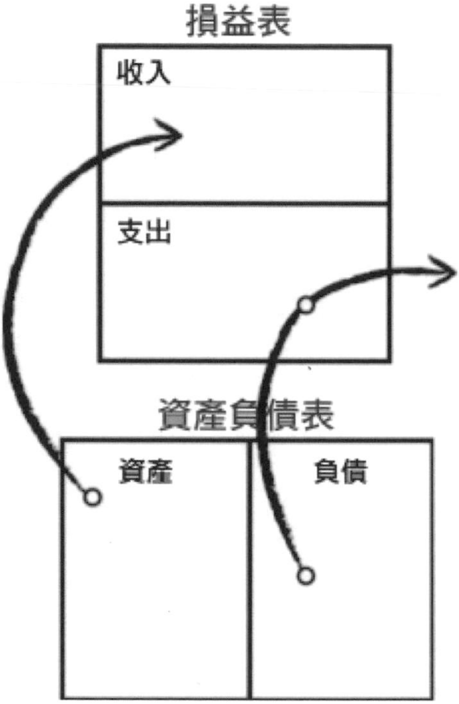

正如富爸爸常說的那樣：「如果你停止工作，資產仍然可以為你的錢包中帶來錢，而負債卻要從你的錢包中拿走錢。」他還有更生動的說法：「如果你停止了工作，資產給你飯吃，而負債卻會吃掉你。」

二〇〇〇年三月之後，不只是安隆公司的員工，還有很多人忽然發現他們的方舟、退休金計畫竟然要來吞噬掉自己，只因為他們沒有控制自己

現金流的流向。

負債就是那些從你的錢包裡掏錢的東西。那就意味著，中產階級夢寐以求的個人住宅常常也屬於負債，而不是資產。不過，如果一個人將那所房子出租，獲得的租金又超過了所有的支出，那麼同樣的這所房子就會從負債一欄中轉向資產一欄。

個人住宅變成租賃財產

早在少年時代，我就知道了房子可以是資產，也可以是負債。富爸爸這些簡單細碎的教導改變了我人生的方向，因為從此以後，我不大容易受到矇騙，不會盲目相信自己的住宅就是資產。

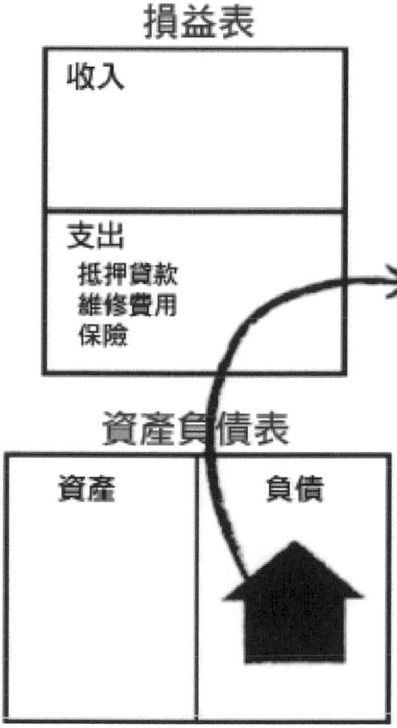

如果沒有早年接受的這些簡單教導，我肯定也會像自己的父母那樣，購置房子、汽車、家具、電視、珠寶，內心裡還暗自高興，以為自己購買了資產。我的爸媽堅信自己在購買資產，但是，事實上，他們被流行的文化神話，被中產階級和窮人的財務神話所蒙蔽欺騙了。

現在，我常常聽到很多人質問：

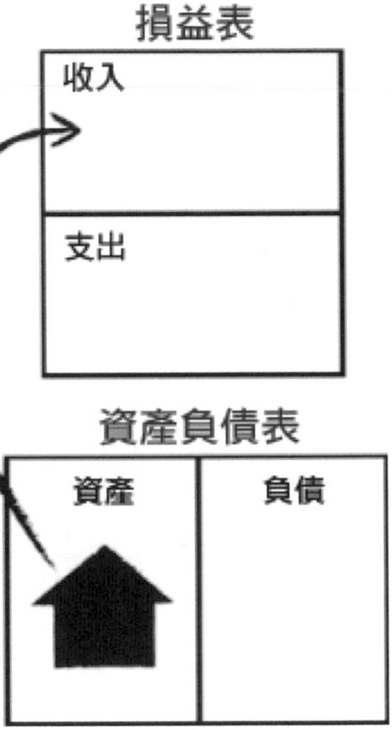

「如果沒有住房抵押貸款，那又會怎麼樣？」「如果沒有任何負擔，那又會怎麼樣？」「我已經得到了房子的所有增值，那又會怎麼樣？」「我的汽車呢，難道它還不算是一種資產？」

簡單地說，答案仍然相同。現金流決定了某件事物到底是資產還是負債。也就是說，一棟沒有借債的房子，仍然可能是負債，因為決定某件事物到底是資產還是負債的並非借債本身，而是損益表與資產負債表之間的現金流方向。

本書並不想討論你的房子到底屬於資產還是負債，而是想指出，很多人將自己的退休生活置於危險的境地，因為他們為自己將來的退休方舟上購買的是負債，而不是資產。很多人打開自己的退休金帳戶報表時，常常納悶著自己的錢已經不知去向。也就是說，現金流到底去了哪裡？在很多情況下，現金流出就意味著他們投資的是負債，而不是他們自己認為的資產。

事實與判斷

很多人認為，會計學是處理各種事實的，從某種意義上來說的確如此。不過，在多數情況下，會計學建立在判斷的基礎之上，而不是事實的基礎上。我曾經向那些閱讀我其他作品的朋友許諾，我一定會更加深入地探討富爸爸教給自己的知識，現在這個主題就是我們繼續深入探討的地方。會計學建立在判斷的基礎之上，而不是事實的基礎上，這是一個非常重要的觀點。

富爸爸在講述如何尋找一位優秀的會計師時，說明了這個觀點，他說：「當你見到第一位會計師，你問『一加一等於多少？』如果他的答案是『二』，那就不要聘請他，因為他不夠聰明。如果第二位會計師的答案是『三』，那也不要聘請，因為他太過愚笨。如果第三位會計師的答案是『你想讓一加一等於多少？』那就聘請他，因為你已經找到了自己的會計師。」

個人退休金帳戶到底是資產還是負債？

為了說明會計學主要是一種判斷、而不是事實的觀點，我舉了一個例子。當我問很多人：「你的退休金帳戶是資產嗎？」他們馬上做出了肯定的回答。畢竟，他們的個人退休金帳戶中也許有數十萬甚至數百萬美元。退休金制度改革以後，富爸爸將自己員工的 401(k) 計畫就看作負債，而不是資產，即便在這些退休金帳戶上還有錢、股票、債券或者共同基金。問題是，上述截然相反的兩種觀點，到底誰對誰錯呢？

二○○二年二月，通用汽車公司欣喜地向世人宣告，他們獲得了盈利。放在整個經濟不景氣的二○○一年，這則新聞的確值得慶賀。不過，很快就有人開始談論通用汽車公司資金不足的負債和退休金計畫。我看到在一次電視討論中，一位電視評論員將通用汽車公司數十億美元的退休金計畫看作一項資產，而第二位電視評論員則稱之為一項主要負債。他們在討論同樣一筆數十億美元的資金，不過，一位專家稱之為資產，另一位卻稱之為負債，觀點針鋒相對，形同水火。在這裡，顯然會計工作更多的是判斷，而非事實。

富爸爸對我們進行財商教育的重要一點就是要讓我們成為一位具有批判精神的思考者。現在，我運用了「批評」一詞，因為我聽到一些讀者朋友都是憤世嫉俗，而不是批評。我聽到有些人說：「哼，不論從什麼角度看，十億美元都是資產。」也就是說，這個人是憤世嫉俗者，而非批評者，兩者之間有很大區別。

讓我們再次回顧巴菲特的話：「當管理者想把企業的現實狀況告訴你的時候，可以在會計學的規則下進行。不幸的是，至少在某些行業，當管理者想敷衍塞責時，也可以在會計學的規則下完成。如果不能辨別兩者之間的這種區別，那你就不應該待在投資行業。」

巴菲特建議人們做一位具有批判精神的思考者，而不是憤世嫉俗的思考者。他說，如果不能洞察兩者之間的細微區別，那麼你就很容易上當受騙。

很多人相信，自己的繳費確定型退休金計畫就是資產，而有另外一些人則認為這些退休金計畫都是負債。富爸爸可能認為，作為成熟的投資者，你需要從上述兩個角度觀察問題。否則，就正如巴菲特所說的，「你就不應該待在投資行業。」

資產是負債

富爸爸教給兒子邁克和我極其重要的另外一課就是，所有的資產都可以轉化成負債。他說：「眨眼之間，所有的資產都有可能轉化成為負債。因此，我們在購買一項資產時必須特別小心，購買之後，應該更加小心。」

二〇〇〇年三月之前，很多人可能按照法律購買了資產，不過，這些所謂資產在二〇〇〇年三月之後，很快就變為負債。正是這種轉化，這種感覺上退休金帳戶中擁有的資產，實際上卻是購買了負債的急劇轉化，讓現在很多人對自己退休後的生活感到非常不安，憂心忡忡。

今天，很多人都想知道，到底什麼是真正的資產，什麼又是真正的負債。真正的答案是，所有的資產也都是債務。因此，如果你想打造一隻富人的方舟，你就應該像葛林斯班、華巴菲特、奧尼爾以及富爸爸所講的那樣，首先成為一位擁有財務知識的人。財務知識對於打造一隻富人的方舟至關重要，因為如果沒有財務知識，你也許花了多年時間，裝載在自己方舟上的可能只是些愚人金，而不是真正的金子。

開始準備應對未來的風暴

本書撰寫於二〇〇二年春天，就是為龐大的嬰兒潮中出生的這一代人準備的。嬰兒潮中出生的人就是指一九四六年到一九六四年間出生的美國人，總共大約有八千三百萬人。可以預料，這些人準備退休時，應該有另外一次股市上漲期，規模相當大。

透過繳費確定型退休金計畫，嬰兒潮中出生的很多人將再次被迫進入股市。這是財務安全的最後一次喘息機會，將會引起股市大蕭條前的大上漲。那也就是說，我們還可以在自己的方舟上裝載優質資產，而不是不良資產，不是在風暴中就會變為負債的不良資產。當然，重大股市危機也可能在今晚或明晚爆發。如果一切正常，這場股市大蕭條可能直到二〇一六年才會爆發，不過它肯定將會發生。因為那麼多嬰兒潮中出生的美國人都沒有控制自己的方舟，或者沒有在狂風惡浪中控制自己方舟的財務知識。

本書不是來預言這場危機的精確時間，而是強調應該提早做好應對準備，令人欣慰的是我們都還有時間做準備。我在這裡將要指出一些具體的行動步驟，幫助大家準備即將到來的完美風暴，這場風暴將有可能帶來一場巨大的股市上揚和下跌。務請牢記富爸爸的話：「如果你想變得富有，那就在開始投資大量金錢之前，先投資大量時間去學習財務知識。」

打造個人的方舟

1. 回顧你的財務報表，分析資產一欄中的各個專案。對於每個專案，回答下列這個問題：它能夠為你的錢包帶來錢嗎？

   能＿＿＿　不能＿＿＿

2. 如果某項資產不能為你自己的錢包中帶來錢，那就在上面貼上「愚人金」的標記。
3. 資產為你帶來了多少收入？也就是說，你的錢（資產）在為你工作嗎？
4. 現在，你還有一些目前不為自己工作，但卻可以在將來把它們改造成給自己帶來現金流的資產嗎？

額外資源

如果想要更能夠掌握自己的方舟和資產，下列遊戲就是為了讓你學習而設計的。

1. 現金流 101 及現金流 202

這是我在一九九六年開發出來，教導會計與投資基本的遊戲。看名字就知道，其設計在於讓想要成為投資者的人學習掌握資產的現金流。這兩個遊戲並不是很簡單，但一旦學會後很多人都表示豁然開朗，生活也隨之改善。人們可以學到如何把薪水變成資產，並讓資產持續有現金流回到自己口袋。簡單地說，這是深具效果且可以改變生活的遊戲。

2. 兒童版現金流

這個益智遊戲是成人版現金流 101 的簡易版。這個兒童遊戲適合六到十二歲的兒童，很多家長也發現先玩會這個版本再去玩成人版會更容易。

這個遊戲的目的在於教導年輕人要如何避免世界上愚人金的誘惑，並且掌握自己的財務方舟。兒童版現金流讓您的孩子有機會擔任人生的總裁。就像美國前聯準會主席葛林斯班所說的：「改善財商知識可以幫助年輕人避免做出錯誤的財務決定，這些決定可能會導致他要花費數年才能回復的成果。」

第十三章
控制個人的情感

華倫・巴菲特常常說：「如果不能控制自己的情感，你就無法控制自己的金錢。」

一個朋友的夫人對我說：「你是我們的好朋友，你知道我們最近賺了一大筆錢。說實在的，我們從來沒有擁有過這麼多錢，不過，我現在整日憂心忡忡，擔心賠光了這些錢。」不幸的是，二〇〇一年底，他們原先擁有的金錢真的全賠光了。一語成讖，他們自己最擔心的一幕，竟然真的發生了。

富爸爸說：「金錢是個讓人激動的話題，如果不能控制自己的情感，你的情感最後就會控制自己的金錢。」他又說道：「論及金錢，可以說很多人都患有財務憂鬱症。」

早在小學五年級的時候，我就開始閱讀一些偉大的航海探險家的傳記，包括哥倫布、麥哲倫、庫克等等。正由於這些故事的激勵，我才認為自己應該申請位於紐約的美國海運學院。儘管畢業後我就參加了海軍陸戰隊，但是對大海生活的嚮往卻一直未曾改變。

我再次閱讀了以前曾經讀過的一本記述海上生活的好

書：《航向長夜的捕鯨船—「白鯨記」背後的真實故事》（*In the Heart of the Sea: The Tragedy of the Whaleship Essex*），作者是拿塔尼爾．菲畢里克（Nathaniel Philbrick），該書是根據艾塞克斯號捕鯨船的真實故事撰寫而成。十九世紀初，艾塞克斯號捕鯨船從距離麻塞諸塞州科德角二十五英里的南塔克特島出發，從南美洲到達太平洋中部的赤道附近。據估計，這艘船可以在海上航行兩到三年，但不幸的是，因為遭遇一條巨大的抹香鯨襲擊，艾塞克斯號捕鯨船突然沉沒了。

這個故事似曾相識，因為赫爾曼・梅爾維爾（Herman Melville）的《白鯨記》（*Moby-Dick*）就是以艾塞克斯號捕鯨船真實故事為素材的。讀過兩本書之後，才發現《白鯨記》的情節相對於艾塞克斯號捕鯨船沉沒之後發生的真實故事遜色許多。事實上，《白鯨記》的情節在艾塞克斯號受到襲擊之後就結束了，而《航向長夜的捕鯨船—「白鯨記」背後的真實故事》的情節則是從它受到襲擊後開始的。

隨著艾塞克斯號慢慢開始沉沒，大約二十多位船員分別爬上了三隻較小的捕鯨艇。等到將一些糧食轉移到捕鯨艇上，船長和船員們就不得不決定下一步該怎麼辦。他們討論的一種選擇就是揚帆隨風飄流到大溪地（Tahiti），這條相對容易的航程大約需要一周時間。

突然，一位船員喊道：「可是，大溪地人屬於食人部落。」這就是當時所發生的事情。聽到這個令人震驚的訊息，三艘捕鯨船上的船員心境產生變化，他們決定最好還是划回智利，儘管這樣一來路途遙遠多了，代表一路上還得和風對抗。之所以選擇前往智利，是因為船員們熟悉智利，而且覺得那要比遭遇大溪地上的食人部落安全一些。決定做出之後，他們就開始迎風划向智利出發。

九十多天以後，一艘新英格蘭捕鯨船發現了其中的一隻小捕鯨艇。靠近之後，他們看見小艇前後各有一具骷髏，而在小艇中部，則是一堆已經發白的屍骨。艾塞克斯號捕鯨船上的人們，最後的結果就正如他們所擔心的那樣。他們的恐懼擔心，也就成了他們自我實現的預言。

艾塞克斯號捕鯨船的故事並不只是一個關於食人族的可怕故事，也是一個關於船長和船員們讓情感左右自己心智的故事。這群人讓自己追求的所謂安全，主宰了自己的未來，他們不是隨風飄流到大溪地，而是選擇了回頭向自己熟悉的智利出發。儘管從專業的角度考慮，他們自己也明白要到達智利幾乎毫無可能。

這也是一個關於設想的故事，大家還記得這本書前面的那個設想嗎？沒有一個人質疑那位船員所講的大溪地人是食人族的真實性。其實，艾塞克斯號捕鯨船的所有船員都來自新英格蘭，他們並沒有到過大溪地，他們對於大溪地的了解最多也是道聽塗說。但是，當時沒有一個人站出來，哪怕是簡單地問那位船員一句：「你曾經到過大溪地嗎？」

艾塞克斯號捕鯨船災難發生不久，夏威夷和大溪地就已經成為全世界捕鯨者的天堂。當我還是小男孩的時候，我讀到一些捕鯨者在大溪地上度過的美妙時光，不禁夢想著有一天自己也能夠駕船前往那裡，這個夢想終於在一九六七年實現。事實上，正是這個想要駕船駛向大溪地的夢想，很大程度上激勵著我報考了紐約的美國海運學院。一九六七年，我作為一名實習生，乘坐一艘油輪從夏威夷趕往大溪地。在那裡並沒有發現什麼食人族，恰好相反的，我看到了一個遠超乎自己夢想、美妙非凡的人間天堂。時至今日，我依然常常夢見美麗的大溪地，夢見美麗的大溪地人。

投資就是天堂

對於我和妻子金來說，投資就是天堂。投資就意味著自由、財富和安全。雖然投資存在風險，就像駛向大溪地也存在風險一樣，但是，這個風險和選擇是值得的。不幸的是，很多人聽從所謂投資專業人士的投資建議，而這些所謂的專業人士根本未到過天堂。多數人們推測，那些向自己提供建議的人一定懂得自己所講的東西。

根本的一點是，當涉及金錢的時候，很多人都讓自己的情感左右自己的心智。我們的情感具有很大的力量，如果不加以控制，這些情感化的想法就有力量成為大家自我實現的預言。如果你打算成為自己方舟的船長，最重要的控制之一，就是控制自己的情感。當我聽到那位朋友的夫人說：「我現在整日憂心忡忡，擔心賠光這些錢。」我就知道擔憂的情感已經控制了她的生活。即便他們擁有讓自己生活在天堂也綽綽有餘的金錢，他們卻從來沒有生活在天堂裡。相反的，他們的恐懼決定了他們的命運，結果，他們也幾乎失去了一切。

控制人們心智的三個層次

在向他兒子邁克和我解釋這種現象的時候，富爸爸說，控制人們的心智有三個層次：分別是低等、中等和高等的心智。他說：「從較低的心智講話時，人們常常會說『投資充滿了風險』、『如果賠錢怎麼辦』，也都是從自己低等的心智出發的。」接著，富爸爸解釋說：「談到金錢的時候，很多人從來沒有跳出低等的心智。」

同樣的，我當時並沒有完全理解他的意思。不過隨著年齡的增長，我發現很多人固守著低等心智，尤其是在金錢問題上。我有一些很要好的朋友，他們就生活在畏懼投資、冒險、損失金錢的念頭之中。他們看來很難動搖這些心智，而且在某些情況下，這些恐懼往往都會被自我的預言而真的實現。朋友中有些人在銀行擁有數百萬美元存款，生活盡可能簡樸，總是擔心失去那些金錢。實際上，在很多方面他們已經是個輸家，因為他們就像沒錢的人那樣生活。

在教育我們如何擺脫低等心智上，富爸爸說：「如果不想讓低等情感左右自己的心智，你就需要中等和高等心智。」他說，正是我們的中等心智，也就是理性思想，才需要學習一些必須的財務技能。例如，當我恐懼房地產投資的時候，富爸爸建議我去參加房地產投資課程。我聽從了他的建議，參加了一個周末的房地產培訓課程，我的理性思想戰勝了感性思想。參加了那個培訓課程之後，我的擔心依然存在，不過至少我準備按照所學的課程去做了。一九七三年的那次房地產培訓課程花去了我三百八十五美元，但在數年以後，我用這些課程帶給我的知識賺到了數百萬美元。

這也就是高等心智的來源。儘管我看了數千個潛在的房地產投資專案，實際完成了其中的近百件交易，而且，我認為自己在房地產的投資上非常成功，一個月的房地產投資接近一千萬美元，但是我的低等心智中的懷疑和畏懼仍然不時襲擊自己。來自低等心智的神經緊張和懷疑還是伴隨著自己，這也就是高等心智前來補救的地方。因為我已經多次經歷了發現、購買、出售、管理財產的過程，當我的低等心智中的畏懼情感開始醞釀時，高等心智早已經控制了自己。它緩和了低等的懷疑和畏懼的心智，告訴中等心智開始尋找讓低等心智感覺更安全的新資訊、建議或者教育。

很多不是投資者的人，其中等心智中沒有多少技巧，也沒有多年高等心智的經歷，難以將他們從強大的低等心智情感的束縛中解脫出來，因此，最後他們由低等心智主宰了自己的命運。

這也就是財商教育為什麼如此重要的原因之一，因為你一旦學習了財務知識，就可以依靠中等心智，打破自己畏懼、懷疑的低等心智對自己的束縛。回顧自己的一生，我就感覺正如與富爸爸玩大富翁遊戲一樣，還有一些關於真實世界的建議和經驗，幫助我戰勝了每個人都存在的懷疑和恐懼。

巴菲特大學畢業之後，花了一百美元參加了戴爾・卡內基（Dale Carnegie）的一個培訓課程。後來，在回顧這段經歷時，他說：「我不是透過參加這個培訓課程，讓自己參加公開演講時腿不再發抖。現在，雖然腿還在發抖，我卻可以繼續演講。」

即便有些畏懼和懷疑，我和金仍然進行投資，正是因為有我們自身畏懼和懷疑的挑戰，才讓投資變得令人感到興奮。也就是說，我們不讓低等心智左右自己的生活，而是讓我們的懷疑和畏懼讓自己生活得更美好。

一九七三年花了三八五美元的培訓之所以如此重要，原因就在於這些課程與富爸爸先前的財商教育，一起為我提供了逐步邁向高等心智的一個橋樑。儘管我明白，任何一個房地產專案都可能很快由資產變為負債，但是，正是我的高等心智讓自己平穩發展、思路清晰地應對一個專業投資者所面臨的各種挑戰。

身為你自己方舟的船長，並不意味著從此以後就永遠告別了懷疑和畏懼，因為懷疑和畏懼是我們人類與生俱來的情感。事實上，如果沒有這些情感，你甚至也難以成為一位好船長。不過，如果你想成為一位好船長，就需要用中等和高等心智指導自己的方舟，尤其當你想闖過前面的驚濤駭浪，到達美麗天堂的時候。

《叛艦喋血記》

很小的時候，我曾經看過馬龍・白蘭度（Marlon Brando）主演的電影《叛艦喋血記》（*Mutiny on the Bounty*），我還能記得戰艦駛進大溪地港的情景：一些小船迎上前去，小船上滿是盛裝的美麗少女，她們微笑著揮手致意，用當地方言齊聲喊著「嗨，水手！嗨，水手！」時光不可能倒流，假如艾塞克斯號捕鯨船的船員看到這一幕，我想他們肯定不會駛向智利，他們一定會說：「誰在乎什麼食人族，讓我們駛向大溪地吧！」這就是財商教育的力量。

一個截然不同的世界

儲蓄無需多少財務知識，正如富爸爸所說：「我可以訓練一隻猴子去儲蓄。」同樣的，多樣化投資也無需多少財務知識。很多人儲蓄，而且如果他們投資，也會強調所謂多樣化的原因，就是他們中等心智中缺乏恰當的財商教育。如果接受了財商教育，他們或許更樂意到雞舍外面的世界中冒險，尋找一個充滿機遇、豐富多彩的世界。當然，他們也會看到一個遍布騙子和撒謊者的世界。

不過，經歷了安隆公司醜聞之後，我們知道原來即便在雞舍之內，也會有騙子和撒謊者。關鍵在於，如果他們的中等心智中沒有接受過財商教育，那麼整日待在安全舒適的雞舍內、儲蓄、讓自己的共同基金多樣化，對於他們來說或許就是明智的抉擇，也常常是他們惟一能做的事情。

優良債務與不良債務

很多處於雞舍內的人，都以為沒有債務是一件聰明的事情，無債一身輕。早在我的童年時代，富爸爸就告訴我，債務有好壞之分。他說：「優良債務可以讓你富有，不良債務可以讓你貧窮。」雞舍內的很多人之所以認為，借債不是好事情，沒有債務最明智，原因就是在他們知道的債務只有不良債務一種。而且，在他們的世界中，不欠債是聰明的選擇。

如果你想成為自己方舟的船長，就需要懂得優良債務與不良債務的區別。作為美國海運學院的學員，我曾經廣泛學習過船隻設計。我們學過的知識之一，就是一般的小船不需要設計壓艙物，而大船卻需要。

壓艙物就是固定在船艙底部的重物，用以保持船隻的垂直水平狀態。例如，當大型貨船從歐洲開往美國紐約途中，很多船隻都是沒有裝載貨物的空船。如果沒有壓艙物，船隻就有可能傾覆沉沒。當年，最好的壓艙物就是河流中的鵝卵石。因而，直到今天，當有來自歐洲的大型貨船停靠的地方，都可以看到成堆的鵝卵石。一旦貨船到達美國，這些壓艙的鵝卵石自然就被卸下，運往歐洲的貨物接著被裝上了船。

我們認為，如果你要建造一隻非常小的方舟，例如八英尺長的小舟，那麼你就無需任何壓艙物。在一隻小船上，沒有壓艙物要更好的一些。但是，如果你要建造一隻大的方舟，那麼壓艙物就成了必須考慮的因素。對於處於B象限和I象限的人們來說，運用優良債務的槓桿就是一門重要的技巧。如果你想建造一隻小的方舟，沒有債務或者壓艙物就是一件明智的做法，你也就不必學習管理優良債務的技巧。在一隻小的方舟中，任何形式的債務可能都是不良債務。

在我的青少年時代，富爸爸就一直教導我如何去借錢，而不是消滅債務。他之所以如此，就是想讓我們有朝一日能夠管理更大的方舟。他對我們的重要教誨之一，就是如果你準備得到不良債務，就不需要什麼財商教育和財務報表。他說：「如果你想得到的只是不良債務，銀行家就不會要求你出具一份財務報表。你所需要的購買一個房子、汽車或者辦理信用卡，這都只是一個相當簡單的借款申請。但是如果你想要得到優良債務，那種能夠讓你富有的債務，銀行家就會要求你出具一份財務報表。向你借出優良債務之前，銀行家首先要看你的財務報表，查明你是否能夠聰明地處理自己的優良債務。」

現在，我更加深刻地理解和讚賞富爸爸有關優良債務和不良債務的劃分。我知道，不良債務往往需要負擔高額的利息。如果一個人沒有自己的財務報表，銀行家就會認為這個人接受財務教育，自然就會要求較高的利息，因為貸款給沒有受過多少財務訓練的人需要承擔更大風險。然而，如果我為了一家企業或者房地產投資借款，銀行家就要察看我的財務報表。在這個案例中，銀行家在冒險以較低的利率借我錢之前，就會要求要看財務報表。

優良利息和不良利息

對於儲蓄者來說也是如此。如果你沒有接受過扎實的財商教育，銀行家就會盡可能付給你最低的利息。如果你擁有財務智慧，就會有許多專案可以贏得高出好多的利率。其中一個例子就是我在前面章節中已經講過的，一些人得到的是二%需要納稅的利息收入，另外一些人得到的是七·七五%免稅利息收入。

低等心智中的畏懼心理，對於儲蓄者來說同樣要付出昂貴代價。因而，如果想成為一隻大方舟的船長，你就需要確實掌握優良債務與不良債務、優良利息與不良利息之間的區別。

必須的教育

針對我們的現金流象限理論，如果生活在E象限和S象限，你就不需要什麼財務報表。但如果你生活在B象限和I象限，制定財務報表和接受良好的財商教育就是必須的。很多時候，法律要求生活在B象限和I象限的人出具一份財務報表，但大多時候卻不會向生活在E象限和S象限的人提出同樣的要求。

「退休收入保障法案」及其後續的修正案，將會讓數百萬的美國人從E象限和S象限轉移到I象限，而政府和社會卻沒有提供與之相配套的財商教育。因為這些人的中等心智裡缺乏財商教育，他們可能會逐步淪落成財務上的囚徒，被自己低等心智裡的畏懼和懷疑所左右。

分析能力的麻痹

有些人不是好的投資者，因為他們接受了過多教育，陷入分析麻痹的陷阱。他們生活在富爸爸所謂的「如果……那麼」的世界，他們總是認為：如果這裡出了問題，那麼就會怎樣？如果那裡出了問題，那麼就會怎樣？在投資領域，「沒有得手」常常指的就是某個人懂得所有答案，但最後卻沒有賺到錢。他們剛剛處於投資的邊緣，但是自己的低等心智壓制了中等心智，他們也就沒有透過投資進入真實世界。對他們而言，最好還是堅持老套的模式：長線投資，用一定數額美元定期購買投資，投資多樣化、多樣化、多樣化。因為他們的畏懼和懷疑控制了自己的心智。

巴菲特說：「如果你必須經過太多的調查才能行事，那麼一定出了什麼問題。」

教育克服畏懼

我從九歲那年就從富爸爸那裡接受財商教育，這些教育幫助我控制了對投資的恐懼。當然，我的內心恐懼猶存，但是有了這些教育和經驗，我就能夠開始打造自己的方舟。在我的生命中，最讓自己驚奇的事情就是自己最後獲得了財務自由。

過去，我一直夢想有一天能夠有足夠的錢之後退休，坐在自己的方舟上，輕鬆愉快地安度晚年。一九九四年，當我四十七歲時，我的方舟已經打造完成。接著，我發現端坐在自己建成的方舟之上，整日無所事事，實在無聊至極，因而在一九九六年，我開發了訓練人們財商的現金流遊戲。

我開發了現金流遊戲，和大家分享富爸爸的教誨，以及從隨後的投資實踐中獲得的經驗，儘管這些投資有的非常成功，有的失敗了。這個現金流遊戲教導我們關於財富的重要詞語，最棒的是，經由這個現金流遊戲，在你心中有關金錢和投資的恐懼將會開始慢慢消退。

第十四章

我的個人經驗

現金流遊戲不僅傳授基本的財務知識，而且指出了實際生活中存在的四個不同層次的投資。我和金在打造自己方舟的過程中，就遵循了現金流遊戲中的實際投資計畫。

投資的四個層次

第一層次：小額交易

在現金流遊戲盤上，有小額投資卡和大額投資卡。很多人剛剛開始玩這個遊戲的時候，往往都是從小額投資卡開始。當然，就像在實際生活中那樣，總是有一些極端自負的人，即便他們沒有什麼錢，一開始也想從大額投資起步。

實際上，我在一九七〇年代初，就購買了個人第一項房地產投資，那是位於夏威夷茂宜島（Maui）上價值一萬八千美元的大廈（各戶有獨立產權的公寓）。雖然我當時沒有多少錢，我還是透過預付訂金，一口氣買下了三棟這樣的房子。不到一年之內，我以每棟四萬八千美元的價格轉讓了這些房子，總共獲利九萬美元，然後我與投資人平分了這筆錢。那一年，我從這項投資中得到的錢比我在全錄公司得到的薪水還要高。從那時起，我就渴望成為一名更好的投資者。

金的第一筆房地產投資是在一九八九年，那是一個要價四萬五千美元，有兩個臥室、一個浴室的房產。房子的預付訂金是五千美元，她後來每月從這項投資中得到二十五美元的現金流。雖然金非常緊張，她卻從這項投資中獲得了很多至今讓自己獲益匪淺的經驗。

現在，我們仍然繼續進行一些小額投資。我在前面曾經提到，我們投資了市政抵押的房地產信託投資，能夠給我們帶來利息為七・七五%的免稅收入。另一方面，很多人只能從銀行中拿到利息為二%的稅前收入，而我們實際得到了相當於十二%的稅前收入。為了進行這項投資，必須仔細觀察股市走勢，以及由美國聯邦儲備銀行制定的短期利率。這意味著，像美國前聯準會主席葛林斯班那樣的人物發表談話時，你都必須隨時注意傾聽。

第二層次：大額交易

一旦現金流遊戲的玩家從小額投資中賺到錢以後，他們就可以準備進行較大的投資。

我和金在實際生活中也是這樣做的，等到我們購買了近十二處的小型房產以後，我們準備透過稅務延遲的一〇三一稅法（tax-deferred 1031 exchange，納稅人把出售投資資產盈利用於投資同類型資產，得以延遲支付所得稅）交易賣掉它們，這就意味著我們無需像股票投資者那樣繳納資本所得稅。賣掉十二處的小型房產之後，我們準備投資更大的專案。利用賣掉那些小型房產的收益，我們後來購買了兩個較大的公寓專案，並在一九九四年能夠退休。也就是說，從小額交易到大額交易再到退休，我和金用了不到五年時間。

退休之後，利用已有的經驗，我們開始尋找更大的專案。

以下就是其他一些大額交易專案：

◎私人房地產合夥投資公司（Private Real Estate Partnerships，PREP）：我和金喜歡投資私人房地產合夥投資公司，簡稱PREP。它是我們對這種房地產投資形式的稱謂，目前還沒有其他人使用這個名稱。PREP常常也被稱為房地產企業聯合（real estate syndication），也是購買大型房地產投資的私人合夥投資公司。

下面就是PREP的一個例子。在我之前的著作裡，我曾經寫過自己想買一輛五萬美元的新保時捷跑車。後來，我沒有將錢浪費在保時捷跑車上，因為那是負債。我和金將手頭的錢與其他九位投資者提供的資金加在一起，籌集了五十萬美元，並利用一家銀行的抵押貸款，買下了一座小型倉儲商場。

那個商場每個月為每位合夥人帶來大約一千美元到一千四百美元的現金流。我不了解別人如何處置這些錢，我和金卻在用這些錢支付保時捷跑車的費用。三年後，那家商場一直為我們帶來現金流，總共得到了自己當初投資的五萬美元，然後，我們又將這些錢投資到另外一家私人房地產合夥投資公司。我們還能得到自己的現金流，而且數額已經上升到每月兩千美元，因為租金上漲了。如果現在出售那個房產，我們肯定還能得到十萬到二十萬美元的收益，而我們也擁有了保時捷跑車。這就是一個資產購買負債，並幫助我們能夠提早退休的例子。因為我們不再用自己的錢投資，卻仍然可以每月得到兩千美元的收益。我們新的投資收益到底有多少？答案可能就是無限。

我和金每年投資一到兩家私人房地產合夥投資公司的專案，平均現金報酬率在十五％到二十五％之間。如果再考慮到折舊扣除補償這種並非真正損失，而是虛擬的現金流，那麼，這些投資為我們帶來的報酬率就很容易達到五〇％或者更多。試想，什麼樣的共同基金怎麼能夠做到這麼好呢？

我們喜歡這些投資，因為和其他投資者共同分擔風險，我們利用銀行家的錢，投資的都是房地產專案，每月都可能得到現金流。如果房產升值，我們得到的資本收益潛力就很大，出售的時候也可以獲得納稅優惠。而很多股票和共同基金卻不可能提供這些納稅優惠、穩定的現金流以及財務安全。

我和金最新的私人房地產合夥投資專案是一棟有著兩百四十個單位的公寓大樓，獲得十五％的納稅優惠收入，那也就相當於獲得三〇％的稅前收入。而這家合夥投資公司還有另外三個投資夥伴。

最棒的是，只要三年多的時間，我們就可以將自己最初的投資全部收回，同時還擁有了新的房產，每月仍然能得到現金流。然後再運用同樣一筆資金參與其他新的投資專案。

◎承租者負擔多項費用的淨租賃（triple net lease）：這種專案同樣也屬於大額交易，但是又與前面的投資些許不同。我和金喜歡這種投資的原因很多，主要有：

- 承租者負擔多項費用的淨租賃專案往往位於精華商業區，例如位於鬧區十字路口。
- 承租者往往是上市公司，例如大型藥店、速食連鎖店、全國零售連鎖店等。那就意味著從這些房產投資中能夠得到安全穩定的現金流。
- 承租者負責所有的事情和費用。承租者除了繳付房租之外，還需要繳付建築的管理費用、保險費、稅款以及維修費用。對於那些討厭經營管理房地產的投資者來說，這種租賃方式自然是最佳選擇。問題是，這些專案要求投資者必須具有相當的經濟實力。

投資承租者負擔多項費用的淨租賃專案，一方面可以獲得穩定的現金流，另一方面風險較低並且享有絕佳的納稅優惠。不過，我和金投資這些淨租賃專案的主要原因，是想擁有街道十字路口的精華商業土地。一旦十五年到二十年左右，租賃期結束，這些位於繁華十字街口的土地就會大大升值。麥當勞成為最富有公司的原因之一，並不是他們賣掉了多少漢堡，而是因為他們擁有世界各地十字街口最好的土地。

在二〇〇〇年股市危機之前，我的一位朋友提早退休，拿到了三百萬美元的退休金。他用一百萬美元購買了一家著名漢堡店（不是麥當勞）的承租者負擔多項費用的淨租賃專案。他沒有貸款，直接拿出一百萬美元後就退休了。他的一百萬美元的投資，為自己帶來了八・五%的年收益，也就是獲得八萬五千美元稅收優惠的現金流，而且每五年還要上漲一次。也就是說，這種八・五%的稅收優惠收益，就相當於每年從股市獲得十七%的稅前收益。

區別在於，因為不論股市漲跌，他都可以從自己的投資中獲得好處，所以他可以高枕無憂。他的銀行帳戶中每個月都可以收到一筆款項，等到二十年之後，他將擁有一塊價值很高且屬於自己的房產，這些房產還可以讓子孫們繼承。

儘管八．五%的收益對我來說不算一個很好的結果，但是對於他來說卻是一個明智、安全的收入。我不十分了解他如何處理退休金中其餘的兩百萬美元，我想大多可能用來納稅和買遊艇了。

如果你對於股市的漲跌感到厭倦，嚮往那些富人如何感覺到安全，那麼就駕車去一個繁華的十字路口，尋找附近的商業建築吧。機會往往就在那些只有一位投資者的建築（包括藥店、超市、速食連鎖店）上面，這些投資者往往沒有企業，沒有管理企業或經營財產的苦惱，他們只是擁有那棟建築，底下的地皮也常常是他們的。每個月，當無數人盯著股市漲跌變化的時候，承租者負擔多項費用的淨租賃專案投資者卻悠然自得，他們的銀行帳戶裡總是能得到相當的現金流。在我看來，這才更具有投資意義。

這種投資的好處就是，你每月都可以得到現金流，承租者支付了房產貸款。而在最後，你還擁有這塊地產，並從租賃期間房產的升值中受益。

承租者負擔多項費用的淨租賃專案存在兩個問題，一是常常需要預付訂金，二是很多出售共同基金和保險的財務規劃顧問，並不向大家推薦這類投資，因為他們自己並沒有這方面的委託。我常常聽到財務規劃顧問抱怨房地產投資充滿風險，勸告人們多樣化投資各種共同基金組合，在我看來那才真正充滿了風險。進行承租者負擔多項費用的淨租賃投資的時候，你需要尋找一位至少擁有五年房地產行業投資經驗的經紀人，而且不要害怕與滿意的客戶打交道。當然，正如任何投資專案一樣，承租者負擔多項費用的淨租賃專案也有好壞之分。

我們放棄的投資

以下就是我最近發現，後來又因為它不能帶來滿意的收益而放棄的一項投資。這項房地產專案是在美國中西部地區新落成的一家超市，承租者是擁有良好信譽的上市公司。公司的年銷售額是一百五十億美元，在全國擁有三千家食品雜貨店和兩千家便利店。

購買價格　六百六十萬美元
預付訂金　一百六十萬美元
抵押貸款　五百萬美元

帶來的現金流分別是：

一到兩年　十九萬八千美元（十一％）
三到八年　二十四萬美元（十四％）
九到十年　二十八萬兩千美元（十六％）

儘管這是一筆非常安全可靠的投資，我和金最後還是放棄了，因為這並不是一筆很賺錢的投資，我們可以找到地段更佳、可以帶來更高回報的房地產專案。這塊房地產的地段並不像我們在承租者負擔多項費用的淨租賃專案看的那樣理想。如果房地產的地段很好，即便承租者沒有履行自己的責任，你也可以輕鬆地將房產另行轉租出去。

開始起步

務請牢記，我和金的投資也是從很小的專案開始的。不過，隨著我們財富的增長，經驗的累積，我們投資專案的規模、安全性、收益也在不斷擴大。也就是說，正是財商教育和經驗最後讓一個人變得愈來愈富有。我和金每年都要在自己的方舟上增加這兩類投資，因而我們的被動收入一直在增加，這就是財商教育和財務經驗的力量。很多共同基金投資者都樂意在二十年內每年得到二十萬美元的被動收入，而不願意辛辛苦苦盯著股市的漲跌變化。如果你在一生中能夠做成五筆這樣的投資，那麼，在你的有生之年大約每年就可能有超過一百萬美元的收入。

第三層次：快車道

正如大家所了解的，現金流遊戲中有兩種車道：老鼠賽跑和快車道。現實生活中，在快車道上投資注定都是富人的專利。

以下就是我和金自一九九四年退休之後，增加在我們的方舟上，進行投資的一些實例。

◎個人領地：作為企業家，我們也都喜歡投資那些有上市潛力的剛剛起步的小公司。近年來，我們曾經投資兩家石油公司、一家銀業公司、一家黃金公司和一家消費品公司。其中，一家石油公司在沒有找到石油的時候，資金用罄，最後陷入困境。另外一家石油公司發現了煤氣，後來被一家上市公司購併。銀業公司在二〇〇一年被一家在多倫多股票交易所上市的公司購併，開始引起了投資者注意。銀業公司已經有產品問世，從出售礦石中獲得了現金流。黃金公司擁有先進的探礦計畫，處理三百萬盎司的金礦資源，並準備在二〇〇三年通過最初公開上市。消費品公司也打算透過反向購併，在二〇〇二年上市。

這些小公司大多經過了四、五年的發展，都在準備公開上市。我曾經在「富爸爸」系列叢書《富爸爸，提早享受財富——投資指南》中，詳細闡述了公司開辦和準備上市的過程。記得該書一九九九年出版之後，一些人批評說我投資創辦黃金、銀業和石油公司，純粹是浪費自己的時間，因為當時正處於高科技公司和網際網路公司如火如荼發展的階段。在今日，由於市場環境已經發生變化，黃金、銀業和石油公司又重新受到人們的青睞。作為一位成熟的企業家，同樣需要遠見，能夠提前五年創辦符合市場發展趨勢的公司。

◎公開上市：創辦一家公司，並且讓它公開上市，這樣做的好處在於創辦者能夠以非常優惠的價格獲得最大的股權，每只股票甚至只有〇．〇二美元到〇．二五美元。創辦者可以按照這個價格購買大量股票。等到公司公開上市，假如說每只股價上升到三美元，創辦者可以出售自己手頭的少量股票，補償最初的一些投資，並且繼續分享上市公司發展帶來的好處。當然，投資這些公司的股票風險最大，只有非常富有或是非常精明的人才會投資這類公司。而這裡也是招搖撞騙者經常出沒的地方。因此，如果想進入這個市場，你必須擁有最佳的商業和投資訓練。

如果你的商業和投資技巧有限，就有可能成為那些招搖撞騙者的犧牲品，或者情況更糟，你也成為他們中的一員。

第四層次：現金流遊戲 202

如果一個人的方舟上擁有數百萬美元的財產，就可以準備玩現金流遊戲 202，這個遊戲介紹了一些基本的投資技巧。儘管很多人並不富有的時候就涉足期權市場，我還是按照富爸爸的建議，直到自己擁有了穩定的現金流之後，我才開始玩這種高速的遊戲。

我個人認為，在所有投資專案中，股票和共同基金存在的風險最大。我更願意從企業或房地產上獲得穩定的現金流，或者運用期權在動盪的市場上保護自己的財產。當然，這只是我個人的觀點。

重複玩現金流遊戲 101 及 102 的好處之一，就是可以讓你看到四種不同層次的投資，摸索自己怎樣才能獲取更大的投資回報、穩定的收益和非常低的風險。當然，要投資這四種不同層次，需要你仔細學習、研究多年，獲得良好的財商教育和經驗。如果你不願意在自己的財商教育上投資，那麼投資共同基金或者股票也許還要相對更安全一些。

忠告

當大家看到我的現金流遊戲，就會發現兩種不同的軌道。小的環形軌道我們稱之為「老鼠賽跑」，九〇%的投資者都在那裡奔波辛勞。週邊較大的軌道我們稱之為「快車道」，我和金的大多數投資專案都屬於這個範圍。快車道的專案並不是普通投資者所能駕馭的，如果你與很多財務顧問聊聊，他們肯定會說，我和金的投資風險太大，應該馬上懸崖勒馬。我同意這些財務顧問的說法，的確，我們的投資專案對於普通投資者來說風險過大。

但是，如果你接受過財商教育，並且擁有B象限和I象限的投資經驗，那麼就不會有多少風險，你甚至會發現它們是世界上最安全、收益最高同時也是最有趣的投資，但前提是你必須做好你的部分。多年以來，我和金在企業和其他投資上也曾經賠過不少錢。我們的企業經營失敗，個人投資過的合夥企業最後破產。近五年來，我們在這些冒險上損失了大約有十二萬五千美元。但在同一時期，我們同時也賺取了數千萬美元，我們的財商教育和財務經驗仍然在繼續。

我在這裡講述自己的投資情況，並不是為了自吹自擂，而是想鼓勵大家開始加快自己財商教育的旅程，尋找自己的財務自由之路。儘管我們的有些投資對於大部分的人來說的確風險太大，但是，經過了恰當的教育，獲得了一些經驗之後，我們就會發現它們其實是最為安全可靠的投資。在多數情況下，並不是投資專案需要冒多大風險，而是投資者本人太過冒險。

開辦一家業餘公司

如果沒有資金投資上面提到的專案，我通常會建議你先做好手頭的工作，同時準備開辦一家業餘公司。創造財富的最佳途徑就是開辦公司，如果你沒有足夠的資金，或者缺乏必備的經驗，那麼就參加一家擁有良好的培訓計畫、並給你提供了獲得資金機會的網路銷售公司。

當有人抱怨說：「我沒有資金投資。」我常常就對他們說：「那就開辦一家業餘公司。」有一些人已經開始創辦自己的業餘公司，但是多數人還在繼續抱怨：「我沒有資金投資。」

打造個人的方舟

1. 分析自己在金錢方面屬於哪個層次的心智：

你害怕賠錢嗎？

是＿＿＿ 否＿＿＿

你害怕自己沒有足夠的錢嗎？

是＿＿＿ 否＿＿＿

你是否發現自己常常說「我買不起」，而不是說「我怎樣才能買得起」。

是＿＿＿ 否＿＿＿

2. 你想在金錢方面擁有較高層次的心智嗎？

是＿＿＿ 否＿＿＿

分析自己財務報表中的負債和支出，判斷它們是優良債務還是不良債務？

3. 你願意從小額交易開始嗎？

是＿＿＿ 否＿＿＿

4. 開始記錄自己關於下列投資專案的消極想法：

一家業餘公司

房地產

股票

接著分析一下，上述消極想法是建立在事實的基礎上，還是單純因為畏懼而產生的？

第十五章

控制個人的藉口

富爸爸說：「藉口是輸家的口頭禪。」

成長的時機

幾年前，我對一百多位從事投資的人演講。他們年齡大約在二十五歲到三十五歲之前，聰明伶俐，衣著光鮮，大多接受過大學教育，擁有一份很好的工作。他們看起來都是些幸運兒，可是不論我說什麼，他們卻總在抱怨。例如，當我說：「在我真正談成一筆房產交易之前，我通常已經看了一百多個專案。」這時馬上就有一位女士舉手說：「一百多個專案？誰有那麼多時間看那麼多專案？此外，我覺得自己已經太老了，無法開始投資房地產了。」

為了讓他們提出自己的見解，我繼續講述自己關於房地產投資的資金問題。我解釋說，為了順利取得貸款，有時候我會付出大筆的頭期款。這時馬上又有一位年輕人說道：「如果你根本沒有錢可以付訂金，那又該怎麼辦？我現在連助學貸款都還沒有還完呢。」

就在我還想繼續自己演講的時候，又有一位年輕人站起來說道：「房地產投資不適合於我，我還存在信用問題。」

我只好停止了自己的話題，我說：「聽著，我知道這場演講的廣告是打著『投資房地產』為主題來宣傳的。不過，在我繼續演講之前，我想講一些比如何從房地產中賺錢更為重要的內容，我想與各位分享富爸爸對我的一些重要教誨。」

我轉過身，在前面的白板上寫下了一個問題：當你長大之後，你想成為什麼樣的人？然後我面向聽眾問道：「你們當中有多少人曾經被問過這個問題？」

屋子裡的所有人都舉起了手。

「哪一位願意說說，自己長大後想成為什麼樣的人？」

「我想成為一名醫生，」一位女士回答說，「現在終於如願以償。」

「好的，」我繼續問道，「還有人願意說說嗎？」

「我爸爸希望我能夠在他自己的公司裡做事，不過大學畢業之後我就開辦了自己的公司。」一位年輕人說。

「很好，」我接著說，「當富爸爸向他兒子邁克和我提出這個問題的時候，他並不是讓我們說自己長大後要從事什麼職業，他是在問我們是否想成為一個正直、可靠、誠信的人，這就是他當時想得到的答案。」

屋子裡靜默了很長一段時間，過了好一會兒，有人問：「你的意思是，正直和誠信在投資中非常重要，是嗎？」

「我不敢說對於每個投資人都是這樣，但是對我而言的確如此。」我回答說，「不過，我現在不是只討論投資。我想問的是，正直、可靠、誠信的品質對你們自己來說是否重要？」

「當然，當然重要。」坐在前排的一位年輕女士搶著回答說。

「好了，那就讓我給各位講講富爸爸給我的教誨吧！這個教誨比投資本身還要重要，而且還可以讓你成為一個更好的投資者。」我說。

我轉過身，在白板上寫道：「藉口就是你講給自己聽的謊言。」

放下手中的筆，我面向大家停頓了一會兒，我想讓他們都能理解剛才那句話。接著，我慢慢說：「今天，我常常聽到有人說『我沒有那麼多時間』、『我沒有那麼多資金』、『我的信用紀錄不佳』等等，這些話到底是謊言呢，還是事實？」

「但是，我的確沒有資金。」演講開始不久提問的那個年輕人大聲說道，「那是事實，並不是謊言。」

「而且，誰有時間去看那些一百多個糟糕的投資專案？」前面那位抱怨自己沒有時間的年輕女士也插話說，「你知道我現在有多麼忙嗎？我有一家公司，還要帶孩子。當我說自己沒有時間的時候，確實就是沒有時間，我太忙了，我不是在說謊。」

「我們學生的助學貸款也有一大筆，」那位說自己存在債務問題的年輕人說，「那也是事實，並不是什麼謊言。」

「好了，富爸爸關於長大後成為什麼樣的人的問題，這還只是個開始。」我笑著說道：「多年以前，富爸爸問我是否想成為一個誠實正直的人，我必須成為一個更加誠實正直的人，而不是原地踏步。也就是說，我必須更加嚴格地要求自己，更加的誠實正直。例如，當我使用『我沒有那麼多時間』這個藉口的時候，一個更誠實、真實的表述可能就應該是『我不打算擠出時間來』。」

「因此，你從來不為自己尋找一個藉口，這樣你就變得更加誠實正直了，是嗎？」一位聽眾問道。

「的確如此，」我回答說，「多年之前，富爸爸教導兒子邁克和我，所有的藉口都是謊言。」

聽到這些，前面那位提問的年輕人坐到了自己的座位上，輕聲地自言自語：「我明白你的意思了，成長就意味著不再運用身邊的事情作為自己的理由。如果做到了這一點，我們就會變得更加誠實正直。」

「你理解得很對，」我回答說，「在體育比賽中，人們常常會說，裁判讓整個比賽更加嚴格緊張。意思就是說，裁判要求運動員在場上要有更好的表現。富爸爸認為，隨著年齡的增長，對自己就要更嚴格。更加誠實正直，不斷提高對自己的要求。如果不能這樣去做，那麼你的生活也會停滯不前。」

「不過，對我來說又會怎樣？我很忙，真的沒有一點時間，尤其是沒有時間去看一百多個房產專案。」

我注意到她已經不再提自己太老了這個理由，當然我也就不想再提了。我說「只要誠實面對就好了，只要說『我不準備擠出時間來』就好了。」

「因此，你所說的就是停止抱怨和訴苦，不再像嬰兒那樣哭泣。」

「這是非常好的解釋，」我很讚賞這種說法，「一天天的成長，不再像嬰兒那樣。每次當你找到一個藉口，你就完全像個嬰兒一樣。」

「嗯，不過世界上，並不是每個人都像你那樣有很多時間和金錢。」後排有人低聲說道。

屋子裡引起了輕輕地騷動。

我笑了笑，接著說：「如果我不將藉口看作謊言，而看作事實，那麼我也就不會有多少時間和金錢。我剛剛起步的時候也是一無所有，我也有近一百萬美元的龐大債務，而且我也非常忙。」

「如果你將那些問題當作藉口，那麼直到今天你可能還會被那些問題困擾。」前面那位抱怨自己沒有時間的女士說，「我理解了你的意思，正是藉口讓我們停滯不前，而不是其他的東西。」

「很對，」我說，「富爸爸常說，藉口是輸家的口頭禪。」

「因此，用更誠實的態度對待自己的藉口，讓自己內心中贏家的一面居於支配地位。」前面那位抱怨自己沒有時間的女士說，「如果能夠誠實對待自己的藉口，那麼自己內心的輸家就會閉口，你就能聽到自己內心贏家的聲音。」

「說得沒錯，」我回答，「贏家的聲音愈多，你會成長得愈快。但首先你要有意願要求自己表現得更好，並且提高你的標準。」

「那麼，我要如何才能找到更多的時間呢？」她又接著問道。

「這是一個很好的問題，」我帶著笑容看著她說，「現在，你內心中的贏家已經在開始說話。」

「是嗎？是我嗎？」自稱沒有時間的她問道。

「是的。不是讓自己內心中的輸家講話，一味抱怨自己沒有時間，而是讓自己內心中的贏家說話，問我如何才能找到更多的時間。如果輸家說『你沒有學到什麼』，那麼贏家可能就會說『你也許能學到些什麼』。」我回答說。

「因此，即便在自己沒有資金的時候，所要考慮的問題也是如何尋找資金。」那位說自己沒有資金的男士說。

「你也已經理解了我的意思，」我說，「我們每個人所擁有的時間都是一樣多的，每個人一天都只有二十四個小時。贏家找方法試圖將時間運用得更極致，輸家讓沒有時間成為工作未完成的藉口。我的房地產投資，幾乎沒有一次是在有充裕資金的情況下進行的。我也常常需要面對信用問題，因為當我找到一項大型房地產專案時，總是希望自己能夠盡可能借到最多的資金。」

「那麼，你到底是如何找到時間，察看那一百多個房產專案呢？」前面那位女士問道。

「這又是一個很好的問題，」我笑著回答，「我估計，自己每年看過的房產專案大約有三百個到五百個。也許我那年根本沒有購買任何一項投資，我還是要繼續察看。有時候，看一處房產僅僅看一下房地產代理商的銷售宣傳單就可以了，分析的時間也不會超過五分鐘。有時候，我會用三個月時間仔細斟酌一項投資，而且最後還有可能放棄。因此，每次所花的時間都是相對的。關鍵在於，我時時刻刻都在尋找好的房地產專案。例無論我身在紐約、雪梨、巴黎、新加坡，或者在雅典，我總是要停下來看看房地產。無論多忙，我都會擠出時間看看。我一直在尋找好的專案，然後放進自己的資產欄位中。在尋找好的房地產專案的同時，我還在經營自己的企業，並且過著正常的生活。」

「你並不經常購買房地產。」那位抱怨自己沒有資金的小夥子說。

「是的，事實上我很少購買，不過，去看看房地產專案對自己來說並沒有任何損失，就像你在超市逛一圈並不一定需要花錢一樣。看看一處房產、一家企業或者一支股票，都不會花你什麼錢。」

「噢，在我進行商業旅行的時候，我總是要出去購物，尤其在兩次約定的會談之間的空檔。」還是那位抱怨自己沒有時間的女士，她接著說，「你和我只是購物的場所不同罷了。」

「在你沒有足夠資金的時候，發現一個很好的投資專案時，你怎樣想辦法弄到資金？」那位抱怨自己沒有資金的小夥子問道。

「那也正是人類創造性的表現。在找到好專案之後卻發現資金不足，這正是我從財商教育中學習的主要內容。當你必須運用自己的創造性思維，解決財務問題的時候，你肯定會吃驚地發現，自己怎麼會變得如此聰慧。解決財務問題或者迎接財務挑戰，將會大為增強個人的財務智慧。我現在有錢，這只是因為我沒有把沒有錢當作自己一個藉口。即便我沒有時間，我仍然在察看房地產專案，哪怕花幾分鐘時間。每次當我看房地產專案時，即便只是一份銷售廣告，我也會做出分析，盤算著如何能將這塊房地產轉化成能為自己帶來收益的資產。正是這些東西，而不是金錢，讓自己變得富有起來。因此，我在沒有時間的時候投入時間，在資金很少的時候投入資金，這些都讓我日益富有。」

「那也就是說，藉口並不能讓你富有，藉口只能讓你永遠貧困。」前排的一位年輕女士說。

「講得很好。」我笑著說。這節課上大家所得到的知識，其重要性遠遠超出了如何進行房地產投資本身。可以說，他們大多數人已經理解了，成長的過程其實就是變得愈來愈誠實正直，也就是更誠實地對待自己。

培養自己的第六感

在前面一章中，我曾經提到了低等、中等和高等心智。藉口往往來自於低等心智。透過接受一些中等心智的財商教育，做出一些奉獻，一種較高的心智就會逐步培養起來。在察看、分析了數千項投資之後，這個過程變得更加簡單，因為我已經擁有了所有三種心智，而不僅僅只是其中的一、兩種。

發現一項好的投資幾乎就是一個心理體驗的過程，很多時候，我單憑直覺，無需多少研究就能肯定一項投資的好壞。有時候只是在內心發生了一些心理變化，自己也好像變成了一隻四處尋找線索的獵犬。不過，如果我讓藉口左右了自己的生活，這種第六感（直覺）可能就不會得到發展。

開發人們的第六感同樣也是如此，在雞舍外面，我曾經經歷過各種交易，也曾經與各種各樣的人打過交道。我也與一些不誠實的人做過生意，當然不是因為我知道他們缺乏誠信，而是因為我當時沒有現實生活的經驗，還無法將那些騙術高明的人與非常誠實的人區別開來。

如今，我內心中來自高等心智的第六感，在判斷雞舍外形形色色的招搖撞騙者的時候，扮演了極其重要的角色。我也並非一直正確，不過，我總是從錯誤中不斷學習，爭取做得愈來愈好。我認為，如果沒有富爸爸關於成長就是要變得更誠實的教誨，我也很可能變成雞舍外那些招搖撞騙的一員。

窮爸爸之所以在自己開辦霜淇淋專賣店的過程中賠光了所有積蓄，並不是因為專賣店本身，而是他的合夥人。他們也並非騙子，但是都是像窮爸爸那樣缺乏實際商業經驗的教師。他們沒有接受太多中等心智者的財務訓練，更沒有多少實際的商業操作經驗。當公司經營出現問題的時候，他們不是承認自己的無知，尋求專業人士的幫助，而是尋找各種藉口，然後相互指責。一旦出現了這些情況，公司就會很快破產，窮爸爸也失去了一切。雖然他們開辦霜淇淋店的時候早已經都是成人，但是公司結束時的行為卻像一票幼稚的兒童。因此，好人也會把事情搞砸，尤其在他們不願意面對自己的現實，更嚴格地要求自己的時候。

霜淇淋專賣店的生意結束之後，窮爸爸發誓再也不和教師們做生意。他又開始了兩次雞舍外的商業冒險，他認為這次的夥伴都是商人。不過，同樣的事情還是發生了，公司並沒有像預想的那樣順利，銷售下降，資金流失，合夥人之間又開始像不成熟的小孩一樣抱怨爭吵起來。

同樣的事情也曾經發生在我自己身上，我也像他們一樣處理，有時候甚至還會更糟。也有很多次，我的幾個房地產投資專案以及早期創辦的兩家公司，並不像事先設想的那樣順利。每次出現問題時，我也發現自己會像小孩一樣想為自己尋找藉口，抱怨不已。如果沒有富爸爸關於不要尋找藉口、指責別人等成熟的教誨，我想自己也會像小孩那樣行事。

不幸的是，每當公司出現問題的時候，窮爸爸沒有富爸爸那樣的人給他建議。窮爸爸不是更加誠實地對待自己，而是陷入更低等的心智，對於自己的前合夥人惱怒異常，對自己也更加苛刻，對未來也失去了信心。等到第三家公司倒閉之後，窮爸爸徹底絕望了。在我看來，他又退回並停留在了自己低等的心智中。對我而言，那就是沒有接受過中等心智教育、讓高等心智的智慧得到發展的所付出的代價。

我很幸運，富爸爸教給了我關於低等、中等和高等的心智知識。他提醒我回到自己的高等心智，分析自己中等心智可以從這些經驗中學到的東西。不是相互指責，也不是更加苛刻地對待自己，他讓我尋找自身更加深刻的真實和更有意義的洞察力，以便我可以更清楚地認識自己。

總而言之，富爸爸在我九歲那年，就透過玩大富翁遊戲開始了我的投資生活。我在二十五歲左右的時候買下第一筆房產，二十六歲的時候遭遇了在房地產投資上的第一次失敗。二十七歲的時候開辦了自己第一家公司——生產尼龍和魔鬼氈的錢包公司。這家公司以及隨後的公司最後都沒有成功。不過，我的第三家公司以及後來的一些公司，經營狀況卻非常好。

我在一九九四年獲得財務自由之後，也就是四十七歲之後，開始了自己的期權交易的學習。我賺了很多錢，但是也幾乎損失了同樣數目的錢。每次遭受挫折之後，我也就退回到自己低等心智那裡，我也像孩子甚至有時像嬰兒那樣行事。不過，等到經過了這些幼稚無知的階段之後，富爸爸關於不要尋找藉口、不要指責、更加誠實地對待自己的教誨就開始發揮作用。

接著，更多讓我擺脫怯懦和恐懼的資訊和教育就會接踵而至，內心中的高等心智也就得到了發展。如果沒有富爸爸的指導和教誨，我真不知道自己現在究竟會在何處，我真懷疑自己能否真正成熟起來，直到今日仍在積極地成長中。

關鍵在於，太多的人太早就宣告放棄。當他們感到失望，損失了一些錢，或者感情受到了傷害，很多人都選擇退回到低等心智狀態。我相信，即便是在美國這個世上最富有的國家，真正擁有很多財富的人少之又少的主要原因正在於此。我認為，很多人選擇財務安全而不是財務自由的原因，也正在於此。

啟示

我從上述過程得到兩點啟示：首先，一旦我們具備一些實際生活經驗，即便事情並沒有按照預想的那樣發展，我們也會平靜面對。例如，在房地產或者企業投資中，如果出現了問題，我也會保持平靜，因為來自高等心智的情感就會出現，這種情感就是熱愛，就是對這種遊戲的熱愛。在企業或者房地產投資過程中，不論發生了什麼事情，不論成敗得失，我都感到非常愉快，因為我已經學會了熱愛這種遊戲，而且這種熱愛源自於高等心智。

其次，當我發現自己徘徊在低等心智的邊緣，準備鬥爭或者逃跑的時候，我就想起了沉默是金這個古訓。我不再指責抱怨，說出一些自己以後也會感到後悔的話，而是盡力保持沉默（當然並不總是能夠做到），讓自己內心中的高等心智來分析思考。如果我的高等心智發揮了作用，我就能找到對同樣一件事情更好的說法，完全沒有了指責、惱怒和自我辯解。

不論在大學、部隊，還是在企業和投資的真實世界中，對我來說最重要的一課就是：不論發生了什麼情況，都要保持鎮定，從自己的高等心智出發進行思考，著眼於自己的使命。

如果你想成為自己方舟的船長，自吹自擂或者藉口不斷都可能給你帶來致命的麻煩。

打造個人的方舟

1. 你是不是在欺騙自己？
2. 長大以後（即使你認為自己已長大成人），你想成為什麼樣的人？
3. 你常常使用沒有時間或沒有資金這類藉口嗎？
4. 藉口實際上就是你對自己所說的謊言。請你製作一個標牌，放在自己每天都能看到的地方，寫下這句話：「不斷努力，拒絕藉口。」
5. 從第十四章的練習中檢查自己的消極思想，然後分析一下那些消極思想是不是藉口。
6. 每周至少花五個小時，投入到打造自己財務方舟的工作中。

7.實施五個小時的個人或家庭練習活動。

- 步行，騎自行車，或者開車到附近的社區尋找合適的房地產專案；
- 拜訪一位房地產經紀人，請他幫你尋找一個合適的投資專案；
- 每周用一頓晚餐的時間，討論新的商業創意；
- 參加地方的連鎖加盟展示會；
- 參加地方舉行的房地產、企業創辦、股市投資等主題的培訓班。

8.決定自己想從何種資產開始，例如企業、房地產、股票或期權。

個案研究

幾年前，查克和丹尼斯一起去加州看望丹尼斯的妹妹。丹尼斯的妹妹在自己家附近開辦的業餘家具店，利潤非常可觀。查克和丹尼斯意識到，用同樣的商業模式建立一家大型公司情況可能不錯，他們最後決定馬上動手。

查克和丹尼斯玩現金流遊戲已經有好幾年了，並且讀過所有的「富爸爸」系列叢書。他們認為，富爸爸教育讓自己發現了這個開辦家具公司的商業機會，而且也給了自己採取行動的勇氣。透過建立一家成功的企業，他們真正領悟到《富爸爸，有錢有理——財務自由之路》中所描述的S象限與

B象限的顯著區別。他們現在即便離開公司，公司也可以盈利，也就是說公司已經真正成為B象限的成熟公司。他們甚至還與別人合作在其他州開設分公司，為自己創造更多資產，而不再事必躬親、親自動手。

過去，查克和丹尼斯甚至可笑地用自己擁有新玩意的數量和質量，評判自己的成功。透過學習富爸爸關於資產的定義，他們已經開始只關注購買、建立自己的資產，而不是負債或者什麼新玩意。如果還想購買新玩意，他們也會首先購買資產，讓資產帶來的現金流可以支付購買新玩意的費用。等到他們支付了購買新玩意的錢之後，他們依然擁有資產，每月還能為自己帶來額外的現金流。這種顯著的區別，幫助他們建立了自己的投資原則。

他們有了一個想法以及一個商業機會，而且在短短幾年時間內就建立起了一家價值數百萬美元的成功企業。他們控制了自己的財務方舟，而且在這個方舟上裝滿了真正的資產。

第十六章

培養個人洞察力

一九七〇年代，窮爸爸開車路過夏威夷州懷基基海灘的購物中心的時候，常常會說：「當我讀大學的時候，我可以以每英畝五美元的價格買下那塊土地。」到了下一次經過的時候，他可能又會說：「我有沒有跟你們說過，曾經有個推銷員想以每英畝五美元的價格讓我買下那塊土地？」

我們也常常回答說：「是的，爸爸，你已經說過好多次了。」

窮爸爸上大學是在一九四〇年代，當時，他現在所指的那塊土地還是一片沼澤。不過，到了一九六〇年代，那裡就成了世界上最大的購物中心之一。我估計，一九四〇年代如果在這裡投資五百美元，現在的價值至少也有五百萬美元。當初購買這塊土地的人，與窮爸爸年齡相仿，他們個人命運的不同就在於洞察力的不同。

讓我們回味巴菲特曾經說過的一句話：如果歷史可以讓人富有，那麼，所有的圖書管理員都應該早就成為百萬富翁了。

富爸爸也曾經說：「很多人終其一生，就好像是在看著後視鏡開車中度過。」他還說：「有一些人的口頭禪就是『我將會怎樣怎樣』、『我應該怎樣怎樣』、『我能夠怎樣怎樣』。」

最近，我剛剛看了一棟標價十六萬美元的小房子。房子隔壁的住戶出來對我說：「我在這裡生活二十年了，記得當初這個房子的價格不過是一萬一千美元。」

「你當時也應該買下這個房子呀。」我說。

「噢，不，」他連連搖頭，「在當時，一萬一千美元也是一筆大數目，房子當時還不值這個價錢呢。」

「也許，你現在應該買下這個房子。」我笑著說。

「噢，不，」他接著說，「對於這個房子來說，十六萬美元的要價還是有些太高了，它不值那麼多錢。」

低等心智的思考

富爸爸以前常說：「在金錢方面，很多人都是財務上的憂鬱症患者。」財務上的憂鬱症患者是從低等心智出發思考問題，他們對於未來的洞察力就會受到影響。有些人常常看著後視鏡駕車，他們內心對失敗的恐懼，讓自己即便遇到終生只有一次的機會，也會視若無睹，無動於衷。等到他們離開了人生的高速公路，常常又會說：「我將會怎樣怎樣」、「我應該怎樣怎樣」、「我能夠怎樣怎樣」。」正如很多智者所指出的：「人人都是事後諸葛亮。」因此，富爸爸說：「如果你想富有，最好是要有遠見。」

燦爛輝煌的未來

當我提醒人們當心即將到來的股市災難的時候，其實並不是對未來充滿悲觀。相反的，我對於未來相當的樂觀。提醒人們當心即將到來的股市災難，就像提醒朋友當心前面濕滑的路面一樣。如果他們選擇了另外一條道路，仍然有可能安全、平穩、及時地抵達目的地。

作為自己財務方舟的船長，基本的技能就是要培養自己的遠見和洞察力。富爸爸認為，這種洞察力來自於你自己的心智，而不是眼睛。為了培養自己的洞察力，非常重要的一點就是先訓練自己的中等心智，然後在真實世界中讓自己的高等心智發展天生的智慧，我們通常稱為直覺或者本能。

未來將會發生很大變化

事物的發展變化實在太快，導致我們很難透過後視鏡就能看到未來的發展。不論你現在幾歲，你所需要的就是先暫停一會兒，思考近年來所發生的所有變化。回想過去，如果有人說一個高爾夫球桿是「木製」的，那它一定就是由「木材」製成的。現在，情況已經大為不同，新型木材是由很多我們沒有聽說過的複合材料加工而成的。

也就是說，雖然遊戲的基本內容和規則仍然沒有變化，但是玩遊戲的工具卻發生了很大的變化，生活中的許多領域也是如此。今天，當有人說「保持聯絡」，聯絡的方式可以透過步行、汽車、卡車、公車、飛機、電話、傳真、普通信件、電子郵件等多種方式進行。

如果我們稍稍向前追溯，就會發現僅僅一百年前，即便國王、王后或者世界上最富有的人都沒有乘坐過飛機，因為當時還沒有這種交通工具。今天在美國，飛機幾乎是人人都可以負擔得起的交通工具。一百年前，只有富人才有汽車；今天，汽車隨處可以見到。一百年前，透過電報聯繫時，你必須懂得摩斯電碼；今天，全世界的人都在使用手機，我不知道，還有多少人能懂得摩斯電碼？一九九〇年，世人不知道網際網路是什麼東西，今天，網路對世界未來的改變速度之快，超過了人類歷史上其他任何發明。

怎樣預見未來？

一九八一年八月，我到位於加州和內華達州之間山區的滑雪聖地旅行。其間，我與富勒博士（Dr. R. Buckminster Fuller）共同參加了一個主題為「企業的未來」的討論會。富勒博士被認為是世界上最著名的未來學家之一，雖然我也知道他的一些聲望，但從內心中仍然擔心，一個不用水晶球「占卜」的人，怎麼可以能夠準確地預見未來？

然而，與富勒博士共處的那一周完全改變了我對生活的看法。這個轉變並不容易，但我相信那是讓一切變得更好的轉變。

富勒博士用來預測未來的方法奠基在一個原則上，這個原則富勒博士稱為「再生加速化」（ephemeralization）。為了避免太多無關緊要的細節，我想借用鐵達尼號（Titanic）豪華遊輪來說明。

在鐵達尼號建成的許多個世紀之前，人們透過將圓木綑綁在一起順流而下，嘗試造船的可能性。不久後，人們用將圓木刨空的方法，製作了獨木舟。接著，又用木板和骨架材料，製作了輕型小舟。木船做得愈來愈大，直到美國內戰期間，第一艘裝甲艦正式誕生。一旦鋼鐵材料運用到造船業中，船隻就變得愈來愈龐大，被用來在世界範圍內運送旅客、貨物或者武器裝備。商人們也開始投資建造愈來愈大的船隻，直到鐵達尼號災難發生。鐵達尼號沉沒不久，造船業的黃金時代就宣告終結。這就是極度簡化的再生加速化的例子，再生加速化是富勒博士用來預見未來的基本原理之一。

簡而言之，再生加速化就是指事物發展的一般過程：開始時較小、逐漸變大、直至過大，接著又再一次變得較小，然後突然消失或者成為無形的東西，就像無線電通信一樣。有時候，這種增長的結束是以像鐵達尼號遊輪，或者興登堡號飛艇（Hindenburg）那樣的災難作為標誌的。富勒認為技術的發展只會簡單地變得過分龐大，鐵達尼號以及同樣規格的船隻，都由於太大而難以保持機動。當時，製造船隻的人以為運用了新的飛機製造技術，船隻將永不沉沒。其實，二十世紀初，飛機工業還剛剛起步，不過後來飛機也同樣變得愈來愈大。

還是把它想作一家飯店吧！

紐約世界貿易中心襲擊事件發生不久，我來到了紐約。我沿著第五大道走過，買了一份新聞雜誌，封面上是正在燃燒的世界貿易中心。雜誌上有兩樣東西深深觸動了我，其中之一就是這兩座高樓是如此突出顯著，尤其從新澤西海濱水面上看過去。儘管我去過紐約好幾次，我還從來沒有考慮過世貿中心的高度是如何讓其他建築相形見絀。

第二個吸引我注意的，就是雜誌上跨頁的新型飛機廣告。飛機廣告上的標語寫著：「不要將它想作一架飛機，還是把它想作一家飯店吧！」跨頁廣告顯示飛機內部採用了飯店的設備取代了傳統座椅，裡頭設有小型購物中心、小型酒吧和餐廳。從很多方面來看，飛機內部設施看起來就像電影《鐵達尼號》」中的設施一樣。

站在紐約街頭的轉角，我的思緒不禁回到了一九八一年那個溫暖的夏日，當時我正在滑雪聖地傾聽富勒博士談論有關鐵達尼號的象徵意義。今天，紐約世界貿易中心發生的襲擊事件，是否就是飛機黃金時代終結的一個信號？作為工業時代象徵的摩天大樓，一夜之間是不是變成了怪異的恐龍？一些大型企業是不是也變得過於龐大？五角大廈遇襲是不是代表著美國全球經濟和軍事領導權的結束？如果上述問題的答案是肯定的，這次恐怖襲擊事件具有那麼多的象徵意義，那麼，一個值得思索的問題是：接下來又會發生什麼？是否有人預見到未來？

記得在一九八一年的那次研討會上，富勒博士提到，前蘇聯一九五七年發射了人類歷史上第一顆人造衛星之後，所有新的技術都有了突破性的進展，不借助別的儀器，人類的肉眼根本就難以發現。富勒博士接著解釋說，鐵達尼號災難發生之後，我們依然可以看到新技術不斷取代舊技術，例如飛機製造技術。

可是一九五七年之後，取代飛機的新技術已經成為無形的發展。正由於此，站在紐約街頭的轉角，思考著未來，我想起了應該用心智而不是眼睛預見未來的變化。

「九一一」事件發生很久以前，巴菲特建議人們投資匿名航空公司（Airlines Anonymous）。巴菲特指出，自從萊特兄弟發明飛機以來，航空業一直是獲利非常豐厚的行業。不過，「九一一」事件之後，航空業以及支援這個行業的飯店業、汽車租賃業等都將成為逐步衰退的行業。當航空、飯店、汽車租賃業還有好多年才能復甦時，一項新技術將會改變我們所有人的生活。

儘管巴菲特沒有投資主要的航空公司，但他還是在「九一一」事件前投資了一家經營小型商務噴氣式飛機的公司。我非常懷疑巴菲特是否曾經見過富勒博士，他們兩人的觀點非常類似。富勒博士補充說，如果技術沒有消失或變得無法用肉眼看見，那麼技術也會變得更小，就像現在流行的小型商務噴氣式飛機一樣。

富勒博士沒有引用小型商務噴氣式飛機，而是用電腦的發展作為例子。不久以前，電腦還是龐然大物，需要有專門的房間放置和很多的人來操作，耗費大量的電力，而計算能力卻非常有限。現在，電腦的體積大幅縮小、價格低廉許多，計算能力卻大幅地超越了老式的大型電腦。這是「再生加速化」的另一個例子，也就是用如此小的代價，做出如此多事情的能力。

當然，這些也是極度簡化後的例子。富勒博士想從更深層次解釋這個重要的原理，這也是他用來預見未來的重要原理之一。他的主要觀點就是，事物往往從小處開始、成長，然後突然變大，而有時候會變得過大。

另外一個觀點就是，自從一九五七年之後，新技術都變為無形的東西。今天，不僅有了小型商務噴氣式飛機行業的快速發展，而且視訊會議也終於開始被人們接受。視訊會議是一個快速發展的行業，瓜分了大型航空業的業務。電視會議是資訊時代的無形技術之一，取代了人們對大型飛機的需求。

過於龐大的共同基金

自從一九八〇年代後期開始，共同基金業飛速發展。一時間，共同基金公司數量甚至超過了上市公司，一些共同基金公司甚至比很多自己投資的公司還要強大。問題是，部分共同基金公司是否發展得過大？我將這個問題的回答留給大家。還有愈來愈多人都成為獨立股市投資者，因為小投資者比大型共同基金的靈活機動性好得多。

還有很多人選擇投資套利基金，而不是共同基金。出現上述情況的原因，與巴菲特放棄投資大型航空公司，轉而投資小型商務噴氣式飛機公司的原因如出一轍。也就是說，如果事物變得過大，往往就缺乏機動和靈活性，同時盲目地認為自己將會更加安然無恙。

提高自己對於未來的洞察力

對大家來說，預見未來的途徑之一，就是注意那些變得過大的事物，然後觀察小型或者無形的東西取代它們。例如，紐約世界貿易中心遭受恐怖襲擊不久，雪佛龍（Chevron）和德士古（Texaco）這兩大公司就宣布合併，組成一家巨型石油公司。同樣的，在企業新聞中，一家小公司宣布自己在燃料電池技術上取得了重大突破，這項新型技術有可能取代不少大型石油公司的業務。

比爾・蓋茲和史帝夫・賈伯斯（Steve Jobs）由於看到了大公司沒有預見到的新技術，而成為世界上非常富有的年輕人。蓋茲得到了IBM公司生產的PC機的軟體合約，因為IBM公司沒有看到功能強大、外形小巧的個人電腦迅速普及的潮流。賈伯斯利用了全錄公司不懂得如何銷售的一項技術，製造出了麥金塔（Macintosh）電腦，很快也成為富人。

看不見的摩天大廈

當我在「九一一」事件之後第二次回到紐約時，我遇見了一位朋友，他剛剛將自己的辦公室從帝國大廈搬到了一個較小的辦公樓內。他說：「我的員工們紛紛辭職，他們不想呆在帝國大廈，不想成為恐怖襲擊的下一個目標。」等到他說完這些話，我意識到我們已經正式進入了資訊時代，在這個新的時代，無形的才是最好的。

網路銷售就是資訊時代的公司，因為它是看不見的公司。正因為是看不見的公司，所以常常很難向那些具有工業時代頭腦的人描述這種公司的好處，他們這些人仍然想用自己的眼睛，而不是用心智觀察一個公司。

恐怖分子很難襲擊網路銷售公司，因為這些公司的辦公室也是看不見的。很多網路銷售公司的辦公室，往往就隱藏於世界各地的家庭住宅中。

有些人就是從自己家中，管理著一個看不見的龐大公司。倘若你能夠看見他們的公司，那個場景就會像從世界各地的社區中，一下子聳起了一座座看不見的摩天大廈。

看不見的經濟日漸強大

富勒博士預言，我們將會很快見證到工業時代的終結。他同時還說，人們可能很難覺察到資訊時代降臨時的曙光，因為這種變化將是看不見的。富勒博士一九八三年就去世了，沒有來得及看到自己的許多預言變為現實，不過，這些預言還是一一得到了驗證。

只要看看網際網路業的發展，大家就會發現一個看不見的世界。看不見的經濟向政府提出了一個問題，因為政府本身就是工業時代的產物。政府正在加緊徵稅，規範資訊時代看不見的經濟。如果看不見的經濟變得過分龐大，政府不能徵稅或者加以規範，政府面臨的困難就會加劇。如果這些真的發生了，那麼，國家貨幣最後將會變得衰弱，因為貨幣的力量與它徵稅的能力密切相關。那麼，政府會不會因此也變得過於龐大呢？正如我們所知，在資訊時代還會有政府嗎？政府會不會也變成看不見的呢？

富勒博士認為政府是陳腐過時的東西。他相信，由於政府權力日漸縮小，人類也將發展進化或是消失。富勒博士相信人類必須在兩個烏托邦的世界中抉擇，一個是個人誠信較重要的世界，另一個是政府權力更為擴張的世界。否則正如我們所知道的，人類最終將會走向滅絕。換句話說，作為獨立個體的我們，必須自己解決更多問題，而不是將那些問題交給政府。

在自己方舟的船頭安排瞭望員

幾個世紀以來，船長總是要派一位瞭望員站在船頭，另一位則是站在船頂或船橋上。作為自己方舟的船長，你也需要在船頭和船頂安排一位瞭望員。借用這個例子，在將來的生活中，你應該注意下面問題：

1.信守諾言。富勒博士說，我們進入了一個誠信的年代。簡單地講，誠信就是要言行一致，就是指一個人的思想、語言、行為完全統一。如果做到了這些，未來就會屬於你。

2.保持一個開放的頭腦，注意傾聽時代的變化。因為現在的變化都是看不見的，無形的，因此你必須更多地運用自己的頭腦、而不是眼睛去觀察。

3.學會閱讀財務報表。不論你是否投資企業、股票、房地產、政府有價證券，或者在自己身上投資，財務報表可以讓你掌握投資專案、政府或者正在討論的個人的真實財務狀況。務請牢記，銀行家總是希望看到一份完整的財務報表。很多時候，銀行家在開始的三分鐘時間內就決定是否貸款給你。如果你沒有一份完整的財務報表，就很難說清個人的財務狀況，這樣，你獲得貸款的機會就只剩下利息很高的不良貸款了。

4.運用科技。現在的電腦技術，可以讓人們看到過去只有富人或者權貴才可以看到的資料。我有一些買賣股票和期權的朋友，他們現在擁有一些圖表和軟體，讓他們像大型投資公司那樣尋找自己中意的投資專案。由於有了這些新的交易工具，個人投資者也擁有了大型投資公司才有的那種能力。在企業和房地產投資領域，也已經有了這些先進的技術手段。正如我在前面所說的，高爾夫運動本身還和過去一樣，但是球桿的材料發生了變化，應該順應這種變化。

5.關注大的事物和人物。在投資領域有一種說法：當一個人名氣大到可以上全國著名雜誌封面的時候，他作為投資者的職業生涯也就結束了。在不久以前的工業時代，一家績優股公司作為一流公司，生命力可以維持六十年甚至更長時間。現在，伴隨技術進步，公司的生命周期大為縮短。也就是說，當一件事物或人物變得過大時，就有可能馬上走向衰落，或者被另外一家新事物和新人物所取代。共同基金公司、房地產或者個人的職業發展，也都符合上述規律。因此，總是不斷有新的事物或個人不斷出現，並占據主導地位。大家的任務就是要注意那些過大的事物或者人物，關注後來的取代者。

6.關注法律的變化。富爸爸一直在關切法律的變化，以及這些變化對於我們未來的影響，「員工退休收入保障法案」及其後來的修正法案就是一個例子。這項社會保險法案帶來了一個問題，要求我們必須設法加以解決，因此我建議大家認真關注政府最後如何會處理這個嚴重問題。總之，正如富爸爸所說：「法律的改變，會改變了我們的未來。」

7.注意通貨膨脹。正如股市有漲有跌一樣，通貨膨脹也是如此。「九一一」事件發生之後，美國聯邦儲備銀行為了維持經濟穩定和流通，增發了大量美元。這樣做的長期影響可能就是導致通貨膨脹，也就意味著美元將會貶值。如果通貨膨脹爆發，任何價值有疑問的東西都將會貶值，而那些有價值的東西或者資產，例如房地產、黃金、白銀以及實用性股票，都有可能大幅升值。

政府從事下列五項基本經濟活動：

(1) 徵稅
(2) 印發鈔票
(3) 花錢
(4) 將自己不能解決的問題轉嫁給未來
(5) 透過調整利率控制經濟

一九九〇年代，股票價格大幅上漲的主要原因有兩點：低通貨膨脹和低利率。當通貨膨脹增加時，政府常常透過提高利率加以平衡。當利率提高時，股市常常就會走低。因此高通貨膨脹且高利率時，共同基金也通常受挫或者不能增值。

我們這個年齡的人可能都還記得七〇年代後期發生的事情，當時通貨膨脹達到了頂峰，利率也不斷提高，股市持續走低。我並不是說這樣的日子還會再次來臨，而是想讓大家都能夠時刻警惕。如果我們陷入了一個高通貨膨脹、高利率的時代，那些指望著自己繳費確定型退休金計畫和共同基金的人，將有可能發現自己已經陷入了嚴重的財務危機。如果通貨膨脹肆虐，儲蓄者將會受到打擊，債務人將會從中獲利，就像在七〇年代後期發生的那樣。

8. 密切注意政府掌握的各種社會計畫。生活保險、醫療保險、專為貧窮殘疾者設立的醫療補助等政府計畫出現了問題，而且日益嚴重，這已經不是什麼新聞了。正如我在前面所說的，政府不是去徹底解決這些問題，而是設法將這些問題轉嫁推託到未來幾代人身上。問題是，大約二〇一六年前後，所有這些問題可能將積聚到頂點。請大家密切注意這些不斷增長的問題是如何被處理的，如果政府開始大幅增加稅收，那麼你就要做好準備，準備快速採取行動。現在，從理論上講，貨幣流通的速度簡直等於光速。

上述問題正在變得日益嚴重。在我寫這本書的當下，美國二十八個州的開支大漲，而收入卻低於預期。專為貧窮殘疾者設立的醫療補助是超支的主要原因。隨著愈來愈多的人步入老年，需要社會提供他們個人無力負擔的醫療保護，政府的財務問題只能會愈來愈糟。我們大家都需要關注政府如何處理這些暴露出來的問題。

未來將會有很多不同，看到別人不能或者不願意看到的一切，就顯得更加重要。

打造個人的方舟

與那些鼓勵你打造自己方舟的朋友，一起討論本章提到的重點：

- 信守諾言；
- 保持一個開放的心態，注意傾聽時代的變化；
- 學會閱讀財務報表；

- 運用科技；
- 關注大的事物和人物；
- 關注法律的變化；
- 注意通貨膨脹；
- 密切注意政府掌握的各種社會計畫。

帶著上述這八個概念，與你的那些朋友一起回顧第九章「完美風暴」中曾經列舉的八個變化。然後思考，你要如何才能將這些消極因素轉化成自己的商業機會？

1. 無數人年老時陷於貧困；
2. 醫療費用將會更加昂貴；
3. 恐怖主義將會加劇；
4. 當今世界第二大經濟體——日本，現處於經濟衰退和崩潰的邊緣；
5. 中國將成為世界上規模最大的經濟體；
6. 世界人口將繼續老化；
7. 華爾街已經陳腐過時；
8. 大公司將失去公眾信任並陷於破產。

透過定期回顧這些內容，腦力激盪各種商業機會的可能性，你的財務知識將會大為提高。也可以和朋友們相互挑戰，制定和完成自己的目標。

第十七章

遵守並運用規則

作為美國海運學院的學生，我們花了很多時間學習駕駛船隻、裝載貨物、結繫繩索的技術，也用了很多時間學習一位船長需要掌握的各種法律。雖然我們並不是要被訓練成為一位律師，但仍需要熟悉可能影響在海上航行的各種法律條文。我們曾經仔細學習的法律主要有：

- 海事法：各種海洋法律的核心。
- 商法：航運業中簽署合約和其他法律文件的基礎。
- 勞工法：處理與屬於工會成員的員工關係的法律。
- 航線規則：管理船隻海上安全航行的法律。

我們也有一些課程是討論涉及戰爭的法律，包括如何對付海盜，海上掠奪者的問題在二十一世紀日益增多。

我們還需要明白河流上航行與海洋上航行的規則也有區別，也需要廣泛學習像海上浮標之類的航標知識。此外，我們還需要了解不同國家地區港口的不同法律，例如我們必須懂得船隻進駐紐約與進駐香港的區別。

對我們來說，在學習當中內容更加龐雜、要求最為嚴格的規則之一就是航線規則，它們是在全球航線航行的船隻都必須遵守的國際規則。在美國海岸警衛隊安排的許可證考試中，要求我們逐字逐句地記住和默寫。這些規則讓人感到眼花撩亂，主要是因為伴隨遠洋航行技術的改進，其自身也在不斷變化。

例如，第十六條規則就是雷達技術進入航海領域之後，新做出的一些調整。這條規則要求，船隻如果不是透過視覺發現另外一條船隻，就必須馬上關閉發動機。也就是說，如果不是用眼睛，而是用雷達發現了別的船隻，而且存在相撞的危險，那就必須按照規則停機。好多次在海上，我們船上的雷達發現了前方的小型漁船，可是由於濃霧導致我們肉眼難以看見。依照規則的要求，我們立即關閉了發動機，然後小心引導船隻避免了相撞的危險。現在，所有的船隻都要求必須遵守那個規則。

另外一些規則的制定，主要是因為帆船和機動船技術的變化。在遠洋航行中，機動船必須主動讓路給帆船，除非是在受限制的航道或者港口。另外，不論帆船還是機動船，機動性能好的船隻必須主動為機動性能差或者大型的船隻讓道。這些規則要求船員熟記，因為他們常常沒有足夠時間向海事法的律師請教。船長必須懂得，在不同的情況下，規則要求也會有所不同。

交戰規則

作為空軍飛行員，我們也被訓練要特別注意規則。當我們從一個國家飛向另外一個國家領空的時候，常常要事先摸清距離、海拔高度、相對高度、不同機場的規則，以及其他很多規則。在作戰區，我們也要學習交戰規則。即便在敵人的炮火之下，我們也被要求在開火返航之前按照規則行事。

富爸爸的規則

富爸爸也非常重視規則，他也要求兒子邁克和我了解，不同的人在不同情況下，都要遵循不同的規則。

當他向我們畫出現金流象限的圖表時，他所說的各個象限的不同，其實很大程度上就是各個象限規則的不同。

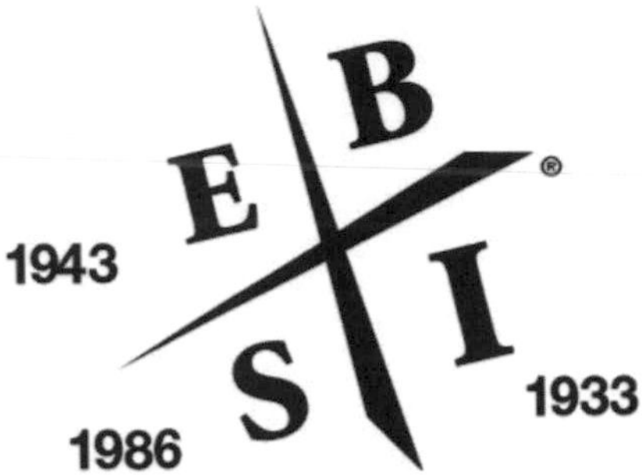

一九四三年，「現代納稅法案」（Current Tax Payment Act）獲得通過。這項法案可以讓政府在員工領到薪水之前，提前得到稅金。人們常說「先賺點錢」，其實從技術層面來講，這句話對處於E象限的員工來說並沒有實際意義，因為政府總是首先得到稅金。如果E象限的人想少納一點稅，就連會計師也很難幫得上忙。

一九八六年之前，居於S象限的人享受著很多B象限人的納稅優惠。不過，伴隨一九八六年稅收改革法案的通過，例如醫生、律師、工程師、會計師、建築師，還有一些特殊員工等得到政府認可的專業人士，將無法享受B象限和I象限繼續擁有的納稅優惠。這項稅制改

革引起了房地產和股市的災難，也宣告了很多儲蓄和貸款的終結。銀行、大公司以及擁有很多智囊的商人和投資家成了這場改革的最大贏家，其他很多人則失去了納稅優惠。

一九三三年，美國證券交易委員會主席老約瑟夫・甘迺迪（**Joseph P. Kennedy**，約翰・甘迺迪總統之父）支持通過了一項法律，主要內容就是阻止窮人和中產階級涉足富人參與有價證券投資。結果，如果不是百萬富翁，個人年收入不足二十萬美元，或者夫婦年收入不足三十萬美元，這些占美國人口五%的人就不能投資一些世界上最好的投資專案。

當你有機會觀察現金流遊戲的時候，就可以發現兩種不同的軌道：

現金流遊戲就反映了一九三三年美國證券交易委員會通過的規則。其中較小的封閉軌道就是「老鼠賽跑」，窮人和中產階級都擠在那裡投資。週邊較大的軌道就是所謂的快車道，富人主要在那裡投資。關鍵在於，不同軌道上不僅遊戲不同，規則也不同。富爸爸向兒子邁克和我強調，遊戲與規則也是有區別的。

不同象限的規則

我希望自己從E象限得到的收入盡可能少一些，我不曾也不想得到S象限內諸如醫生、律師、會計師之類專業人士的收入。現在，我的收入九〇%來自於B象限和I象限。為什麼呢？因為B象限和I象限的規則更有利於致富。

如果你還不是自己方舟的船長，也許就需要特別注意不同象限的不同規則。當然，這並不是說要你返回學校，重新學習成為一位會計師或者律師，而是要你能夠控制自己能幹的財務顧問，這個問題將在下一章討論。應該關注不同象限的不同規則，因為作為自己方舟的船長，你需要明白它們的不同。

在大學中，我們一門十分重要的課程就是勞工法，因為作為船長，我們必須與工會、工會成員、工會章程打交道。如果作為船長也不注意這些規則，我們就不可能成為一位處事果敢、有力的領導者。

另一方面，富爸爸還讓我們注意E象限的規則。一旦我們掌握了支配E象限員工的規則，邁克和我就明白了我們應該要成為哪個象限的一員。

作為自己方舟的船長，必須了解各個象限的不同，以下就是其中的一些不同：

1.儲蓄與借貸

正如前面所講，很多人認為儲蓄是明智之舉。不過，如果你看看各個象限不同的納稅法律，就會明白在E象限儲蓄實際上是一個輸家的策略。對於E象限的員工來說，每儲蓄一美元，實際就要求該員工賺到近兩美元，因為他們需要繳納將近五〇%的薪資所得稅。如果再比較一下儲蓄利息與由於通貨膨脹而導致的貨幣貶值，可以說，儲蓄或許稱得上是一個好習慣，但從財務的角度來看實在不是什麼聰明的做法。

在I象限，我寧願借貸也不願儲蓄。事實上，我在房地產投資中所借款愈多，自己投入的資金愈少，投資報酬率也就相對愈高。也就是說，如果投資專案本身不錯，我的借款愈多，我自己的錢工作得愈努力，我的投資報酬率就愈高。用一個簡單的例子來說，如果我買下了一座價值十萬美元的房子，首付二〇%，也就是兩萬美元，以八%的利息貸款八萬美元，每月扣除各種費用後的淨收入是兩百美元，我的投資報酬率就大約是十二%。

如果基本情況不變，我的首付款降為一萬美元，也就是一〇%，以八%的利息貸款九萬美元，也就是九〇%，每月扣除各種費用後的淨收入降為一百三十美元，不過，我當初一萬美元的投資報酬率就大約是十五%。與前面的情況相比，高出的三%投資報酬率甚至要比今天銀行付給儲戶的利息還要高一些。

如果所有情況相同，我還能夠找到一個相似的投資，那我倒是樂意同時投資這兩個專案，減少首付款，透過借貸更多錢來賺取更多的錢。如果這兩個專案趕上了資本增值，那麼，我在資本上的收益甚至還要更高一些。

當然，這只是簡化後的例子。不過，我們想藉此指出，如果投資專案本身很好，那麼借款愈多，投資報酬率就愈高。因此，儘管很多人都認為擁有儲蓄、沒有債務是聰明的財務戰略，我個人卻更願意借款，而不願意儲蓄。這種區別就是由於所處象限和規則的不同，以及接受財商教育的不同，也是由於經驗的不同。

讓我們繼續分析一下前面這個例子，如果考慮到房地產折舊因素，那麼投資報酬率甚至還要高一些，問題的關鍵還是決定於你所處的象限。如果你是屬於S象限的醫生或律師，或者是屬於E象限的員工，下面這個例子可能並不適合於你。

很多時候，僅僅租賃收入一項，我和金就可以得到自己現金投資十五%的回報。因為規則的關係，我們還可以從房產折舊中獲得三〇%或者更多的收入，這種收入也就是所謂的虛擬現金流。因此，表面看來我們的投資報酬率是十五%，實際上也許就是四十五%。例如，在一項首付款為一萬美元的租賃房產投資中，淨租賃收入是一千五百美元，從房產折舊中獲得的稅收減免是三千美元，那麼這項首付款一萬美元的投資，每年得到的現金流就是四千五百美元。

如果你建立了自己的公司，將自己的這些房產劃歸到其名下，更準確地說，只要你利用規則去做，你的四千五百美元收入實際上就等於是免稅的。設想一下，如果當初這一萬美元存進了銀行，你所獲得的收益又是多少？如果將這些錢存進街頭的銀行，每年將會得到兩百美元的利息，還要從中扣除一百美元的稅，這樣，我所獲得的淨收入就是一百美元，而不是前面的四千五百美元。因此，我不想儲蓄，而更樂意借款。

多年以前，富爸爸教導我說，透過成立一家公司投資房地產專案，可以給投資者帶來四種收入：

(1) 租賃收入

(2) 折舊費

(3) 增值費

(4) 稅收優惠

因此，他與兒子邁克和我常常花好幾個小時一起玩大富翁遊戲，絕不只是為了賺錢。其中的重要原因之一，就是教導我們認識B象限和I象限的規則。上面的例子中，就包含著富爸爸所說的四種收入，另一方面，由於通貨膨脹，存進銀行的一萬美元得到一百美元的收入，實際上可以說已經開始貶值了。如果投資專案適當，由於租金上漲，四千五百美元的收入還很有可能上升，此外的資本升值不僅包括你首付款一萬美元，還包括你從銀行借貸的九萬美元。

也就是說，如果房產升值，銀行按照事先約定也只能得到九萬美元貸款八%的固定利息，而你卻可以得到其餘的所有好處。假如說房產升值，例如從十萬美元升值到二十萬美元，那麼我還可以返回銀行，另外借出七萬五千美元或更多免稅款項，或者我可以透過交易所出售這個房產，將得到的十萬美元收益全部投資別的專案，無需馬上繳納資本所得稅。也就是說，你所接受的財商教育愈多，對各個象限的規則了解得愈多，你所賺到的錢就會愈多。

上述簡單的例子只是粗淺地說明，如果你掌握了B象限和I象限的規則，就有可能做到什麼。也就是說，如果你熟悉自己業務，又有能幹的顧問，那麼你的實際收益甚至還要更多。我不打算在此討論太多技術性的問題，這些內容超出了本書的範圍。如果你對上述例子有些疑問，也可以與會計師或者專門進行房地產投資的代理商討論，他們也許能給你提供一些有關I象限更為詳盡的不同規則。

忠告：在「富爸爸」系列叢書中，我們一直建議大家應該首先有幾年的房地產投資經驗。如果過去毫無投資經驗，我還是奉勸大家不要為了提前致富而借用銀行家的錢。對於一個沒有經驗的船長來說，債務槓桿實在是非常危險。正如巴菲特所說：「無知與借款聯姻，就有好戲可看！」

2.做企業家，而不是企業員工

作為自己方舟的船長，你就需要懂得企業家與員工之間的不同。

當你比較員工的財務報表與企業家的財務報表，這種區別就非常明顯：

作為員工，你的所有支出都是納稅以後的支出。如果是企業家，從一定程度上講，你的支出就有可能是納稅以前支出。

作為自己方舟的船長，你可能想最大限度地控制運用不同象限的規則。一隻方舟包括所有四種不同的象限，因此你需要懂得所有象限的各種規則。

員工

損益表

收入
支出 納稅 貸款 房地產稅 車款 就學貸款 信用卡費 食品 衣服 其他費用

資產負債表

資產	負債

企業家

損益表

收入
支出 貸款 房地產稅 車款 就學貸款 信用卡費 食品 衣服 其他費用

資產負債表

資產	負債

運用規則

我希望自己從E象限得到的收入盡可能少一些，因為在這個象限我能控制的規則最少。在E象限，政府控制著規則。即便在員工的所謂免稅退休金計畫上，政府仍然在制定著規則。

在美國，政府允許員工將一定數量的錢存進自己的繳費確定型退休金計畫上，但是等到他們退休後提取這些錢的時候，在多數情況下卻需要繳納E象限最高的稅金。也就是說，即便現在員工開始投資，在很多情況下，「員工退休收入保障法案」也迫使他們按照E象限的規則投資，而不是I象限的規則投資。我個人不大喜歡E象限的規則，因為那些規則限制了我的投資數量，而且常常讓我儲蓄、投資共同基金、股票，都是屬於中產階級的投資途徑。只投資這些專案的人，往往只擁有小的方舟。如果你想擁有大的方舟，就需要投資那些富人的投資專案。為了做到這一點，你首先需要控制規則。

在I象限，大家可以看到一九三三年這個時間，正是那一年通過的法案要求所有提供和出售有價證券的人都必須註冊，必須達到了一定要求。結果，在有價證券投資中，就將富人與其他人區別開來。

富爸爸對我說過：「『員工退休收入保障法案』存在的問題之一，就是將進行有價證券的投資者局限在中產階級範圍內，而大家都知道，有價證券投資往往風險最大、收益最低。」

之所以說風險最大，是因為投資者幾乎難以控制整個市場的漲跌變化；之所以說收益最低，是因為很多共同基金都被分散了。關於這一點，他認為：「當你使自己共同基金多樣化的時候，你實際上是在多樣化一些早已多樣化的東西。使自己的共同基金多樣化，就正如給高純度汽油中摻水，然後又摻進橘子汁一樣，成為不倫不類的東西。為什麼還要建議一個人，將早已多樣化的東西再次多樣化呢？為什麼不告訴他們，好好把自己的資金存進銀行呢？它們最後的淨收益大致相當，而且儲蓄還可能減少很多風險。」

作為旁觀者，富爸爸還認為：「多樣化讓股市一直在不切實際的價值上搖擺，因為共同基金是多樣化的基金，因而就買來了很多種股票，而不僅僅是一種好股票。這樣，就讓許多沒有多少價值的公司，獲得了高出實際的價值。」也就是說，共同基金拉高了普通公司的股票價格，引起了股市泡沫，而這種泡沫最後還是要破裂。

如果你仔細分析I象限，也許會發現這個象限的投資專案絕不只限於有價證券。在投資領域，三類主要資產包括企業、房地產和有價證券。你可以透過投資退休金計畫投資有價證券，藉由規則你也可以投資中產階級投資的有價證券。但如果要投資其他資產，例如企業或者房地產，你也可以運用富人的規則，獲得富人擁有的優惠。對我而言，這些具有更大的意義。

運用富人的規則

當有人發現，他們的繳費確定型退休金計畫並不能給自己生活保障，就來問我他們應該怎麼辦？我就對他們說出了富爸爸也可能說出的話：「馬上停止運用中產階級的規則，開始運用富人的規則。」接著，我向他們提出了下面的建議，並且提醒說這些也不過是建議而已。我不會強迫任何人按照我所說的去做，除非他們自己真的想去那樣做，而且願意花時間研究和體驗。

打造自己的方舟

建議一：

繼續從事自己日常的工作，同時開始創辦一家業餘公司

這些行動馬上就會給你帶來以下的好處：

- **富人的稅收優惠。**

稍稍比較一下員工和企業家的損益表與資產負債表，就很容易發現這種優惠。

- **現在就開始學習B象限所要求的技能和規則。**

你必須現在就開始著手準備，因為史上最為嚴重的經濟風暴即將來臨。開辦一家業餘公司，可以讓你有好幾年時間獲取無比珍貴的投資經驗。

•更好地控制自己的人生。

創辦一家公司讓你可以在一定程度上控制自己未來的機會，讓你不必再為降職或者被迫退休整日惴惴不安。

•當股市災難發生的時候，企業和交易仍可以繼續維持發展。

一九五〇年，美國經濟繁榮，股市卻持續低迷。只有當美林證券創始人之一的查爾斯・梅瑞爾（Charles Merrill）提出了擴大股票零售的新措施以後，股市才又一次上揚。。

巴菲特說過：「我從來沒有想過要在股市上發財，我購買股票的時候，就設想股市明天就要停牌，下次開市要等到五年之後。」

股票市場與規模較小、從事實業的經濟體之間並不存在必然聯繫。經濟也許會低迷，但是最後也將好轉。一些企業還會繼續發展，例如食品店、乾洗店、加油站、保險公司、房地產銷售公司、蟲害防治公司、零售商場、專業服務公司。在股市危機中，一些大公司或許會受到傷害，但是對於小型合法經營的實業公司來說，卻不會有多大影響。

•小公司有能夠成為一筆大資產的潛力。

例如，假設有人開辦了ＸＹＺ小型果汁公司，最初投入資金一萬美元。十年後，這家公司已經償還了所有債務，每年純收入十萬美元。運用十倍於年收入的計算方法，如果現在出售這家公司，投資者可能就會得到一百萬美元。

如果這個時候，ＡＢＣ大型果汁公司剛剛創辦，獲得特許使用ＸＹＺ小型果汁公司的秘密配方。假如ABC大型果汁公司要向全球推廣XYZ小型果汁公司的產品，那麼光是專利費就可能得到一百萬美元。特許使用權的交換是無形的，但也是非常有利可圖的事情。而特許使用權也屬於知識產權的範圍。

每個成功企業都擁有自己的智慧財產權，這些智慧財產權包括專利權、商標權、著作權、商品包裝權、冠名權、特許使用權等等。由於未來經濟變得更加無形化，更顯出智慧財產權前所未有的重要性。智慧財產權成為現在和未來獲取巨大財富的關鍵。

•報酬率高。

據預測，繳費確定型退休金計畫可以帶來平均八%到九%的收益。小企業的經營者如果經營得法，可以獲得非常高的收益。因此，如果你是一位能幹的企業經營者，不將錢投入到自己的繳費確定型退休金計畫中，而是投入到自己的公司裡來，你就很容易獲得四〇%到一〇〇%的收益，而且還會有稅收優惠。比起把錢投入確定型退休計畫中，不如投入自己公司，你很容易獲得四〇%到一〇〇%的收益，而且還會有稅收優惠。

這裡，我們不妨引用巴菲特的話：「世界上很多驚人的財富都是透過擁有一家企業而創造出來的，如果你懂得如何經營企業，就無需擁有許多家企業。」

開始行動

決定購買或建立一個企業之後，你可以有很多種選擇。以下內容改寫自《富爸爸有聲書：你可以選擇富有》（*Rich Dad's Choose to Be Rich program*，大家可以從富爸爸網站 RichDad.com 上得到）。

1. 創建企業

在所有的商業選擇中，創建自己的企業是最困難的事情，因為它需要你開發自己各方面的能力。不過，它也可能是報酬率最高的一種。選擇創建一個企業最好是能夠解決一個問題，或者是滿足某種需求。當你做出了創辦企業的決定之後，就需要處理以下問題：

- 為自己的企業命名；
- 開始尋找資金來源；
- 尋找外部顧問；
- 選擇並成立公司的實體；
- 辦理相關許可和審批手續；
- 與自己平常往來的銀行家建立聯繫；
- 保護自己擁有的各種資料（智慧財產權）；
- 制訂企業規劃；
- 選擇企業的位置；

- 制訂企業的製造、配送或服務程式，也就是如何製造和向客戶提供自己的商品或服務；
- 提早制定規劃報表、會計和辦公室系統；
- 制定價格戰略；
- 決定所需要的員工；
- 準備銷售計畫；
- 尋找保險基金；
- 諮詢法律事務；
- 調整現金流預算；
- 設置辦公室；
- 招聘員工；
- 開始營運。

2. 購買企業

如果你想避免從零開始、創辦一個企業的麻煩，你可能就會想購買一個已經存在的企業。以下是一些正反兩方面的意見：

(1) 正面意見：

- 不存在長時間冒險的起步階段；

- 所有的系統都已經建立起來；
- 現有的消費者基礎；
- 比起從零開始的企業更快獲利；
- 現有的商業信譽。

(2) 反面意見：

- 存在購買一個蹩腳企業的危險；
- 暗藏著一些嚴重問題；
- 人事調整所帶來的問題；
- 來自原來企業家的潛在競爭；
- 對原有企業的不良印象。

3. 購買連鎖加盟權

如果想購買能夠向你提供後續支援的成熟企業制度，那就可以考慮購買連鎖加盟權。

(1) 正面意見：

- 經過檢驗的企業制度；
- 得到認可的商標和獲得市場承認的品牌；

- 培訓專案；
- 營運手冊；
- 商業規範、質量標準和發展藍圖；
- 制度和運作方面的持續幫助。

(2) 反面意見：

- 費用昂貴；
- 受到限制，必須遵照營運手冊行事。

4. 加入網路銷售

你也許想加入網路銷售公司，不僅進入的門檻低，也有些培訓計畫幫助你取得成功。公司建立在直銷模式基礎上，是典型的家庭企業。

(1) 正面意見：

- 最少的創業資金；
- 全面的培訓；
- 可以全職，也可以兼職；
- 可以在家裡工作；

- 與全國性甚至國際性品牌合作；
- 創造被動收入和剩餘收入；
- 發展溝通和領導技巧；
- 自動的訂購、配送和結算體系，免除了傳統新辦企業的很多麻煩。

(2) 反面意見：

- 創業資金低可能意味著低回報；
- 需要自我約束；
- 需要處理退貨。

建議二：投資小型的房地產專案

投資小型房地產可以為你帶來以下的好處：

1. 運用銀行家的資金進行投資的能力。

這樣，你就不必為退休努力儲蓄，如果學會了投資房地產，你就能透過借貸讓自己更快地致富。在前面的討論中，我曾經列舉了一個例子，就是運用九〇%的借款，最後獲得十五%的投資報酬率。在此基礎之上，如果你非常熟悉自己的投資，你還能得到另外三〇%的虛擬現金流。

富爸爸教導我成為一位優秀投資者的六個步驟。這六個步驟都非常重要，因為如果其中任何一個環節出現問題，房地產投資都可能失敗。

(1) 決定成為一位房地產投資者：你必須做出承諾，確立自己的目標；

(2) 尋找一個主要的投資地區：如果你還是一位新手，那就先選定一個你熟悉或鄰近的地區；

(3) 尋找一個符合你自己要求標準的專案：透過學習如何分析房地產專案，你就能夠判斷一個專案的好壞；

(4) 展開談判：透過分析許多專案後，準備報價、談判，並達成最後協定；

(5) 完成整個交易：透過努力籌措資金，執行協定，注意所有技術細節非常重要；

(6) 管理自己的房地產專案：管理其實並不如你想像的那樣困難，它是你經營自己投資專案、獲取現金流的關鍵之一。

2. 懂得房地產也是一種實業。當你看過自己房屋承租人的財務報表，你就會明白自己租給他的房子為什麼如此重要。

看看這份財務報表，你就很容易明白，房租是你的房屋承租人的主要支出之一。其實，對於很多人來說，房租甚至比他們的繳費確定型退休金計畫還要重要。

常常聽到有人說：「很多人在房地產投資上賠了錢。」對於這些人，我會說：「不錯，的確有不少房地產投資者賠了錢，但是事實上，有更多人因為退休金計畫在股市賠得更多。」

我聽到的另外一種說法是：「房地產不像股票和共同基金那樣資金容易流動。」我對那些人說：「每個月，我和金都可以收到數萬美元租金收入，而且還可以獲得稅務優惠。這就是我們所要的流動性。」

如果你擔心自己的繳費確定型退休金計畫，也不想在房地產投資上抱著過高的期望，你也許可以考慮擁有四棟房子。一棟你自己居住，另外三棟房子在股市危機發生時給你帶來一些收入。

著名經濟學家約翰・梅納德・凱因斯（John Maynard Keynes）曾經說過：「市場失去理性的

時間，總是要長於你個人保持資金流動的時間。」小型的房地產投資專案能為你提供資金流動，直到市場危機結束，而且無論這場危機需要多長時間恢復。

建議三：準備成為一位富人，而不是擁有很多錢的高收入者

換句話說，要運用富人的規則，也就是B象限和I象限的規則。很多高收入者，例如醫生、律師、高級經理人，往往要為自己的高收入付出很多。透過運用富人的規則，高收入者能夠更好地控制自己的金錢，更加迅速、安全、有效地成為富人。也就是說，繳費確定型退休金計畫、羅斯個人退休金帳戶、基奧計畫以及其他退休金計畫，實際上並不能幫助那些倚賴高薪資生活的人。

建議四：懂得專業投資者如何在股市危機中保護自己

當我購買一塊房地產的時候，銀行家總會要求我為自己的投資上保險。對於我們的企業來說，也是如此。當專業投資者投資股市的時候，很多人也利用保險保護自己的資產。不過，很多擁有繳費確定型退休金計畫的人，卻沒有任何保險讓自己免遭致命損失。當股市危機來臨的時候，他們會頓時發現自己手足無措且毫無還手之力。作為自己方舟的船長，你得設法為自己的所有投資保險。

在《富爸爸財富執行力》中，我介紹了如何運用期權保護自己的有價證券。掌握了如何運用期權作為投資的保險，就等於掌握了那些有經驗的期權交易商他們低風險、高收益獲取財富的方法。一旦你懂得了期權如何運作，你也許就再也不想購買一支股票或共同基金。進階版的現金流遊戲202正是以有趣且無風險的環境中教導交易操作。可是，你必須先學會初階現金流遊戲101，才能夠應付進階版。

建議五：真正實現投資多樣化，而不是避免最壞的結果

當我聽到人們說，他們正在讓自己的投資多樣化。我就問他們指的是什麼?很多人說他們所謂的投資多樣化，只是指購買更多的有價證券資產，例如產業型基金、大額資本基金、公債基金、貨幣基金等。不過，這些都算不上真正的投資多樣化，而只是避免最壞結果方法。他所投資的不過是愈來愈多的有價證券資產、共同基金。

取而代之的，我們鼓勵大家投資不同的資產類別，真正分散風險，並且增加獲取更高收益的機會。

富爸爸教導我，創建自己的企業，然後將企業利潤投入到房地產上。多年以來，我一直按照他的教導反反覆覆地這樣去做。

個案研究

史考特是西雅圖市的一位牙科醫生，也是一位房地產投資者。他之所以成為牙科醫生，主要是因為受到他父親的影響。他的父親做了一輩子職員，鼓勵他做自己的老闆。幾年以前，他花時間分析自己應該在哪裡設計和打造自己的財務方舟。他熟悉兩種業務，也打算從事這兩種業務。即便有了這次調整，他還是認識到為了今後的生活，自己應該繼續做好牙科醫生的工作，這仍然是他的主要收入來源。當然他也明白，自己不願意加入典型的「老鼠賽跑」遊戲中去，購買一棟大房子和更大的汽車，供養妻子和孩子的生活等等。

正在這個時候，史考特閱讀了《富爸爸，窮爸爸》一書，他意識到自己在做好一個成功的牙科醫生的同時，需要涉足房地產投資。依照富爸爸的理論，史考特發展和控制了一套自己的投資規則。他開始每星期存下擔任牙科醫生收入的二〇％，投資到房地產中。投資小型房地產專案之後，他又利用時間和掌握的原理投資愈來愈大的專案。現在，他投資了倉庫、加油站、旅遊商店以及其他的商業設施。實際上，其中一個倉庫每月給他帶來一萬七千美元的現金流。

此外，他還投資了房地產相關的產品，這又為他帶來十四％的收益率。史考特將自己的成就，歸功於從《富爸爸，窮爸爸》一書中得到的啟示，尤其把自己轉移到了右邊的象限。現在，他甚至到處贈送《富爸爸，窮爸爸》一書給他的朋友們。

史考特打造了一隻滿載著企業資產、有價證券資產和房地產的財務方舟，而且做好了在未來股市漲跌中都能夠獲利的準備。

第十八章

控制個人的顧問

在我早期商業生涯中，最痛苦、代價最昂貴、獲益也最大的錯誤之一，就是誤以為會計師懂得比我多。事實上，富爸爸告訴我，我的公司的未來已經危機四伏、無可救藥，因為我們三位合夥人以為自己聘請的會計師懂得自己所做的事情。當我們的尼龍和魔鬼氈公司陷入危機之後，公司會計師所做的第一件事情，就是削減營銷費用。

他說：「我們需要調整公司的開支，償還部分債權人的錢。」我們也沒有進一步了解，就讓他那樣做了。等到公司倒閉，我才發現當初他清償的那些債權人都是他的朋友，也就是當初投資公司的人。換句話說，他離開公司的時候已經不拖欠任何朋友的債務，而我們其他人則背上了沉重的債務包袱。

經歷了這次教訓之後，富爸爸告誡我說：「請你永遠記住，你自己是企業家、是領導者，是個有遠見的人，永遠不要讓顧問們控制你自己的企業。當公司發展開始放緩時要花錢，花大量的錢來促銷。等到公司經營狀況改善，你可以削減營銷費用，用來支付以前的促銷費用。

富爸爸說，「公司發展放緩時許多人削減促銷費用，而不是提高營銷費用；當公司經營狀況回升的時候，他們往往提高營銷費用，而不是削減促銷費用。這是那麼多小公司無法擴充發展的原因之一。在應該大筆花錢時削減開支，應該減少開支的時候大筆花錢，就連一些大公司也是如此。」

「九一一」事件之後，很多公司開始削減市場營銷的各項預算。我認為，這可能是公司由會計師和顧問控制，而不是由「船長」駕馭的一個信號。

被出賣的投資者

近期《商業周刊》封面文章的標題是「被出賣的投資者」，文中採訪了三位被出賣的投資者。在這三位投資者中，兩位是律師，一位是會計師。那位會計師的故事是這樣的：

會計師詹姆斯・霍利亨（James J. Houlihan Jr.'s）打算五十歲退休的計畫看來沒有實現的希望了。最近兩年，在他個人的投資組合中，投入到ＥＭＣ、朗訊科技公司、世界電信公司上的股票損失了大約三〇％。現在，為了重新準備四個孩子上大學的費用，四十一歲的他不得不更加努力工作。

「我一點都不能理解，一家看起來那麼強大的公司，竟然在短短六個月之內股票就縮水到這種地步！」霍利亨黯然神傷，他接著說，「有些人清楚會發生什麼，而像我們這樣的人就什麼也不明白了。」他將會更加努力儲蓄，減少開支，再也不指望能在股市上挽回損失。他和弟弟在印第安那州開了一家會計事務所，我想，他似乎不會不懂股票分析師的報告。他現在說：「我再也不相信所謂的股票分析師了，他們完全是信口雌黃，現在已經到了你不知道還可以相信誰的時代了！」

其中一位律師的故事是這樣的：

直到三年前，現年三十一歲的紐約曼哈頓地區律師希瑟・芭爾（Heather E. Barr）對於股市投資以及退休金計畫還是毫無興趣。後來，在一位同事的極力鼓動之下，她透過自己公司的401(k)計畫，購買了所羅門・史密斯・巴尼基金公司（Salomon Smith Barney Inc.）三分之一的投資。當時股市也攀升到巔峰，曾經有一段時間，她的基金運作良好，不過截止到去年，她已經損失了三分之一的資金。到了最後，她發現自己戶頭上已經不足兩千美元。從此以後，她再也不願打開自己的財務報表。雖然每月還自動往自己的退休金計畫中投入五十美元，但是她已經對於股價反彈、挽回損失不抱任何希望。

她說：「我對股市已經信心全無，人人都說你要堅持，長線投資，眼光放遠一些，這或許也沒錯。不過對我而言，我覺得將錢放在自己的櫃子裡可能更踏實一些。」

你就是自己的船長

我們在這裡並不是要故意貶低會計師、律師或者其他接受過高等教育的專業人士。那篇文章淤選擇了會計師和律師的例子就是想說明：做自己方舟的船長，要比擁有會計師那樣良好的財務知識，或者像律師那樣精通各種法規更為重要。會計師和律師都是些高度專業化的人士，他們常常來自E象限和S象限。要做自己方舟的船長則要求你在B象限和I象限展開工作，這就要求你更加「全面化」，而不是更加「專門化」。也就是說，專家了解某個很小領域的很多問題，而通才則往往粗淺了解大範圍內很多問題。在我學習的過程中，最艱難的部分是：我必須聆聽顧問的建議，然後相信自己的直覺，最後還要堅持自己的決策，不論決策是對或錯、好或壞。正如富爸爸所說的：「你才是自己方舟上的船長，而不是顧問。」

值得回味的一個教訓

最近，當我已經成為自己方舟的船長、財務報表的主人之後，我又不得不痛苦地接受了一次再學習。二〇〇一年十二月，我和金購買了一處房產。等到我們的會計師和稅務顧問都贊同這個專案之後，我們就將最後確定的協定轉交給買賣雙方的律師。兩個月後，我們花去了數萬美元律師費，這項投資專案卻擱淺了。一個看似簡單不過的交易，最後成為代價昂貴的噩夢。

重新回來談判的時候，我發現原來我們雙方的律師正陷於他們的個人恩怨糾紛之中，都沒有客觀、專業地處理這項交易。雙方的談判因為一些無關緊要的問題而終止，雙方律師關注的都是對方律師的錯誤，而不是對於這次交易的好處。積極達成協定的一面被放在腦後，投資的目標，諸如帶來現金流、增值、獲得折舊費、免稅收益等等，對於雙方律師來說都不再那麼重要了。我只是因為讓顧問操縱了自己的方舟，兩個月的時間和數萬美元全賠了進去。這個時候，我似乎聽到富爸爸說：「僅僅因為某個人聰明，上了一所很好的大學，並不一定意味著他們就懂得企業和投資。」

富爸爸的周圍聚集了一批非常聰明的人，他本人也很尊重身邊的顧問，認真聽取他們的意見和建議。不過，到了最後關頭，他還是十分清楚，自己終究是船長，還是需要自己做出最後的決策。

做好自己的船長

最近很多人在股市蒙受損失，都是因為他們讓自己的財務顧問操縱自己的方舟。如果你想駕馭好自己的方舟，就需要控制好自己的顧問。

正如巴菲特所說：「你不需要像火箭科學家那樣聰明。在投資過程中，智商高達一百六十的人未必一定就能戰勝智商一百三十的人。保持充分的理性才是最重要的。」

打造個人的方舟

你有顧問團隊嗎？

是＿＿＿否＿＿＿

企業和投資都是一種集體專案，你需要擁有一個能幹的顧問團隊。

定期（例如每個月）與你的顧問們會談。

最愚蠢的問題就是你從來不提出任何問題。

自己做出最後的決策。
原諒自己曾經犯下的錯誤。
從自己的過錯中汲取教訓。

補充資料

天才的形式多種多樣，下面就是我曾經從中學到很多東西的兩本書，我也一直想把它們推薦給更多的朋友們閱讀。

第一本書就是羅傑・羅威斯坦（**Roger Lowenstein,**）所撰寫的《當天才遭遇失敗》（*When Genius Failed*），書中提出了許多當人們忘掉「天才也是人」時所發生的事情，列舉了一九九〇年代後期一百多位美國人瀕臨破產的事實；第二本書是布雷恩・麥考米克（**Blaine McCormick**）和約翰・基根（**John P. Keegan**）的著作《與湯瑪斯・愛迪生一起工作》（*At Work with Thomas Edison*），記述了美國第一位高科技企業家愛迪生的故事。

兩本書將為我們展示兩類不同天才人物的不同世界。兩本書都相當重要，因為不同的時代產生了這兩類不同的天才。《當天才遭遇失敗》介紹的是那些在美國主宰世界的時代，所湧現的那些天才。《與托馬斯・愛迪生一起工作》則介紹的是在美國尚未主宰世界、尚未進入新的商業世界之前的天才。也就是說，在不同的歷史階段，需要不同的天才人物。

第十九章

控制個人的時間

富爸爸常說：「你個人最大的資產之一就是時間。大部分的人無法致富，其中一個原因就是他們不能完善地運用自己的時間。很多人辛勤工作，讓富人變得更加富有，卻沒有讓自己富有起來。」

一九七四年，我開始在檀香山的全錄公司工作。如果你讀過我們的其他圖書，可能已經知道我當年選擇全錄公司原因，就是該公司有很好的銷售培訓計畫。如果我想成為B象限的企業家，富爸爸建議我要學習銷售知識。他說：「企業家最重要的技能就是銷售。一家企業財務上陷入困境，常常就是因為企業家不懂得銷售。」

但是，一年後，我卻被安排到全錄公司檀香山分公司試用，原因是我不能勝任銷售工作。羞怯和害怕被人回絕，讓我在一群實習銷售員中處於落後的位置。如果我的銷售表現沒有好轉，就將有可能被解雇。我不得不又一次向富爸爸求助，希望得到他的指導。

一個炎熱的夏日，我在富爸爸辦公室附近的一家餐廳和他見面，他再次提醒我好好回顧他的核心觀念。聽了我講述自己的窘境、差勁的銷售業績，以及對於被人回絕的畏懼，富爸爸顯然有些不悅，他質問我說：「你打算將來怎麼做？還要讓我提醒你多少次，憑藉工作並不能致富？要在自己的業餘時間致富，這還要讓我提醒你多少次？」

更快地致富

幾個星期之後，每天一旦離開了全錄公司的辦公室，我穿過街道，加入一家非盈利慈善組織，開始幫助他們透過電話銀行籌款。我這樣做的目的，就是想盡快獲得更多的銷售經驗。每周有三到五個晚上，我可以打出十到三十通電話，請人們捐款參與這項有意義的事業。在每次三個小時內，我做出的銷售說明和我在全錄公司一個月做出的銷售說明差不多。也就是說，我的致富速度加快了，我經濟漸漸變得富裕起來，因為我獲得了讓自己生活永遠富足的技巧。一九七五年末，我結束了在全錄公司的試用，收入伴隨銷售業績的上升也在不斷上漲。到了一九七六年，我已經成為銷售額最高的銷售員之一。

當銷售經理問我成功的秘訣時，我簡單地說了一句：「我只是在更短的時間內撥打更多的銷售電話。」他也笑了笑，不過我從來沒有告訴過他，自己曾經在業餘時間為慈善籌款撥打了不少電話。

大約同時，富爸爸鼓勵我開始投資房地產。因此，我在離開海軍陸戰隊之前，就選修了一門房地產投資課程。富爸爸總是說：「我從自己的企業中賺錢，並透過房地產投資保持自己的財富。」

回首往事，我一直對於富爸爸所講的在自己業餘時間致富的說法心存感激。現在，也正是因為自己業餘時間所做的事情比我在工作上多，我終於獲得了財務自由。如果你現在還正在為別人的方舟辛勤勞作，大概也應該抽出一些業餘時間，打造自己的方舟了。

我喜歡自己的工作

常常有人對我說：「可是我喜歡自己的工作，我喜歡自己所做的一切。」對於這樣的說法，我往往會回應說：「恭喜！喜歡自己所做的事情太重要了。」不過，接著我可能會問：「你喜歡做的事情能否為自己提供所需要的一切呢？」

問題往往就出在這裡，很多人喜歡自己的工作，但是他們的工作無法滿足自己的長遠需求。例如，我和金的一位朋友，她是位傑出的室內設計師，丈夫也是位製造業公司的經理。他們兩人都很喜歡自己的工作，也都賺了一大筆錢，不過，他們都感到沒有什麼東西可以依靠。當他們徵求我的建議時，我首先要讓他們回答的問題之一就是，

「如果賣掉自己的工作，你們的要價是多少？」

他們兩個人都回答說：「不，這是絕對不可能的，我們不會賣掉自己的工作。」

我沒有說話，靜靜地坐在那裡，我想先讓他們仔細聽清楚自己的所說的話。過了好一會，我們的那位朋友打斷了沉默，她大聲問道：「你要說什麼？是讓我們放棄現在的工作嗎？」

我還是沒有開口說話，氣氛變得更加侷促不安。「瞧吧，我們來向你求教，至少你也應該說些什麼吧？你是要我們放棄手頭的工作嗎？你的意思是不是這樣？」

我繼續保持沉默，讓他們和沉默應對。

過了一會兒，他們顯得不再那麼激動了。最後，那位朋友的丈夫長長吸了口氣，搖著靠背椅子，妻子則還是向前側著身子，希望我能夠給她一個明確回答。大約沉默了半分鐘之久，她也靠在椅子上靜靜地搖晃起來。

「我們多少錢可以賣掉自己手頭的工作？」在我最初提出這個問題的時候，朋友的丈夫來來回回搖晃著椅子，現在該他用自己的話來說了。「我多少錢可以賣掉自己的工作？」他忽然問道，這一次聲音更大了。我知道，他的腦子裡現在聽到的是自己提出的問題，而不是我提出的問題。

「嗯，答案可能是不要一分錢，」接著，他又自言自語說，「完全不需要一分錢！」

「但是，我們手頭的工作為自己帶來了收入，」他的妻子顯然有些不滿，「我們賺錢買來居住的房子，撫養孩子，也為將來做了些準備。」

「我知道，我知道，」丈夫趕忙說，「我明白這一切，但那不是我們剛才問的問題。問題是：『我們多少錢可以賣掉自己的工作？』」

「那你的意思是不是說，我們是在白白地工作？」朋友反問道。

「不，」看到時機已經到了，我終於開始說話，「我剛才僅僅是提出了一個問題，一個希望你們真正捫心自問、認真思考的問題。」

「我們正在為毫無價值的東西工作，」丈夫接著問道，「你有什麼建議嗎？」

「嗯，如果你今天投入時間為自己工作，這樣做你覺得如何？你為什麼不為了自己致富努力工作，就像你為了別人致富努力工作一樣？」

「在自己身上投入一些時間？」妻子有些困惑。

接著，我給他們講述了自己過去為慈善機構電話籌款，以及後來投資房地產的經過，我說：「回顧過去，可以說，讓自己富有的並不是在大公司的工作，而是工作之餘自己所做的一切。你現在除了工作，還做些別的事情嗎？」

「說真的，沒有做什麼，」丈夫回答說，「我們整日辛勤工作，是為了讓客戶滿意，也是為了支付自己生活中的各種帳單，準備以後的退休金計畫，養育孩子，並為他們準備將來的教育費用。」

「那你們是不是為了自己孩子的未來投資？」我問。

「我明白了，我明白了，」朋友的丈夫說，「我明白了你的意思，現在到了我們該為自己的未來投資一些時間了。」

花些時間成為真正的投資者

現在，僅僅專業上勝任已經遠遠不夠，我們都需要成為在專業和財務上都非常勝任的人。在前面的章節中，我曾經說過，如今很多人涉足投資，但是只有為數不多的人最後成為了投資者。上面提到的那對朋友夫婦就屬於這一類人。那場股市危機之後，很多美國人開始意識到，最好還是自己成為投資者，而不是將自己的資金交給那些所謂的代理人，然後期盼這些人會是能幹的投資者。

上面那對夫婦參加了我們富爸爸網站提供的培訓課程，等到課程結束之後，他們感嘆說：「簡直令人難以置信，人們可以那麼快就從自己的投資中賺到錢！為什麼還有人將自己的資金投入到共同基金上，希望每年得到一〇%的稅前收益呢？為什麼還有人願意冒在股市危機中，自己的共同基金投資全數賠光的風險呢？為什麼不去學習無論股市漲跌都可以賺錢的方法呢？」

重點在於，如果你的錢能夠以較高收益率為自己工作，你就可以更完美地控制自己的時間。例如，比起用自己的錢投資，運用銀行家的錢，來讓自己每年賺到五〇%甚至更多的錢相對容易許多。

富爸爸教導兒子邁克和我，如果能夠加快自己資金的流動，也就可以獲得寶貴的時間。例如，假設你每年從自己的投資中獲得五%的收益，整個收回最初投資大約就需要二十年時間。如果你的資金每年可以帶來五〇%的收益，整個收回最初投資大約就只需要兩年時間。如果你每月的投資可以帶來百分之百的收益，那麼收回全部投資就只需要一個月時間，或者，在一年時間內你就可以獲得十二倍於最初投資的收益。如果接受過良好的財商教育，上述收益率都是有可能達到的。也就是說，在財商教育上投入少，在財務時間上的投入就會大大增加。

健康與財富

富爸爸常說，健康與財富密切相關。財富就是在保持自己現有生活水準不變的前提下，個人無需工作就可以維持生活的時間。需要強調的是，衡量財富的標準是時間，而不是金錢。例如，假設你有五千美元積蓄，個人每月的總開支是一千美元，你的財富就是五個月。

健康也是如此，如果你很健康，你就擁有很多年時間，如果你的健康狀況開始出現問題，你在這個地球上的時間就會大打折扣。因此，健康和財富都可以用時間來衡量。

衡量健康和財富的另外一個標準就是恢復期，例如，假設你參加一個體檢，醫師可能會記錄下你安靜狀態下的心律，然後讓你騎腳踏車，讓你心跳加快，等到心率達到最高的時候，醫師會測算恢復到安靜狀態下的心律，需要多長時間。這也就是所謂的恢復期。外科手術上也是如此，如果一個人非常健康，恢復期就很短；如果一個人身體非常虛弱，恢復期就可能要長一些。

同樣，財富也可以用時間來衡量。如果一個接受過適當的財商教育、具有一定財務經驗的真正投資者，突然失去了一切，他的恢復期將會很短。不過，假如像前面提到的那位《今日美國》財富版封面上五十八歲的安隆公司員工一樣，他們在財務上的恢復期就可能會遠遠長於很早就離開原來公司的人。那位安隆公司的老員工也許身體很健康，但是財務上卻嚴重貧血。

富爸爸鼓勵兒子邁克和我學習建立自己的企業，成為一名真正的投資者。因此，我參加了銷售培訓，學習有關財產的知識。現在，我從自己的企業中賺錢，而將賺來的錢存放在房地產上。

四種不同類型的人

人可以分為四種：

1. 必須正確的人
2. 必須獲勝的人
3. 必須受歡迎的人

4. 必須舒適的人

我可以將自己周圍的朋友和家庭劃分為上述四種。可以說，我和金一定屬於必須獲勝的那種人。我們能夠年輕富有的退休，其中一個原因就是認為獲勝比什麼都更為重要。透過讓自己的投資加速獲得回報，我們能夠比周圍好多人提早退休，在這場獲得財務自由的個人競賽中取勝，而獲得財務自由意味著我有了更多的自由時間。作為自己方舟的船長，提升自己方舟的速度、獲取更多自由時間的途徑之一，就是在自己的財商教育商投入一些時間。

在本書的前面，我曾經提到要培養自己的中等心智。作為自己方舟的船長，獲得了這種教育之後，對你而言，還要將那種中等心智的教育轉化為高等心智的智慧。其實，更難學習掌握的事情之一，就是將知識轉化為智慧。當我一九八〇年代在財務上苦苦打拚的時候，最難做到的事情就是內心明明知道自己應該做什麼，但是卻做不了這些事情。將自己的時間首先投入到學習，然後投入到實踐中的好處就是，人們開始慢慢學習和喜歡上了這個遊戲。例如，當我在企業經營上陷入困境的時候，就不太喜歡再建立自己的企業，但是現在我卻喜歡上了這個過程。當我在房地產投資上遭受損失的時候，也曾經憎惡房地產投資。但現在，我卻喜歡上了房地產投資這個遊戲，喜歡上自己和金擁有的資產。

作為個人方舟的船長，你一定要學會喜歡自己方舟上裝載的「貨物」。現在，我喜歡自己投資的企業、房地產。我之所以學會了喜歡這些資產和技能，就是因為我首先投入了時間培養自己的中等心智，然後投入時間培養自己的高等心智，慢慢喜歡上了這些資產。

財商教育意味著用更少的時間、金錢和風險，得到更高標準的生活

一位朋友剛剛告訴我，他的401(k)退休金計畫中損失了三十五萬美元。他今年已經五十三歲了，擔心自己這輩子有可能永遠無法退休。他覺得多樣化投資並不能為自己帶來預期的收益，也無法帶來自己想要得到的長遠保證。當他向我諮詢的時候，我就說：「你為什麼不拿出三萬美元，買下三個頭期款為一萬美元的房子，然後出租出去，讓你的房客負擔抵押貸款，同時給你帶來了收入。如果投資得當，等到六十五歲的時候，你就會有一份穩定的現金收入。」

他問道：「我所需要的就只是三萬美元投資嗎？」

我點了點頭說：「沒錯，你甚至可以用一萬五千美元就能夠買下三處出租房產。聯邦政府有一些貸款專案，如果你符合條件，其實只需要五%的頭期款就可以買下某些房產。」

「你的意思是說，只要有一萬五千美元，我就可以退休了？不足的部分，銀行也會借給我？」

「我認為是這樣，」我回答說，「如果市場狀況沒有什麼變化，假設距離退休還有五年到十年時間，我可以肯定，自己只要有一萬五千美元就可以保證今後的退休生活。」

「那麼，生活在物價昂貴的城市如紐約、舊金山的人應該怎麼辦？他們要尋找一處便宜的出租房產不是很難嗎？」

「在市中心的確如此，房價非常昂貴。不過，如果在距離市中心一個多小時車程的地方，你往往很容易找到價格合宜的房子。實際上，你所要做的，就是發現那些有升值潛力的地方，到時候你

的房產就可以增值。而且，如果遇到物價上漲，你也可以提高自己的房租。等到你退休的時候，這三處房產就可以為你帶來穩定的收入，這種收入比共同基金帶來的收入要穩定安全得多。」

「而且，它還不需要多少資金投入。」那位朋友說。

「對，」我接著說，「只需要接受一定的財商教育，你就可以用低投入、低風險，獲得高回報，保證自己的退休生活，並且為社會提供急需的各種住房。」

「但是，如果大家都開始投資房地產，那又會怎麼樣？」他問。

「這樣就會幫助政府以較低的價格提供住宅，也就有希望提升那些買不起房子的人的生活水準。如果房源充足，租房價格就會下跌。如果有更多的房主尋找房客，這種競爭就會促使人們提升房子的質量。」我說。

「你一般持有多長的時間才售出自己的房產？」他問。

我引用了大投資家巴菲特的話回答說：「我的投資策略就是『永遠』持有自己的投資。」

「那麼，你也是永遠持有自己的房地產投資專案嗎？」

「很多時候都是如此，」我說，「不過，我也常常出售自己的房地產專案。當我購買了一個不好的投資專案時，我就常常很快出售這些專案。但總體而言，我像巴菲特所說的那樣投資房地產專案，長期擁有自己投資的專案。我喜歡自己資產中的那些房地產專案和企業。」

「所以，我也不必僅僅就購買三處房子？」

「當然，你不必只購買三處房子。」接著，我回答說，「這就正如我們在大富翁遊戲中遇到的情況一樣，如果你擁有了四棟綠色的『房子』，就可以購買一棟更昂貴的紅色『飯店』。政府喜歡你，銀行家喜歡你，你的未來也會更加安全。而讓你感到更加安全原因之一，就是房地產投資保護你不用受到生活上最大財務問題的苦擾，也就是通貨膨脹的威脅。

「隨著稅收、政府的財政赤字和增發鈔票、原材料漲價、保險費用增長等導致通貨膨脹，房產的價格上漲最後都會轉嫁到房客身上。相反的，在高通貨膨脹和高利率情況下，共同基金往往貶值，但好的房地產投資在同一時期卻會增值。如果你比較早購買的房地產專案，並且利率確定，那麼除了控制租金以外，你還能夠更好地控制自己的投資專案，只要你不是投資在租金控制漲幅的城市即可。只要你的投資地點允許提高租金，通貨膨脹就是你的好朋友。同樣的，如果你完全掌握了股票期權交易的運作模式，股票期權交易上也是如此。如果通貨膨脹發生，股票價格下跌，你可以透過自己的方式賺到更多的錢，而同一時期的許多共同基金卻往往會損失金錢和時間。」

「那也就是說，我擁有了更多的控制權，」我的那位朋友接著說，「透過投入一些時間接受財商教育，我獲得了更多的時間，也獲得了對自己資產更多的控制。只要運用自己小部分的辛苦錢，便能把握自己一生的收益，提高了回報，降低了風險，這些都只是因為自己接受了一些財商教育。」

我點了點頭，肯定地說：「是的，一切都只是因為接受了一些財商教育。」

投資自己

想要更完善地控制自己時間的方法之一，就是投入一些時間，學習掌握創造那些能夠為自己帶來高額回報的資產的方法。就像賽車手如果想讓自己能夠在更快速度下駕駛，就需要加強自己的訓練那樣，投資者如果想在更短的時間內快速獲得更高回報，就需要在自己的財商教育上投入時間。

教育需要三大步驟，而這三大步驟都需要投入時間。

1. 花一些時間，尋找學習某項知識和技能的長期和短期原因。你也許應該坐下來寫出自己的目標，以及想達到上述目標的緣由，這些都將給予你不斷進步的力量。

2. 花一些時間，學習實現自己目標所需的知識和技能。例如，直到現在，我還投入不少時間參加如何建立自己的企業以及如何投資房地產的培訓。花些時間精力學習這些知識和技能，讓我節省了大量的時間，因為它引導著我，告訴我參加培訓之後我還必須學習些什麼，而我也從老師那裡獲得了無比寶貴的對於未來的洞察力。

3. 花一些時間，透過實踐反覆揣摩學習。參加培訓學習知識和技能之後，在實踐中獲取自己的經驗和智慧就非常重要。我之所以鼓勵大家從小額投資起步，原因就是我們每個人都可能犯下錯誤。在社會生活中，人們都是透過犯錯誤不斷學習。不過，在我們傳統的學校教育中，犯了錯誤卻要受到懲罰。因此，你也許需要忘掉學校老師教給你的一些不良習慣，出去犯一些錯誤，然後從中進一步學習知識和技能。擁有的財務智慧愈多，你就愈能面對更大的財務挑戰。

如果按照這三個步驟去做，當個人的信心和經驗增長的同時，你也許會發現自己的財富不斷增加。當你自己的財富和經驗增加的時候，你就可能會更好地控制自己的未來，用更少的時間致富。

繳費確定型退休金計畫是一個浪費時間的計畫

在我看來，美國退休金改革中最浪費時間的地方，就是未能鼓勵人們學習管理自己的金錢和投資。繳費確定型退休金計畫的另一種意思就是，「將你的錢交給那些比你自己聰明的人去管理。」你也許已經發現，這個計畫的問題在於，那些你認為在財務上比自己聰明的人，實際上卻並不比你自己聰明。

巴菲特對於現在很多取得ＭＢＡ學位或者接受過財經培訓的人這樣評價說：

「數以萬計的學生在商學院接受無助於思考的教育，對我而言實在是一件有利的事。現今的金融種類可以幫助你平均地表現。」

也就是說，巴菲特認為，自己在投資市場取得巨大成就的原因之一，就是很多大型基金公司由畢業於各個商學院的學生控制，而這些人甚至還算不上是好的投資者。

簡單地說，儲蓄和投資共同基金的最大弊病，就是你無法因此獲得很多實際的投資經驗。在我看來，那就是對自己時間和金錢的最大浪費。如果沒有實際投資經驗，你就可能需要用大量的時間、高度的風險、大筆的金錢，伴隨著持續的不安全感，去尋求一丁點兒回報，而且這些回報當你需要的時候還可能不在自己身邊。

正如我在前面講過的，如果你年齡超過了四十五歲，一下子身無分文，重新開始創業，投資各種繳費確定型退休金計畫可能也就為時已晚。在多數情況下，對於年齡超過四十五歲的人來說，時間就是一個真正的挑戰。

想要更好地控制自己時間的方式有很多種，教育就是其中之一。我們的富爸爸網站提供了各種形式的教學產品，因為人們學習的方式各不相同。例如，一些人透過閱讀學習，但是也有很多人不是這樣。一些人在傳統的學校中表現很好，但是很不幸，傳統的學校幾乎從不傳授投資技巧。一些人透過動手學習，因此我們製作了遊戲，讓人們在遊戲中學習掌握理財知識。此外，還有些人透過參加短期集中培訓學習掌握理財知識。

除了一些普通的教學產品如圖書、錄音、影片、遊戲之外，我們還提供了一些密集班培訓課程，主要涉及下列課程：

- 股票期權投資
- 房地產投資
- 創建企業

我們培訓課程的對象是那些尋求實際投資教育的人，而不是尋求大學學位的人。授課人都是些有真正實踐經驗的投資者，他們沒有時間來浪費別人的時間。事實上，在企業和投資領域，都存在著無限的賺錢潛力和樂趣。

打造個人的方舟

回顧本書第十章的內容，檢視自己對下列問題的回答：

你距離六十五歲還有多少年？

距離二〇一六年還有多長時間？

每周你擠出了最少五個小時的時間嗎？

是＿＿＿＿　否＿＿＿＿

今天，就做出創建一家企業或者投資房地產專案的決定，並將這個決定寫下來：＿＿＿＿＿＿

個案研究

艾倫是一個律師，也是一家著名的國際律師事務所的合夥人。隨著事業上的不斷成功，他與家人和朋友共處的時間也不斷減少。他獲得的報酬高得驚人，不過，基本上還是根據他在每個專案上投入時間精力的多少來衡量的。

在讀過《富爸爸，窮爸爸》以及《富爸爸，有錢有理——財務自由之路》後，艾倫意識到自己不過是現金流象限左側的一名超級自由職業者。他在法律界服務了二十五年，而且看到客戶要求自己服務的時間不斷增加，艾倫明白自己必須做出某些改變。儘管艾倫透過儲蓄已經累積了大量財富，他還是意識到自己過去付出的時間原來都是讓別人致富。

艾倫改變了自己與律師事務所的合作關係，以便更靈活地與自己的客戶打交道。現在，他可以自由選擇服務的客戶，也能夠用自己的服務換取那些公司的股權。他不再為了幾個小時的律師費而工作，因為過去的這種收費模式讓他自己長期停留在S象限，現在他用自己提供的律師服務換取公司的股權，讓自己進入了B象限。今天，他實際上在用時間建立自己擁有的企業股權，也就是現金流象限中B象限的一種資產。

以前，當艾倫運用儲蓄和 **401(k)** 退休金計畫，在自己方舟上堆滿了有價證券的時候，他的財富與股市的變化緊緊聯繫在一起，脫離了自己直接有效的控制。在最近一次的股票市場衰退中，艾倫看到自己持有的有價證券大幅貶值，他才真正意識到自己不能有效控制自己的財富是多麼的可怕！

現在，透過改變對自己時間的控制，艾倫能夠更好地建立企業資產和房地產。這項改變增加他財務方舟的穩定性，免受股市起伏動盪的影響。他如今擁有一系列不同類型公司的股權，包括網路行銷公司、醫療透視器材公司、環境工程公司、黃金公司以及一家石油和天然氣公司等公司的股權。有些公司他直接投入了資金，其他一些公司他都是用自己提供的法律服務換取公司股權。

今天，他的財務報表中包括了所有三類不同資產：有價證券、企業和房地產投資。藉由將目標放在實現向現金流右側象限的轉變，艾倫在成功地脫離「老鼠賽跑」遊戲的同時，穩健地打造了個人的財務方舟。

第二十章
把握個人的命運

發掘自己內心中的富人

根據「韋氏大辭典」，「education」（教育）一次源於拉丁文「educo」或者「educe」，意思是「引出」、「抽出」。透過申請報考位於紐約的美國海運學院，我就選擇了發掘出自己內心中水手的一面。接著，透過申請位於佛羅里達州的美國海軍飛行學院（U.S. Navy Flight School），我就選擇了發掘出自己內心中飛行員的一面。透過決定走富爸爸的路子，而不是步窮爸爸的後塵，實際上我就選擇了發掘出自己內心中富人的一面。

一九七四年，我必須做出決定，到底選擇走哪個爸爸的道路。我明白，如果自己選擇走窮爸爸所建議的「返回大學、拿到碩士學位、找一份安穩的工作」的道路，那麼我這輩子的結局就會像他一樣。我也明白，如果自己選擇走富爸爸的道路，也就不能保證自己最後身在何處。

到了一九七四年，我已經年紀大到足以明白富爸爸的道路沒有什麼保障，也就是說，我最後有可能破產、貧窮，也有可能富裕。到了這個時候，我才能夠理解為什麼富爸爸的好多朋友，他們與富爸爸一起開始創業，最後卻沒有達到自己的目標。我知道我必須決定選擇走一種有保障的道路，還是選擇一條不確定的命運。正如大家現在所知道的，我最後選擇了一條不確定的命運。

我選擇了一條不確定的命運，就是打造自己的方舟，而不是為別人效勞。也就是說，凡事不是為了目標，而是為了過程。我們或許都聽說過：「容易的道路變得很艱難，而艱難的道路變得很容易。」一九七四年，我選擇去走一條艱難的道路，那條道路子沒有什麼保障。做出這個決定很容易，但要邁出真正的第一步卻很艱難。五年之後，也就是到了一九七九年，我再一次需要做出決定。

我曾經為自己挖掘了一個巨大的「洞」，將自己從這個大洞中拖出來是我生平感到最艱難的工作，但卻也是最好的工作。坦白說，我從自己的失敗中學到的東西，要比從自己成功中學到的東西還要多一些，同樣的，我從自己的愚蠢中學到的東西要比從聰明中學到的東西多好多。

我建議大家在繼續自己本職工作的同時，能夠開辦一家業餘公司，或者投資小額收入的房地產專案，原因就在於學習這些知識和技能往往需要好幾年時間。跨出過去生活的「雞舍」只是第一步，後面還要有很多路要走。

如果富爸爸的預言變成了現實（我相信也會這樣），那麼今後幾年股市可能會出現繁榮，這也就是在股市大蕭條之間的繁榮。在這期間，嬰兒潮中出生的那一代人將會最後一次為了退休金，把自己的錢投入股市之中。

不過，我提醒大家在這場短暫的狂歡中，不要像那些醉醺醺的剛剛離船上岸的水手那樣，而是要開始逐步打造自己的方舟。在你的財商教育和財務經驗上投入一些時間和金錢，樂意面對錯誤，但是務必確保它們都是一些小錯誤，並從這些錯誤中吸取教訓。從每個錯誤中學習之後，就為自己加油鼓勁，繼續前進。儘管你可能在財務上沒有得到什麼，不過你將會得到極其寶貴的財務經驗、自信心以及對個人命運的把握，最重要的是，你將會有更強大的力量喚醒自己內心中富人的一面。

牛頓曾經說過：「我可以測量宇宙天體的運動，卻無法弄清楚人類的愚蠢。」那時正是一七二〇年，他個人在轟動一時的英國南海公司股票詐騙活動中損失了大筆財富。看來，即使人類歷史上少有的天才巨星，一旦不能控制自己的情感、藉口、遠見、規則、顧問和命運，也會變為一個非常愚蠢的人。

可以斷言，二〇〇四年到二〇〇七年左右，一旦股市逐漸恢復並開始攀升，很多人將會再次忘記過去，認為「時代不同了」。不過，等到二〇一二年之後，所有的一切可能將會真正和以往不同了。事情將會發生變化，因為在這一次，過去累積起來問題都會來一起懲罰我們。

所以，還是提早準備，打造自己的方舟，在平順的日子裡是如此，在艱難的日子裡甚至更應該如此。學習、閱讀、參加培訓、實踐，就像生活需要自己的投資能力一樣。如果能這樣去做，你就喚醒了自己身上富人的一面，並讓富人的一面成為自己方舟的船長。

富爸爸是一位嚴厲的爸爸

富爸爸和窮爸爸都是嚴厲的人，或許也正由於此，我才感到自己曾經就學的美國海運學院，以及後來參加的海軍陸戰隊的要求，對自己而言並沒有多大困難。當涉及金錢、企業和投資的時候，富爸爸對兒子邁克和我特別嚴厲。畢竟，他以後要將自己的產業留給兒子邁克，他也希望能夠培養我將來獲得自己的財富。

巴菲特對自己的孩子也很嚴厲，他的同事說：「華倫對待孩子就像對待員工那樣嚴厲，他從不認為，如果你喜歡某個人，就可以給一些他自己沒有資格獲得的東西。」

巴菲特將遺產稱為「富人的救濟糧票」，他接著說，「那些認為救濟糧票將會削弱自己，並將導致貧窮輪迴的人，就像那些去世時想給自己孩子留下大筆財富的人一樣多。」

當巴菲特的兒子霍華德競選奧馬哈縣的議員時，選民們錯誤地以為，按照他的家庭出身，他的競選活動應該有很好的財務支援。結果並非如此，巴菲特解釋說：「我請霍華德將自己的名字寫成小寫字母，以便大家都知道他是那個沒有錢的巴菲特。」

錢並不能使你富有

前幾天，我去一家商場購買幾件衣服。店員問我從事什麼職業，我回答：「我是一個投資者。」

結帳的時候，他問我：「投資需要很多錢，是嗎？」

我搖了搖頭，回答說：「不，實際上投資需要的錢很少，像很多人一樣，我也是白手起家的。」

「但是，你接著上了一個好學校，是嗎？」

「沒錯，我上了一個好學校，不過我在那裡所學的東西與投資、致富沒有多少聯繫。此外，我認為，金錢並不能讓你富有。」我回答說。

「那你是怎樣致富的？」店員顯然有些不解，他接著又問，「你怎樣找到錢去投資？」

「我透過學習研究，閱讀了大量資料，從小處著手，也犯了很多錯誤，我也有好的顧問和導師。正是我在大街上、生活中所學到的東西讓自己最後致富。」在信用卡收據上簽字的時候，我這樣說。

「那聽起來需要做大量工作，是嗎？」那位年輕的店員接著問。

「是的，」我說，「但那正是你所要做的。」

沒有錢反而讓你更加富有

正如大家所知道的，富爸爸一直沒有完成自己的學校教育，也正因為如此，他的口頭表達和書面寫作能力非常有限。不過，因為他在十三歲那年就不得不面對真實世界，他的財務困境促使他發展自己財務方面的能力，也讓他成為我遇到過的最聰明的人之一。

直到今天，當他的兒子邁克和我見面的時候，我們還會經常回憶起從他那裡學到的有關商業、投資、金錢以及生活方面的知識和本領。我們常常說：「因為沒有錢，他最後成為了一位富人；因為沒有接受過教育，他最後成為了一位天才；因為沒有什麼東西可以依賴，他最後找到了自由。」

長大成人之後，你想成為什麼樣的人？

對於富爸爸而言，更為重要的一個詞就是「信任」（fiduciary）。「韋氏大辭典」的解釋是「委託」、「託付」，大多都與財務問題有關。

富爸爸說：「無論你最後生活的窮與富，我一直希望你能成為一個人們信任的人。如果你最後貧困潦倒，你和家人好幾天餓著肚子，這是身邊有別人的一百美元，那你也不能動。儘管你很貧窮，我也希望你可以保護自己的家庭和有限財產，確保兩者都安全地成長。如果你很貧窮，我希望你慷慨地對待自己的時間、財富和智慧。如果你最後很富有，你也要像一位可以信賴的窮人那樣行事。這些正是我希望你們長大以後的樣子。不論你們長大以後生活貧困或富裕，我希望你們首先要成為人們信任的人。」

每個人的內心都有一個富人、窮人和中產階級的一面，生活在自由的國度，就意味著我們都可以選擇自己以後成為什麼樣的人。從現在開始，就著手控制自己的教育和命運吧！

打造個人的方舟

你是否經常自我懷疑？

是＿＿＿　否＿＿＿

你想得到一個解決的處方或者暫時的權宜之計嗎？

解決處方＿＿＿＿　暫時的權宜之計＿＿＿＿

重新評估你自己關於金錢的思想到底屬於哪個等級？
為了駕馭個人的方舟，你必須先在心中設計個人目標，然後馬上採取行動。
回顧本書每章最後「打造個人的方舟」的內容。
自問：阻礙你前進的問題是什麼？

結語

富爸爸希望自己的預言落空

富爸爸常常說：「但願我的預言落空！」

他相信，透過給兒子邁克和我一再的告誡，我們應該有時間準備應對萬一他的預言成為現實後的情況。他說：「問題不在於我預言的對與錯，而在於你是否為今後出現的任何情況做好了準備。」

好消息是富爸爸的預言激勵著我努力準備，而不是沾沾自喜。在準備的過程中，我和金打造了我們自己的方舟，提高了自己的財商教育和經驗，也獲得了財務自由。因此，即便前所未有的大災難永遠沒有降臨，富爸爸的預言落空，我們多年來所做的準備也將讓自己在實際生活中擁有更多的財務安全。

一場嚴重的股市危機即將來臨，但是，股市危機並不是什麼問題。預言股市危機並不是什麼大不了的事情，所有金融市場都在漲漲跌跌，市場周期本來就是現實生活的一部分。預言一場市場危機即將來臨，如同預言冬天即將來臨一樣。

值得關注的是，下一次股市危機暴露出來的問題。這場危機將會非常嚴峻，因為已經有三個世代的人將自己遇到的大問題推託、累積下來，這個問題就是：人們退休之後如何應付自己的生活？這個空前嚴重的問題，每天還在繼續惡化。

巴菲特說：「只有在退潮的時候，你才能夠看清楚什麼人在裸泳。」

是的，在下一次股市危機中，你將會看清楚什麼人在裸泳，其中一個群體肯定就是政府。多少年來，政府一直向大眾允諾自己根本做不到的事情，開出廉價的空頭支票。不過，這些無法兌現的諾言本身也並不是真正的問題。

真正的問題在於，天真地相信這些諾言的社會。太多的人相信，政府會在自己經濟困窘的時候施以援手。太多的人相信，政府就像那些神話人物神奇的保護者一樣，只要她們揮動魔杖，人們自己的財務困難就會煙消雲散。顯然，一個迷信這類童話故事的社會還是一個不成熟的社會。

在商業和投資的真實世界裡，那些神奇的保護者就是美國聯邦準備理事會和政府。在金融術語中，他們被稱為「最後的借款者」。「九一一」事件以後，聯準會運用增發貨幣刺激經濟，這就正像祖父母為了減輕孫子孫女們的痛苦所做的那樣。當航空業在恐怖襲擊後遭受重創時，聯邦政府馬上像最後的借款者那樣救助這些公司。這就好比一位慈祥的老爺爺，上前救助自己已經成年的孩子的孩子們一樣。我的疑慮和擔憂是，聯邦政府和州政府能否在更長時間內，還能夠充當最後的借款者。

無論你是否喜歡，在未來幾年裡，美國數百萬嬰兒潮中出生的人年齡將會達到七十歲。問題在於，他們當中究竟有多少人能夠負擔自己晚年的生活？他們當中有多少人將會把聯邦政府和州政府當作能夠救助自己的神奇保護者？

本書認為，在不久的將來，人們將很快意識到，不論政府還是股市都無法挽救他們自己。

壞消息

壞消息是下一次股市危機將會向世人展示美國的貧困階層，並且因此震驚世界。人們會感到困惑：長期以來，世界上最富有的國家，為什麼突然出現了這麼多窮人？

更糟的是，經濟上的怒火和挫折感彌漫整個世界，這也就意味著我們需要在國際和國內範圍內解決這些問題。

正如巴菲特所說：「只有在核戰爭爆發的時候，才可以忽略這場經濟危機。」

好消息

好消息是，整個時代陷入危機之中的時候，往往也是人們表現最好的時候。「九一一」襲擊事件發生不久，無數人發現了自己內心中積極的一面，發現了他們自己當中的英雄。我相信這場即將到來的金融災難，也會讓人們展示出自己最好的一面。我認為，與其自滿、絕望並且沮喪，人們會振作起來、攜手合作，共同解決問題。

在本書前面的章節中，我曾經說過，教育可以分為三類：

1. 學校教育
2. 職業教育
3. 財商教育

在今天的美國，如果教育年輕人閱讀和寫作的能力可以打的分數是C，也就是一般的分數，那對年輕人進行職業教育的狀況則可以打個A，因為我們擁有非常成功的職業培訓體系。不過，在談到財商教育的時候，我給美國學校教育體系能給的分數只能是F，也就是不及格。如果美國還想繼續作為一個世界強國存在，就必須立即糾正現行教育體系中存在的缺陷。

在工業時代中，人們所需要的只是學校教育和職業教育；在資訊時代中，只有學校教育和職業教育顯然已經遠遠不夠。在資訊時代，人們需要接受過良好的學校教育和職業教育，同時也需要擁有良好的財商教育。因此，我們不能只是滿足於尋找一份高薪工作，我們需要掌握退休之後如何生存的本領，這就非常需要財商教育。

兩種專業

在工業時代中，我們所需要的就是一份好工作或者好專業。在資訊時代中，我們將需要兩種專業，一種專業是如何賺錢，另一種專業就是如何投資。為了保證第二種專業，必須擁有財務知識，接受財商教育。

你的選擇

諾亞能夠預見到未來的變化，提早做好準備。如果你像富爸爸那樣觀察未來，或許也想在現在提早做好準備。當然，但願這場巨大的股市災難不會真正降臨！也許有人會揮動魔杖，我們也從此以後永遠過著幸福美好的生活。

但是，我不認為這場股市災難能夠避免。同樣的，我也不認為數百萬嬰兒潮中出生的人，能夠在一夜之間賺夠足以維持晚年生活的金錢。我認為我們將會面臨一場危機，擺脫這場危機之後，一個新的金融世界將會出現。我確信這一點，也期待著這一天的到來。這場即將到來的股市危機，將會暴露我們社會掩蓋了太長時間的問題。可能帶來的好處是，一旦這些問題暴露，人們知道了事實真相，就有機會徹底解決這些問題不僅僅是為了我們自己，而是為了整個世界。

超越牛市和熊市

隨著401(k)計畫的出現，美國以及世界上其他國家的政府，在沒有培養人們成為投資者之前，要求他們開始進行投資。政府只是簡單地告訴這些還算不上投資者的人們，股市總體是在上揚。也正是由於有了這種設想，共同基金也行情看漲。

事實上，真實世界裡的投資者都明白所有的市場，不論股票、債券、房地產、民用燃油、豬胸肉、原油、共同基金，還是利率，實際上都在上漲、下跌或者盤整浮動。一位真實世界的投資者一般不大樂意投資那些整體上只有一種走向，或者當你想退出投資時卻不許你退出的專案。

401(k) 計畫正是這樣的專案，它迫使人們投資自己無法控制的資產，不承受處罰也無法退出，就如同將一位捆住了手腳的人，扔進了深水池中。

因為缺乏財商教育，大部分的投資者接受了一種樂觀主義，更準確地講是一種盲目樂觀主義的觀點，他們以為股市永遠是牛市。真正真實世界的投資者懂得，任何一個市場都是由牛市和熊市組成的。對於那些想更好控制自己財務命運的人來說，也許想超越牛市或熊市的藩籬。如果想成為一位真實世界的投資者，你也許想培養自己的財商教育、經驗和直覺，以便讓自己成為一個超越市場漲跌起伏、看到市場光明前景的人。

諾亞知道自己必須採取行動，因為一場大的災難即將發生。作為一個有著卓越洞察力的人，他能夠穿越眼前的黑暗，看到洪水過後的新世界。儘管他明白自己無法挽救每個人，但是，他卻懂得自己可以將生命帶到一個新世界。他採取行動，不只是因為即將迫近的災難，而且是為了一個就在前方且更加光明的未來世界。

成為一位真實世界的投資者，意味著就要與真實世界協調一致。樂觀主義者喜歡的觀點是購買股票、持有股票、投資多樣化，然後祈禱自己投資的股票升值。但是，如果計畫要控制自己的未來，你就需要擁有真實世界的本領，能夠透過風暴和迷霧看到一個更加美好的世界。如果你成為一位真實世界的投資者，就不會在乎市場的漲跌變化，因為你在任何情況下都可以做得很好。你就不會像很多短期投資者那樣整日沉浸在牛市還是熊市的爭論，在每一次市場變化中賣出買進。如果你成為一位真實世界的投資者，就只會將市場的漲跌變化看作生活中的遊戲之一。

顯然，我們還生活在一個非常混亂的時代，整個全球社會面臨著很多挑戰。這些挑戰之一就是不僅在第三世界，而且在像美國這樣的第一世界也存在的日益嚴重的貧困問題。窮富差距必須縮小。

老師掌握著通向未來的鑰匙，他們在為我們孩子的未來做著準備。窮爸爸也曾經是一位老師，他常常擔心學校過分關注古代歷史，而不是社會未來。他說：「如果我能洞察未來，我就會知道應該教導孩子們什麼東西。」老師必須要有勇氣提供學生未來社會所需要的技能教育。如果還有更多的老師參與這項財商教育活動，富爸爸的預言可能就不會成為現實。也許預言者的職責就是向人們提出忠告，以便讓自己的預言最後落空，並且將人們帶入一個更加美好的社會。

本書並不是說世界末日就要來臨，而是想激發大家獲得自己所需要的生活本領，才能夠看到一個更加輝煌燦爛的生活，這種生活就隱藏在正在醞釀的暴風驟雨之後。對於那些有所準備的人來說，未來一片光明。不過，所有準備也就意味著要有諾亞那樣的堅定信念，堅信風暴過後就會看到一個更加美好的世界。

富爸爸常常借用俗語「黎明前的黑暗」，提醒我們不斷提高自己的能力，堅定信念，尤其是在最困難的時刻，要有勇氣和力量繼續前進，不論別人如何畏難退卻。

我們大家都有機會控制自己的財務生活，透過打造自己的財務方舟，裝滿為自己工作的資產，那麼無論股市表現如何，我們都可以逐步走上財務自由之路。感謝大家閱讀本書！

關於作者

羅勃特・清崎

全球暢銷個人財務書籍《富爸爸、窮爸爸》系列叢書作者，羅勃特・清崎挑戰並改變了數千萬人對錢的思考方式。他是一名創業家、教育家和投資者，並深信這個世界需要更多可以創造工作的創業家。

他對錢與投資的觀點往往有別於傳統，但羅勃特・清崎以有話直說的個性著名，並且毫無保留，充滿勇氣。近年他熱情投身於倡導財商教育的必要性。

羅勃特與金夫妻兩人為富爸爸公司的創辦人，該公司為一財商教育公司，同時也是現金流遊戲的創造者。二〇一三年間，該公司並打算重新複製全球富爸爸遊戲的成功，發布網路及手機遊戲。

羅勃特被盛讚擁有將複雜概念簡單化的先知，這些概念可能與金錢、投資、財務和經濟相關；同時他也大量分享他本身邁向財務自由的歷程，吸引各種年齡層及背景的觀眾共鳴。他的核心原則與信息，例如「你的房子並不是資產」，以及「投資獲得現金流」以及「輸家才儲蓄」，往往引來大量批判與訕笑，然而在過去十年間的世界經濟舞台上卻是應驗不爽。

羅勃特的觀點是，傳統的叮嚀：上大學、找好工作、存錢、還債、長期投資，以及多樣化投資，這些都是已經過時的叮嚀，在今日快速變動的資訊時代已經不適用。他的富爸爸哲學與訊息往往挑戰既有狀態。他教導鼓勵人們取得財商教育，積極投資自己的未來。

著作有十九本書，其中包括了全球熱賣的「富爸爸」系列，羅勃特也曾在世界各地媒體中曝光，包括CNN、BBC、福斯新聞（Fox News）、半島新聞（Al Jazeera）、GBTV與公視（PBS），上過的節目和媒體有「賴瑞金脫口秀」（Larry King Live）、「歐普拉秀」（Oprah）、《人民日誌》（*Peoples Daily*）、《雪梨晨報》（*Sydney Morning Herald*）、The Doctors、《海峽時報》（*Straits Times*）、《彭博》（*Bloomberg*）、NPR、《今日美國》等，不下百場。他的著作也在過去十年間多次占據暢銷書排名。時至今日，他仍在教導激勵全球觀眾。

欲了解更多詳情，請上富爸爸網站。

高寶書版集團
gobooks.com.tw

RD 005
富爸爸教你預見經濟大未來（原書名：經濟大預言）
Rich Dad's Prophecy

作　　者　羅勃特．T．清崎（Robert T. Kiyosaki）
譯　　者　李威中
審　　定　MTS 翻譯團隊
總 編 輯　陳翠蘭
編　　輯　葉惟禎、洪春峰
排　　版　彭立瑋
美術編輯　斐類設計

發 行 人　朱凱蕾
出　　版　英屬維京群島商高寶國際有限公司台灣分公司
　　　　　Global Group Holdings, Ltd.
地　　址　台北市內湖區洲子街 88 號 3 樓
網　　址　gobooks.com.tw
電　　話　（02）27992788
電　　郵　readers@gobooks.com.tw（讀者服務部）
　　　　　pr@gobooks.com.tw（公關諮詢部）
傳　　真　出版部（02）27990909　行銷部（02）27993088
郵政劃撥　19394552
戶　　名　英屬維京群島商高寶國際有限公司台灣分公司
發　　行　希代多媒體書版股份有限公司 /Printed in Taiwan
初版日期　2015 年 12 月

國家圖書館出版品預行編目（CIP）資料

富爸爸教你預見經濟大未來 / 羅勃特 .T. 清崎 (Robert T. Kiyosaki) 著；李威中譯 . MTS 翻譯團隊審定 .-- 初版 . -- 臺北市：高寶國際出版：希代多媒體發行 , 2015.12
面；　公分 . --（富爸爸；RD004）
譯自：Rich Dad's Prophecy
ISBN 978-986-361-202-5（平裝）
1. 個人理財　2. 投資
563　　104017183